REDEMPTIO ANIMARUM PECCATORUM

1　トゥール近くのマールムティエ修道院
修道士が修行した洞窟

2　アイルランドのスケリグ・マイケル島に残る中世初期の孤住修道士の僧房

3　セーヌ下流に設立されたジュミエージュ修道院の跡

4　愛書家ルプスが院長を務めたガティネ地方のフェリエール修道院

5 『ザンクト・エンメラムの黄金写本』マルコによる福音書　870年、バイエルン国立図書館蔵

REDEMPTIO ANIMARUM PECCATORUM

中公新書 2409

佐藤彰一著

贖罪のヨーロッパ

中世修道院の祈りと書物

中央公論新社刊

はじめに

本書は副題が示すように、西洋中世の修道院の歴史である。時代的な枠組みでいえば、おおよそ五世紀から一二世紀までの西ヨーロッパの修道制が、歴史の経過のなかでさまざまな変遷を経験しながらも世俗の生活からは一線を画し、それでいて精神的・物的に多様な回路を世俗社会に開きつつ、禁欲生活と修行を通じて、究極の目的である完徳（ペルフェクチオ perfectio、徳の完全な成就）を目指す集団として刻んだ歴史を辿《たど》るのが本書の意図である。

本書のタイトル「贖罪《しょくざい》のヨーロッパ」は、この時期の修道生活の日々の実践のなかで、禁欲修道士の心を最も強くとらえていたのが贖罪の観念であったという著者の認識を示している。すなわちキリスト教の根底にある、原罪をはじめとするさまざまの罪過《ざいか》の赦《ゆる》しを祈願する、贖罪の祈りで代表される宗教実践である。

キリスト教が人々のあいだに浸透し、信者を獲得するにつれて孤独のなかで信仰の深化を目指す者の数も各地で増加した。なぜ人はみずからの欲望を自発的に抑制することを行動規範として受け入れ、修道団体を組織するのか。世俗的欲望や肉体的快楽を自発的に断つことにより、「純な心」となって、ひたすら神との交感の実現を願ったのだとする解釈は、それはそれで理解できないというわけではない。信仰の力というものであろう。

さはさりながらである。それが何十人とか、何百人というオーダーにとどまらず、幾千幾万という数になれば、信仰の深さという理由だけでは説明しきれない、なにか社会的な趨勢《すうせい》という要因を考えずにはおられない。私の考えでは、その要因こそ禁欲の心性であった。遠く古代ギリシアに始まる市民兵士の規矩《きく》としての身体の鍛錬と肉体的禁欲の思想は、ローマ帝国貴族層のもとで養生法の実践として継承されるとともに、支配層の子女のあいだで、帝国での社会的に虐げられた存在として選択した自発的禁欲生活への参入の動きを、そこかしこに生み出した。中世の修道制は、古代後期のこのような社会的素地を背景に広範な動きとなったのである。

禁欲実践の達成のために、自己の欲望の在処《ありか》を特定し、それを意識的に剔出《てきしゅつ》する心的挙措は、やがて七世紀のアイルランド修道制が焦点化した贖罪思想のうちに回収され、中世西ヨーロッパの社会思想にまで昇華することになる。

いまひとつのトピックは、「完徳」という宗教的であると同時に、知的実践の対象ともみなしうる「希求」と深く結びついており、学知の表象であり手段でもある書物と修道生活をめぐる主題である。

概して世界宗教と呼ばれる信仰体系は、宗教上の真理を、形而上学《けいじじょうがく》、哲学から照らし出す能力をそなえている。この点でキリスト教は、おそらく仏教と同じほど哲学との親和性を秘めている。聖アウグスティヌスが、セネカを読むことでマニ教に回心し、さらにプラトンを発見することで、今度はキリスト教に回心したのはその代表的な例である。アウグスティヌスは、キリスト教の信仰と哲学的な知とが互いに随伴するような思想の地平を歩み続けた。哲学者たちの教えは信仰を誤るもとであると、哲学を拒否する者も少なくはなかったが、多くの教会知識人は、アウグスティヌスと同様に、教義の練磨のためばかりでなく、初期には絶え間なく生まれた異端の教説に対抗するためにも、哲学の深い知識は必要な手段であると考えた。

そのために聖アウグスティヌスや聖ヒエロニュムスなどの教父の著作や、詩篇《しへん》や福音書などの新旧の聖書の研究は、修道生活の欠かせない部分であった。先人の著作への飽くなき渇望は、未知の写本の探索とその筆写活動を通して、中世ヨーロッパの修道院を一大文化事業の担い手たらしめたのである。当時伝来していた古典古代の著作をあらためて筆写することにより、その作品を消滅から救い出した。その文化史的意義は計り知れないものがある。

多くの修道院が「書写室」をそなえ、修道写字生あるいは写字修道女を擁して、聖書や福音書のみならず、古典古代の著作家の作品を書写し、現代に伝えたのである。

*

以上の二つのトピックを軸にして、まずガリア（フランス）に関する部分で、ヨーロッパにおける修道制普及の概況を地域ごとに確認しておきたい。ついで、イタリアに焦点を合わせモンテカッシーノ修道院の修道士ベネディクトゥスが編み出した「ベネディクト戒律」と、そのヨーロッパ規模での浸透の模様を考察する。

続いて「ベネディクト戒律」に代表される大陸ヨーロッパの修道戒律と大きく異なるアイルランド修道制のガリアでの普及と、これへのメロヴィング王家と貴族による保護と帰依の歴史的経緯について述べる。西ローマ帝国の後継国家のひとつとしてガリアの地に建国されたフランク人の国家は、メロヴィング国家初代の王クローヴィスの時代から、約二五〇年間にわたってゲルマン人部族国家の雄として君臨したが、聖コルンバヌスが新たなアイルランド修道制の息吹を吹き込んだ時期は、時あたかもメロヴィング朝の貴族がみずからの身分的アイデンティティを模索していた時代であり、厳格な戒律実践への志向が、彼らの新たな身分倫理と響き合ったといったら言い過ぎであろうか。いずれにせよアイルランド修道制がもたらした最大の寄与は、先に述べたように内面の罪の剔出と、これにともなう罰則、および贖罪の祈りを制度化したことであった。それはキリスト者としての精神的規矩のありようを根本から変革する役割をはたした。

いくつかの修道院は王権と貴族からの寄進を通じて、巨大な所領を獲得し、これをみずからの経済基盤を強化するために活用した。中世初期の経済発展にとって大きな貢献をはたしたことが、今日まで伝来している「所領明細帳」と呼ばれる記録から知られる。現段階の研究はその重要性について、かつてほどの重きをおいてはいないとしても、その歴史的意義を軽視することはできない。

七五一年にメロヴィング朝の後を承《う》けて、カロリング朝がフランク国家二番目の王朝として統治を始めた。シャルルマーニュ（カール大帝）の息子ルイ敬虔《けいけん》帝の時代に、一連の修道院改革と、在俗の聖職者が一定の規律に服して共同生活を営む律修参事会制度が連動するように展開した。この二つの大きな改革の意義について考察する。ついで以後の中世修道制にとって分《ぶん》水嶺《すいれい》となるクリュニー修道院の改革と、ヨーロッパの修道制に与えたインパクトについて考える。

なお、一三世紀初頭のラテラノ公会議が、教皇権力のイニシアティヴのもとに告解の義務を制度化——告解と贖罪がキリスト教信徒の務めであるとの教説は、ラテラノ公会議以前からしばしば教会当局から唱えられており、カロリング朝期にはキリスト教化運動の具体的な内容にまでなっていた——する一方で、都市を舞台として多様な異端運動が展開し、一四世紀末に「新しい信心（デヴォチオ・モデルナ）」の掛け声のもとに生まれた、世俗の人々が俗人のまま、定まった戒律をもたないままに、自発的な信仰心を絆《きずな》とする共同生活を送る形式の修道制も含めて、中世末期の「修道制」については本書では扱わない。これらはヨーロッパの修道制が新たな地平を切り開く動きであり、托鉢《たくはつ》修道会を嚆矢《こうし》とする「都市の時代」の修道制として、別の一書をもって考察すべき問題だからである。

目次

はじめに　i

第一章　ヨーロッパにおける修道制の萌芽――1

1　ガリア　2
ガリアの修道制と聖マルティヌス　レランス修道院の台頭

2　島嶼地方　5
ケルト島嶼世界での端緒　修道制の先進地帯ウェールズ　「世界の果て」アイルランドからの光　遍歴修道士と緑の殉教

3　イベリア半島　11
多様な文化的交流の所産としての修道院　島嶼世界との結びつき　修道誓願の契約的性格をめぐる論争

4　イタリア　17
隠修士（女）と共住型修道院の時代的・地理的分布　エウギッピウスとルクラヌム修道院　カッシオドルスとウィウァリウム修道院

第二章　ベネディクト戒律の普及——23

1　ベネディクトの生涯　24
『対話』第二書の語るベネディクト　モンテカッシーノ修道院の建設　修道院の具体的な姿　ベネディクトの死と戒律　教皇グレゴリウス一世は『対話』の真の著者か
2　ベネディクト戒律の性格と構造　30
修道生活の時間割　手労働と書写活動の問題　午後の時間割　院長の選任と絶大な権限　修道士の受け入れ　幼児献納（pueri oblati）の手続き　修道院と在俗教会
3　ベネディクト戒律普及の地域差　40
モンテカッシーノ修道院の放棄　初期の普及ルートをめぐる問題　定説批判　妥当なシナリオ　ベネディクト戒律のガリアへの伝播　サン・ブノワ・シュル・ロワールとベネディクトの遺骸　南ガリアとイベリアの伝統主義　イングランドへの普及

第三章　フランク国家におけるアイルランド修道制の展開――53

1　聖コルンバヌスとフランク王権　54

コルンバヌスのガリア到着　アンヌグレ修道院の創建　リュクスーユとフォンテーヌ修道院　三修道院の役割　王権との軋轢と追放　終焉の地ボッビオ修道院

2　貴族門閥とコルンバヌスの刷新運動　62

フランク貴族とコルンバヌス修道制　フランク国家と貴族　ファロ門閥とファールムティエ修道院　アウタリウスの一族　アウドイヌスと上ノルマンディ地方への修道院建設　ファロ門閥の修道院政策　貴族層の形成と修道院建設

3　司教と「修道院特権状」　73

修道院と修道士の地位　アイルランドでの修道院の役割　修道院特権状とコルンバヌス修道制　大特権と小特権　摂政バルティルドとアイルランド・フランク修道制

第四章　欲望の克服から魂の贖罪へ　81

1　死後の魂と贖罪の観念　82
罪の宗教　テルトゥリアヌス、オリゲネス、カッシアヌス　古代教会の贖罪者観　アウグスティヌスにおける贖罪と喜捨　死後の生　ペラギウス異端との戦い
2　聖コルンバヌスの衝撃　89
出生と幼年期　バンガー修道院へ　コルンバヌス戒律の厳しさ　アイルランド修道制の原基　告解と贖罪の導入　魂の彼岸への旅と罪過
3　告解と贖罪慣行の浸透　96
贖罪規定書とは何か　贖罪規定書の起源　八世紀ゲルマン地方の伝道と贖罪慣行　贖罪規定書の空白地帯　支配実践としての贖罪　ルイ敬虔帝の公開贖罪

第五章　修道院の経済活動　105

1　いかにして修道院は巨大領主に成長したか　106

フランク国家の四首都の意味　フランク貴族層の所領形成　修道院所領の
構築とその様相　トゥールのサン・マルタン修道院の場合

2　修道院経済の仕組み　115

史料としての所領明細帳　戦後日本の西洋経済史学　二つの問題　流
通と市場　修道院の財力　修道院の金融活動　造幣活動

第六章　筆写による古典作品の保存と写本制作　127

1　初期の写本制作と修道院　127

最初期のエジプトとガリア　南イタリア　アイルランド

2　古典作品の継承　135

巻子本から書冊本へ　書物の生産と流通　古い蔵書の行方　カッシオ
ドルスのウィウァリウム修道院図書館　「コーデクス・グランディオール」
リヨン司教座教会の写本制作活動

3　島嶼世界の寄与　145

ボッビオ修道院の重要性　アングロ・サクソン人の情熱　修道女の書写活

動
4　写本制作の仕組みとその物的基盤　153
写本の経済的価値　モノとしての写本　顔料とインク　カロリング小文字書体の誕生

第七章　学知の研鑽と陶冶　163

1　修道院世界での胎動　163
メス司教クロデガングの改革　ローマ典礼の浸透　ピピン三世のイタリア体験とその影響　サン・ワンドリーユ修道院の蔵書
2　交錯する学知の場としての宮廷　170
ポスト・ローマ期の宮廷　シャルルマーニュの教育と文化への思い　アーヘン宮廷の建設　宮廷学校で　宮廷につどう異邦の知識人　修道院での蔵書カタログ制作のコンテクスト
3　カロリング・ルネサンス第二世代の知識人たち　181
第二世代とは　フリドギススの「無」についての思索　「ゲルマーニア」

伝道の拠点フルダ修道院　愛書家フェリエールのルプス

第八章　カロリング朝修道院改革の限界とディアスポラ――189

1　ルイ敬虔帝治世下の修道院改革　189

ルイ敬虔帝の気質　ルイの師傅アニアーヌのベネディクト　アニアーヌのベネディクトによるベネディクト戒律の改編　戒律の画一的遵守とさらなる厳格化　修道院の構造変化　サン・マルタン修道院（トゥール）の選択　院長選出改革の挫折　修道参事会組織への変容

2　外敵による修道院の破壊・略奪と離散　201

ヴァイキングの最初の侵略　フランス領域での侵略と破壊　イングランドへの侵攻　アイルランド修道制の終焉　フランスの修道院への打撃　イスラームの来寇　ラングドック地方の侵略　プロヴァンスとブルゴーニュのラッジア　南イタリアへの進出　イタリア中部・南部修道院の劫掠　マジャール人と彼らの西ヨーロッパ侵略　ドイツの修道院

第九章　新たな霊性の探究と修道院の革新——219

1　クリュニー修道院と新たな組織原理　219

襲撃の嵐の後に　クリュニー修道院の成立　教皇庁の直接の庇護下に入る　創建文書の意味　オドの思想と貴族ネットワーク　司教権力からの自立問題　修道会の形成　三つのカテゴリー　死者供養のための祈禱

2　シトー派と「荒野」の思想　235

モレームのロベール　オーブリ指導下のシトー　助修士の制度化　ヴィラからグランギアへ——シトー派の農業　牧畜の優越　教皇庁との関係　会派の組織化　参事会総会の役割　聖ベルナールとクレルボー　ベルナールの思想と修道制

3　隠修士から共住修道院へ　248

聖ブルーノとグランド・シャルトルーズ修道院　限られた娘修道院　隠修士ロベール・ダルブリッセル　異形の修道団とフォントヴロー修道院

おわりに　256

あとがき　259
参考文献　269
事項索引　280
人名索引　286

第一章　ヨーロッパにおける修道制の萌芽

西洋の修道制の淵源《えんげん》となったのは、エジプトの砂漠地帯と、小アジア（トルコ）のカッパドキア地方であった。ローマ帝国の西部にあるイタリア、ガリア、イベリア半島、ケルト島嶼《とうしょ》地方に大きな影響を与えたのはエジプトでの修行実践である。その先駆者はエジプトの農民聖アントニオスであり、彼は西暦二七〇年頃ひとり砂漠に入り禁欲修行をおこなった。コンスタンティヌス大帝によるキリスト教の公認（三一三年）を契機に、書物が書かれるなどして広く喧伝《けんでん》されたアントニオスの修行の姿は、砂漠での修行を夢見る人々を帝国の各地から引きつけ、西暦四〇〇年頃にはアレキサンドリアに近いニトリアだけで五〇〇〇人の修道士を数えたとされる。

1　ガリア

ガリアの修道制と聖マルティヌス

ガリアにおける修道制の普及を観察するうえで、聖ホノラトゥスがエジプトの砂漠での修道生活経験を基礎にして、西暦四一〇年頃に南フランスのレランス島で実践した修道生活の開始期が、ひとつの目安となる。ガリアではすでに四世紀から隠修士（アナコレート）が、人里離れた森のなかや都市の近傍で個々に修行生活に勤《いそ》しんだ形跡はあるものの、歴史的に確実な事実として特定するのは困難である。薄闇《うすやみ》が晴れて黎明《れいめい》の光が射《さ》しはじめるのは、「ガリアの聖人」と讃《たた》えられる聖マルティヌスの時代からである。

マルティヌスは三六〇年頃にポワティエの南にあるリギュジェで隠修士として修行するかたわら、ポワティエ教会の聖職者としても活動した。伝えられているところによれば、隠修士であるにもかかわらず、彼のもとにはともに修行することを望んだ者たちが門を叩《たた》き、結局共同での修行生活が開始された。ただこれを真の意味の修道院と称しうるかは、はなはだ疑問であるし、一定の明確な戒律に従った生活であった可能性は薄い。

三七一年にマルティヌスは司教に選ばれて、任地のトゥールに移り住むことになるが、三七五年頃にロワール川を挟んで対岸にあるマールムティエに修道院を組織した。そして司教座教会の長として管区を統率する任務に勤しむあいまを縫って、この修道院で霊的な修行に励んだのであった。現在でもロワール川の河岸段丘に面したその跡地には、修道士が個々修行に勤しんだ洞窟《どうくつ》が残されている（口絵1）。これはポワティエ管区での活動と同じパターンである。彼のなかには、在俗教会で信徒の導きをおこなう司牧の務めとならんで、霊的生活を送ることへの情熱が絶えず燃えさかっていたといえるであろう。伝承によれば、アイルランドの聖人パトリックも一時期マールムティエで修道生活を経験したとされるが、それは疑わしい。

レランス修道院の台頭

聖マルティヌスは三九七年に歿《ぼっ》するが、これと踵《きびす》を接するように地中海のカンヌの沖合にあるレランス修道院が、南ガリアのみならず中部のトロワ、オーセールまでその影響力を及ぼす形で急速に成長した。この修道院は創建者ホノラトゥスが貴族出身者であったこともあり、また四〇六年のいわゆる「ゲルマン民族の大侵入」で所領を失ったガリア在住の貴族が、霊的修行とそれを基礎にしての教会高位官職就任への転身を夢見てつどった修道院であるところから、その貴族的性格が強調されてきた。こうした通説に対して、批判的な見方がピーター・ブラウンのような有力な歴史家から提示されている。しかしながら、同じ頃にマルセイユにサン・ヴィクトール修道院を建てたヨハンネス・カッシアヌスとともに、近隣のアルル、リエ、リヨン、ジュネーヴ、タランテーズ、トロワなどに、みずからの修道士を司教として送り込み、その影

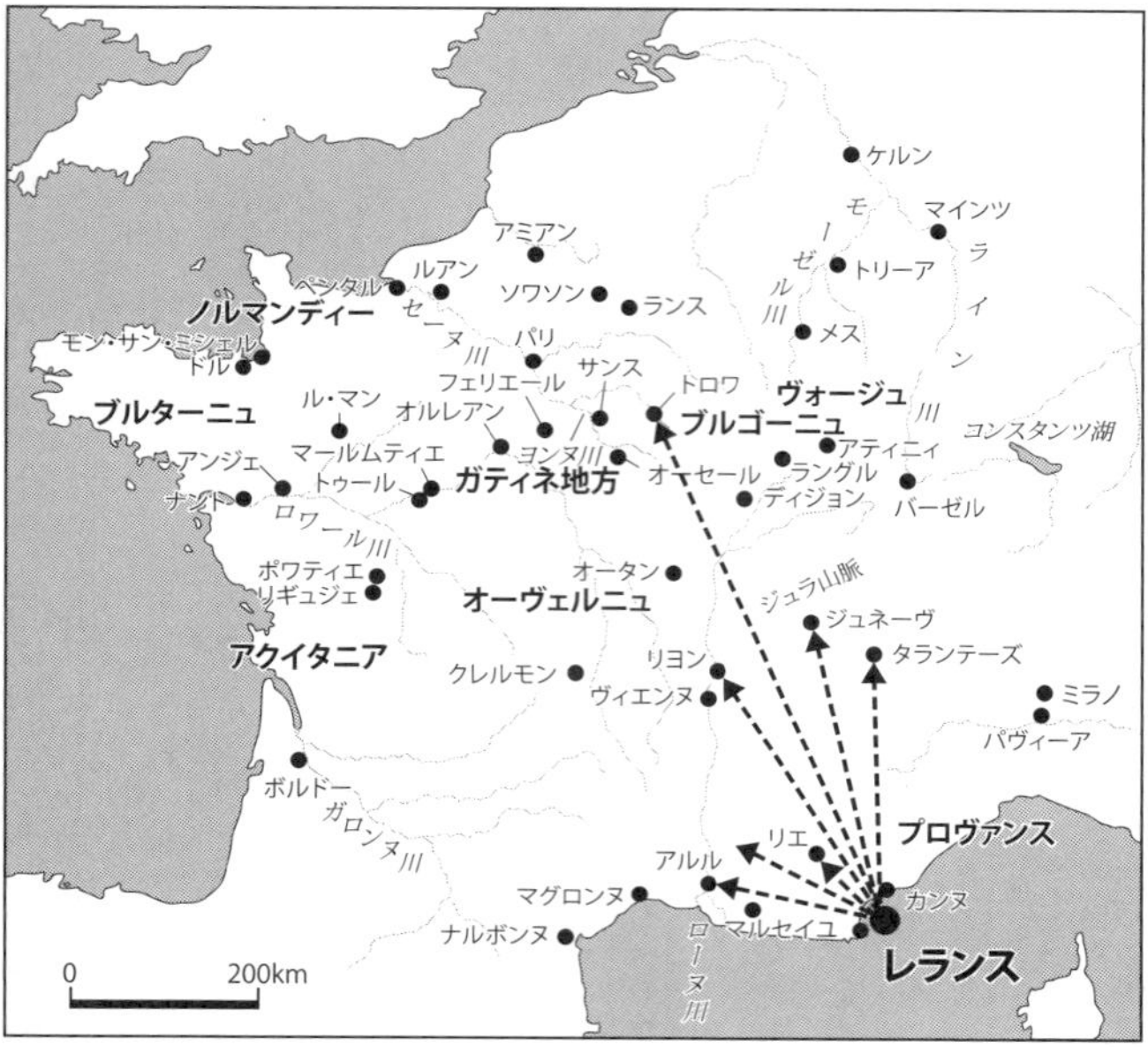

図１―１　レランス修道院のネットワーク

響域を拡《ひろ》げ、そして修道生活を組織させたのも事実である。

　アルル大司教のヒラリウスは、ローヌ川右岸にその名も「ヒラリウム」と呼ばれる修道院を建設した。このヒラリウスと親交のあったオーセール司教ゲルマヌスは、前者の影響のもとにヨンヌ川のほとりに修道院を建設している。またゲルマヌスはこの都市の北東隅に聖マウリキウスに献《ささ》げられた修道院を建て、みずからの遺体をそこに埋葬するよう遺言した。それはのちに聖ゲルマヌス修道院（サン・ジェルマン・ドセール）と呼ばれるようになった。

　ゲルマヌスはまた、オーセール

市内のそれとは別に、西暦二九〇年頃に同胞のキリスト教徒を殺害すべしとの皇帝の命令を拒否して処刑された、エジプトのテーベ軍団の長マウリキウスと兵士たちの魂の霊的救済のために、ジュラ山中に聖マウリキウス修道院を建立した。これがサン・モーリス・ダゴーヌ修道院である。またリヨンにもローヌ川の中州にイル・バルブ修道院が建設された。このほか詳細は省くが、クレルモン、トロワ、ラングルなどにもレランス修道院の影響を受けての修道院建設が知られている。

ガリアでは五〇〇年代の末までに約二二〇の修道院が建設された。すでに見たように聖マルティヌスの創建したものも含め、その多くが都市内、あるいは都市近傍に立地していることに注意しなければならない。それは根本的に都市を基盤とする古代末期ガリアの生活と深く結びついていたのである。

2　島嶼地方

ケルト島嶼世界での端緒

ここでいうケルト島嶼世界とは、具体的にブリティン島、アイルランド、ウェールズ地方などを指している。

キリスト教は、ブリティン島がローマの支配下にあった時代にすでに一定の信徒を獲得していて、四一〇年にホノリウス帝が帝国の全軍を公式に撤退させた後の時代にも、人々のあいだに浸透し続けた。またことにコーンウォール、デヴォン、ウェールズ西部、マン島、ギャロウェーなどのブリティン島西部は、引き続きガリアやスペイン、北アフリカとの交易を維持していた。考古学的発掘は大陸やオリエントとの交渉が変わらず存続していたことを示しているし、のちに触れるようにさまざまな産物ばかりでなく、新たな思想や宗教的息吹もまた流入し続けたのであった。

こうした背景のもとに、聖マルティヌスの崇拝者であったルアン司教ウィクトリウスは三九〇年代にブリティン島を訪れて、禁欲修行を鼓舞したが、それがどのような具体的成果に結びついたかは、明らかではない。アイルランド人であったか、ブリティン人であったか素性のはっきりしないペラギウスの教説（幼児洗礼の拒否や神の恩寵《おんちょう》の副次性などを主張した）、すなわちペラギウス派異端を危険視した教皇によって、これを反駁《はんばく》するために四二九年にオーセール司教ゲルマヌスとトロワ司教ルプスが送り込まれたが、すでに見たように彼らはレランス修道院と密接な関係を有していた。『アントニオス伝』、『エジプトの修道者列伝』などのオリエントの修道制に関する作品や、ヨハンネス・カッシアヌスの著作などがブリティン島で知られるようになったのも、その関連で考えるべきなのかもしれない。四世紀末にケント地方のラリングストンには、ローマの支配層のヴィラを転用した修道院が存在した事実が知られているが、詳しいことは明らかになっていない。

修道制の先進地帯ウェールズ

五世紀に始まるアングロ・サクソン人によるブリティン島の侵略と植民は、とくに東部と南東部に著しかった。ウェールズはその地理的位置も幸いして、その侵入を免れた。南部のグランモーガンにあるブリストル海峡に近いスラントウィトのイルトゥド修道院は五、六世紀ウェールズの最大の修道院であった。創建者イルトゥドはローマ人大土地所有者の息子で、みずからの領地のなかに修道院を組織し、禁欲修行を指導した。四九〇―五〇〇年に、のちの聖サムソンが修行のために送られたのが、このイルトゥド修道院であった。イルトゥドは北コーンウォールにスランドーフ修道院も建てている。

聖サムソンは、多くのアイルランド人がセント・ジョージ海峡を渡って植民した南西ウェールズのデメティアの出身で、のちに大陸のブルターニュ半島に渡り、やがてノルマンディ地方のペンタルに修道院を建設し、司教に任じられ司牧の活動に勤しんだ。出身地のデメティアはキリスト教を信仰する王が君臨していたが、ここの王ブルクハーンは六世紀に王位を棄《す》てて、ランディ島に渡り、修道院を建て家臣ともども禁欲修道士として生涯を送ったとされている。

「世界の果て」アイルランドからの光

ブリティン島と異なり、アイルランドはローマ帝国の支配を一切経験しなかった。ここは五世紀頃約一五〇ほどの小王国が並立する部族社会であり、社会の基本はジャーブフィナと称される組織と、四世代からなる血縁組織であった。だが、アイルランドはブリティン島や大陸から完全に切り離されていたわけではなく、五世紀以後にキリスト教や修道制の理念が徐々に浸透していた。

アイルランド最初の司教は、ときの教皇ケレスティヌス一世（在位四二二―四三二年）から派遣されたオーセールの助祭パッラディウスであり、彼はアイルランドに生まれはじめたキリスト教徒の共同体の統率を託され、四三一年に送り込まれたのである。パッラディウスの活動領域は南部と南東部であったようだ。はたしてこのパッラディウスがアイルランドの地に修道制を紹介したのかどうかは論争の的である。それというのも彼は「アイルランドの使徒」聖パトリックの同時代人であり、二人の事跡が互いにオーバーラップし、伝承の薄闇のなかで容易に混淆《こんこう》しえたからである。パトリックがいったい五世紀のいつ頃に、どこで活動したのかさえ確定が困難な問題である。

パトリック自身が書き残した記録から、彼はもともとブリティン島の出身者で、若い頃に侵入者に拉致《らち》され北アイルランドに奴隷として連行されたが、数年後に逃亡に成功したものの、のちに布教のためにアイルランドに戻ったとされる。この間に彼がガリア（オーセール）やイタリア、ティレニア海の島々を旅したとする記述は、おそらくパッラディウスの事跡と混同されている。

パトリックの活動領域はアルスター北部やコナハトなど、それまでキリスト教の浸透が知られていない地域であった。アイルランドの修道制が本格的に開始されるのは、パッラディウスやパトリックの死後半世紀以上を経た六世紀半ばである。共住型の主要な修道院はアイルランドの北三分の二を占める、かつてパトリックが宣教活動を実践した土地であった。クロナード修道院は聖フィニアンにより、クロンマクノイズ修道院は聖シアランにより、クロンファートとバー修道院はかの有名な聖ブレンダンにより創建された。聖コンガルはバンガー修道院を建

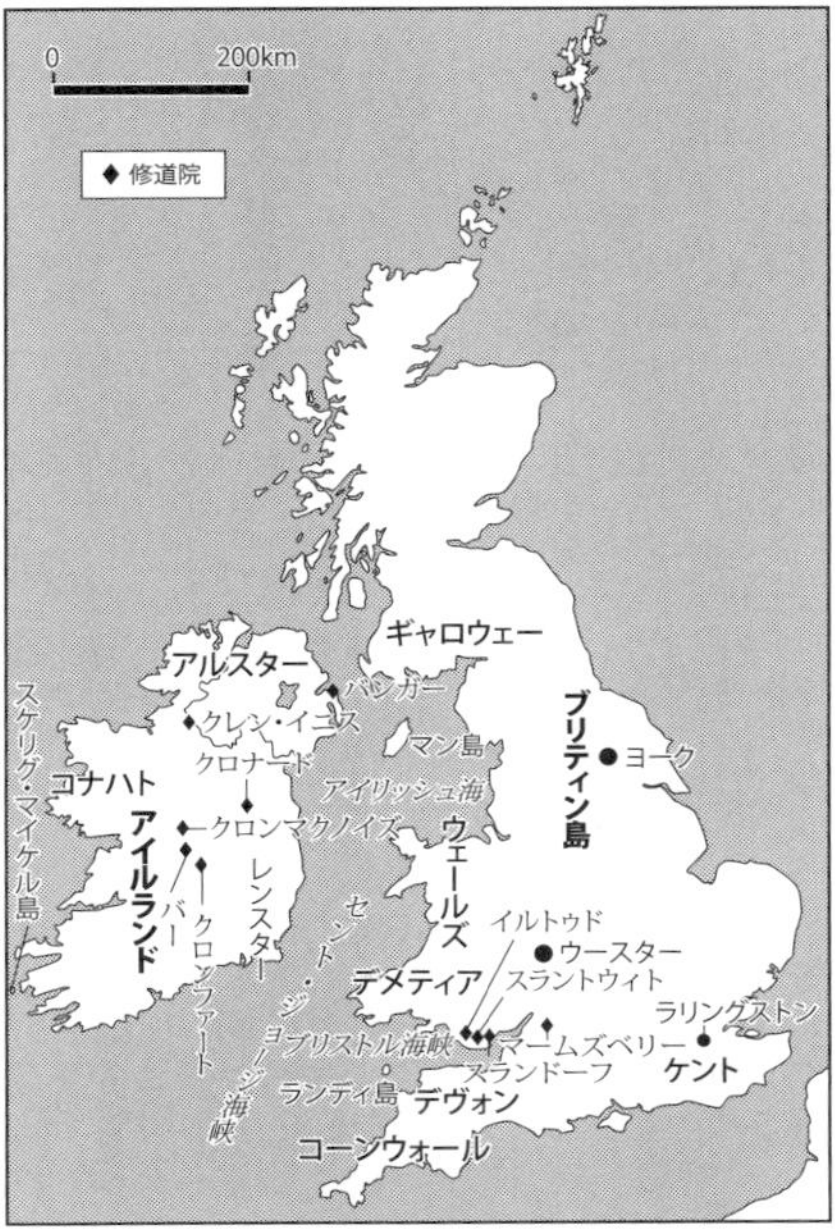

図1―2　アイルランドとウェールズの初期修道院

て、ここでのちの大陸伝道で名を馳《は》せる聖コルンバヌスを指導したのであった。このように五五〇年代にはアイルランドの有力な修道院の配置の骨格が出来あがった。

遍歴修道士と緑の殉教

アイルランドやウェールズの部族社会では、血縁集団や家族から離れ孤独に生きるのは、贖罪とみずから進んでする苦行の最高の形式とみなされた（口絵2の孤絶した環境が示すように）。すでに述べた聖サムソンは、ウェールズの南西部デメティア地方に生まれ、スラントウィトのイルトゥド修道院で聖イルトゥドに指導を受けた。やがてこの修道院の院長となったサムソンは、司教のポストを提示されたがそれを断り、修道士となった父やその他彼に付き従う者たちとともに、五三〇年頃に霊的完徳を目指す修行の旅のためにコーンウォール地方、さらには大陸のブルターニュに渡り、モン・サン・ミシェルに近いドルにいくつかの修道院を建て、さらにはルアンに近いノルマンディのペンタルで、ブルトン（ブルターニュ）人たちの司教として司牧活動をおこなった。しかしながら、サムソンはあくまでみずからを漂泊の「巡礼者」とみなしていた。

六世紀末から七世紀はじめに、大陸における修道制刷新の立役者となったアイルランド人聖コルンバヌスは、教皇大グレゴリウス（一世）に宛《あ》てた書簡のなかで、現代でも一部が残されている聖ギルダスとアイルランド人修道士フィニアンとの往復書簡を読み、遍歴巡礼者について詳しく知ったことを述べている。往復書簡のなかで、ギルダスは「より厳しい戒律」を求めて修道院を離れようとする修道士に対してどのように対処すべきかを述べているが、そこには聖アウグスティヌスやバシレイオスの思想が反映しているとされる。このようにみずから進んでより厳しい戒律に服して苦行を実践しようとする志向は、ウェールズやアイルランドに特徴的であった。アイルランドでは巡礼者としての漂泊と遍歴は、すでに述べたように隠遁《いんとん》の一形式であり、「赤い殉教」としての文字通り肉体の死で完遂する行為、「白い殉教」としての社会からの追放という形式に対比して、「緑の殉教」と称された。贖罪としての旅という意味である。

3　イベリア半島

多様な文化的交流の所産としての修道院

イベリア半島での禁欲修行は三世紀の終わり頃から、隠修士の孤立した禁欲実践として開始されたようである。そうした隠修士の活動は半島の北西隅ガリシア地方や、北中部アストゥリア地方そしてバレアレス諸島の島々が中心であった。それらが東方や砂漠の禁欲修行者の影響のもとに出現したのは疑いない。

四世紀にイベリア半島を席巻《せっけん》したプリスキリアニズム異端は、グノーシス・マニ教的な二元論（光の王国と闇の王国、魂と肉体の相克）を骨格にしており、それはエジプトのメンフィス出

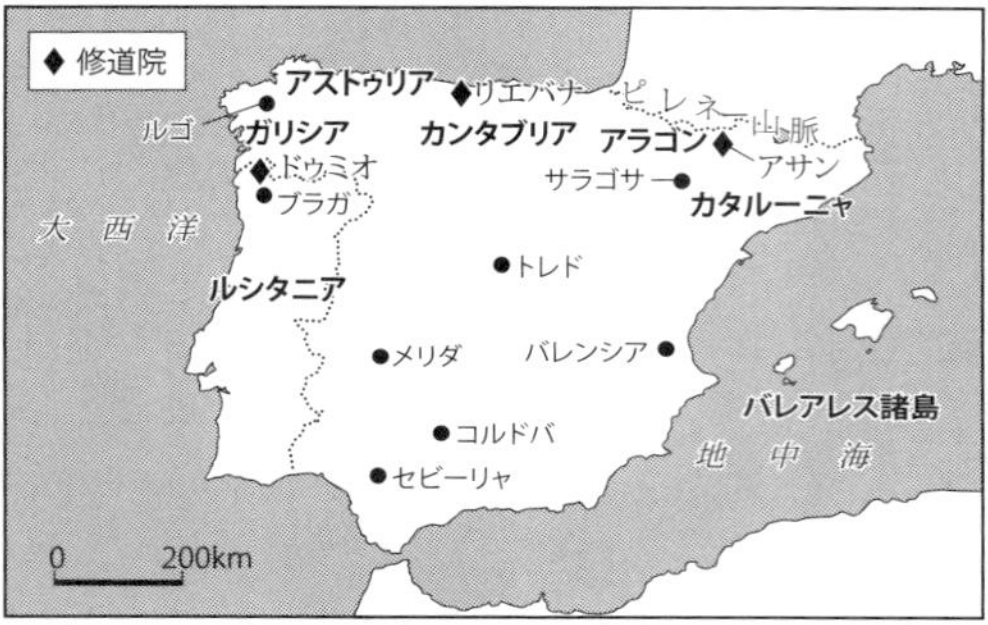

図1―3　イベリア半島の初期修道院

身のマルクスがスペインでじかに広めた教説である。後で述べるように、北アフリカや東地中海世界、さらに北方のケルト世界との直接の交流が、イベリア半島の文化的特徴のひとつを構成しているのである。

三八〇年にアラゴン地方のサラゴサで開かれた教会会議において、初めて公式に「モナクス（修道士）」の言葉が使われている。しかし共住型修道制の発展は六世紀まで待たなければならない。この時期ガリシアでブラガの聖マルティヌスが、ブラガの北郊にドゥミオ修道院を創建した。この人物についてほぼ同時代人であったトゥール司教グレゴリウスが一章（『歴史十書』第五書三七章）を割いて、その徳の高さを賞賛している。グレゴリウスによればブラガのマルティヌスはパンノニア（ハンガリー）に生まれ、東方に旅して学問の研鑽《けんさん》を積んだあとでガリシア地方に到来して、五五〇年頃にブラガ司教に叙されたのであった。彼はアリウス派であったスエビー系住民を、カトリック信仰に改心させるうえで大きな貢献をはたした。

五七〇年に北アフリカの修道士ドナトゥスが、ベルベル人との諍《いさか》いが激しさを増すことを懸念して、仲間の修道士七〇人と大量の写本を携えてスペインに向けて航海した。そして正確な現在地は不明だが、バレンシア近くのセルヴィタヌムに修道院を建設している。ラテン古書体学の権威であったベルンハルト・ビショッフは、五七〇年代に北アフリカから政情不安による大量の難民が生まれ、その折にドナトゥスの例に見られるように、北アフリカで完成していた小文字書体がスペインに初めて持ち込まれ、これがスペインの小文字書体の起源になったのではないかと推測している。小文字書体の導入により、料紙の利用の節約がはかられ、書字活動が一層活発となった。

同じ年に、修道士ナンクトゥスも北アフリカからイベリア半島南西部のルシタニアに渡った。彼は西ゴート国王レオヴィギルドに厚遇され、メリダ近くに土地を賦与され修道院を建設した。このほか、カタルーニャ地方にはアサン修道院が、またカンタブリア地方には八世紀の修道士ベアトゥスの黙示録写本で有名なリエバナ修道院が、すでに六世紀以前に呱々《ここ》の声をあげていた。

島嶼世界との結びつき

イベリア半島とアフリカとの海を介しての直接の交流について具体的に述べたが、ブリティン島、アイルランドなどのいわゆるケルト的な島嶼地方との交流もまた盛んであった。バリー・カンリフの著書『大洋に面して――大西洋とその諸民族』は風向、海流などの航海上の自然条件についての情報を交えて、ブリティン・アイルランド、ブルターニュ半島そしてイベリア半島北西部のあいだに、前四千年紀から海を舞台にした交流があったことを、考古学的所見を通して興味深く論じている。ことに人間が金属を使用する時代に入ると、銅、錫《すず》、砂金などの鉱物資源が豊富であったブルターニュ半島や、イベリア半島北西部のガリシア地方は、こうした貴重な資源を求める人々にとって目的地となった。

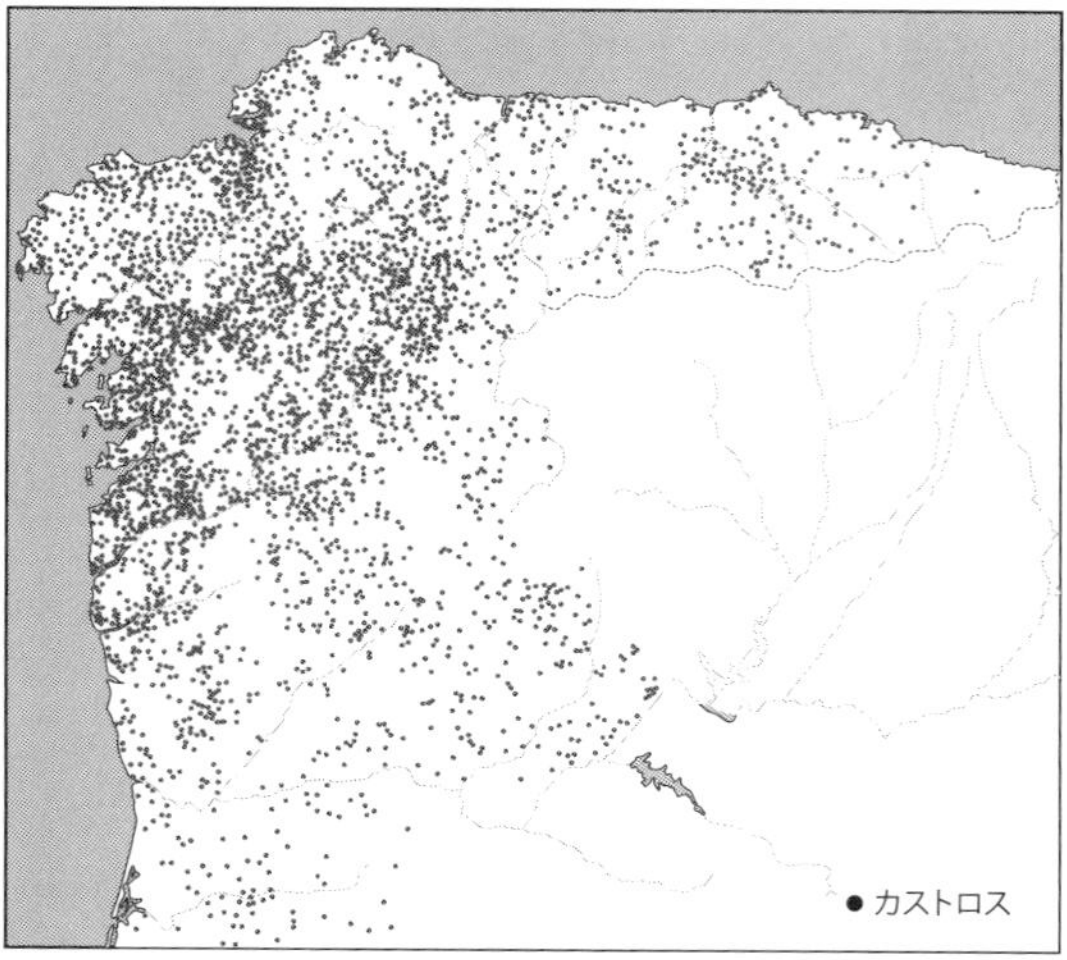

図1—4　ガリシア地方でのカストロスの分布

前一〇〇〇年頃に遡《さかのぼ》るフェニキア人交易者との取引は恒常的であったようである。イベリア半島でもとくに鉱物資源が豊富であったガリシア地方には、「カストロス」と称される防備施設が数多く見られる。その数は数千にものぼった。歴史時代に入っても遅くまで部族社会の構造を色濃く保っていたこの地域で、取引の果実であった富の流入により、共同体間の緊張関係が常態化した様子がうかがえる。

民族移動期にガリシア地方はゲルマン人の一派であったスエビー族により支配され、その王国の一部となった。スエビー王であったテオデミールは五六九年に、ルゴで王国の教会会議を開き、教会管区の再編成をおこなわせた。その記録の一部が九世紀の写しとして伝来し、詳細な検討がなされた結果、六世紀中葉の事実を記していることが確認されている。この記録は「パロキアレ Parochiale（教区一覧）」と称されている。この記録には驚くべきことに、ブリトン人の定住地がひとつの司教管区として設定されている。これはアストゥリア地方に所在していた。この「ブリトン人の教会の司教 Britonensis Ecclesiae episcopus」は、五七二年のブラガ公会議に出席しており、スエビー王国が西ゴート王国に併合された後は、第四回（六三三年）、第七回（六四六年）、第八回（六五三年）のトレド公会議にも出席しているのである。この事実は海洋を介しての思いがけない交流のありようを示している。

修道誓願の契約的性格をめぐる論争

イベリア半島において、いかなる戒律が支配的であったかは、地域によって事情は異なるが、八世紀後半にベネディクト戒律が浸透したカタルーニャ地方を除いて、この戒律の受容はおおむね一一世紀のことであり、それ以前の時期については、ひとことでは概括できない多様な姿をとっていた。北アフリカで影響力をもっていた聖アウグスティヌスの戒律、あるいは東方の戒律の影を色濃く宿すヨハンネス・カッシアヌスや聖ヒエロニュムスのそれなどである。そうしたなかで特異なのは、古代末期における修道誓願の自発性を重視する考えの延長線上にあると思われる、修道実践の開始にあたって強調されたその契約的性格であろう。

後でベネディクト戒律について詳しく見るように、修道制の指導者である院長への修道士の服従は絶対的であった。優れた院長が配下の修道士を支配することを表現する「regimen」は、独裁的な「僭主《せんしゅ》」の支配を表現する言葉であり、修道士がそうした支配にみずから進んで服する面も考慮に入れて、修道院長の支配は、支配一般の純粋形態であるとまで極言する歴史家もいるほどである。

修道制のこうした一般像を前提にしたとき、「契約的」伝統と呼ばれるガリシア゠ポルトガル的な修道制は異彩を放っている。ガリシア地方における修道院形成の文書による手続きについて、以下の三つを挙げるのが通例である。第一に創建文書、第二は修道士誓願文書、第三は院長選出手続文書である。このなかでとくに注目されるのは、修道士が修道院に入るにあたって、みずからの身を院長に託す儀礼があるにもかかわらず、一定の厳格な条件をクリアしていれば院長への不服従が認められている点である。その起源については論争があり、七世紀半ばガリシア地方のブラガ大司教であった聖フルクトゥオススの影響を重視する説がある一方で、そもそも西ゴート支配下のイベリア半島では修道誓願の契約的性格は地域を問わず一般的であったとする主張もある。論争はまだ続いているが、私は米国の歴史家チャールズ・ビシュコの仮説に、より大きな可能性を見ている。それによれば、この契約的性格はガリシア地方に発していて、その起源は部族的意識が極めて濃厚なこの地域では、修道士が誓願の折に寄進する土地に対する共同体意識が強固に残り、これを核として院長の権利を拘束する契約的性格が生まれたというものである。

だが、一一世紀にはこうした特性もベネディクト戒律が席巻したことにより失われるのである。

4　イタリア

隠修士（女）と共住型修道院の時代的・地理的分布

三一三年にコンスタンティヌス大帝がミラノ勅令を発布して、キリスト教に他の諸宗教と同じように信仰の自由を認める以前から、すでに禁欲の心性はローマ社会に大きな広がりを見せていた。そうした背景のもとで、とくに女性のキリスト教信者のなかには、みずから通常の社会的な絆を断ち切り、閉居して禁欲生活に身を捧《ささ》げる者が珍しくなかった。それは未婚の女性（ウィルギネス）の場合もあれば、寡婦（ウィドゥア）である場合もあった。こうした事例は、エジプト砂漠の禁欲修道士聖アントニオス出現に約一世紀も先立って、都市ローマで知られている。

近年著された精緻《せいち》な研究によれば、西暦三〇〇年から五〇〇年までのあいだに、イタリア半島と周辺の島々に二七の共住修道院と、五〇人の隠修士や隠修女の存在を史料のうえで確認できるとされる。このうち都市ローマでの単独の禁欲修行者は二〇人ほどである。

五〇〇年から五九〇年のあいだには、延べにして五〇の共住型修道院が、五九〇年から六〇四年にかけての教皇大グレゴリウス在位期間には、延べにして一〇〇以上の共住修道院の存在を確認できる。あしかけ一五年間の大グレゴリウスの教皇在位期間だけで、それに先立つ二世紀半のあいだに創建された修道院の数を凌《しの》いでいるのである。

こうした修道院の創建は、おもに中部イタリアから南イタリアの地、そしてコルシカ島、サルデーニャ島、シチリア島が舞台であり、北部ではまださしたる動きが見られなかった。

エウギッピウスとルクラヌム修道院

大多数のこうしたイタリアの初期修道院が、ただ名前のみが伝わっているなかで、比較的詳しい事情が知られているのは、四九〇年代にナポリ近くのルクラヌムにエウギッピウスらが創建したサン・セヴェリーノ修道院と、五五〇年頃にカッシオドルスが南イタリアのカラブリア地方に建設したウィウァリウム修道院である。

前者はドナウ川流域の属州ノリクム（現スイス・オーストリア）がゲルマン諸部族の攻勢を受けたときに、ローマ系の住民が一斉にこの地を放棄して脱出したのだが、エウギッピウスが属したこの地の修道士たちが、ノリクム宣教の立役者聖セヴェリヌスの遺骸《いがい》を掘りおこし、ナポリ郊外のルクラヌムに亡命して建立した修道院である。ちなみにこの地は四七六年に、西ローマ最後の皇帝ロムルス・アウグストルスが配流された地でもあった。エウギッピウスは五一一年に、「師父」と仰いだ——直接面識があった可能性は極めて薄い——聖セヴェリヌスの伝記を著すのであるが、これは聖人伝のもつ限界はあるものの、ローマ帝国支配末期のスイス・オーストリア地方の状況を伝える貴重な記録である。

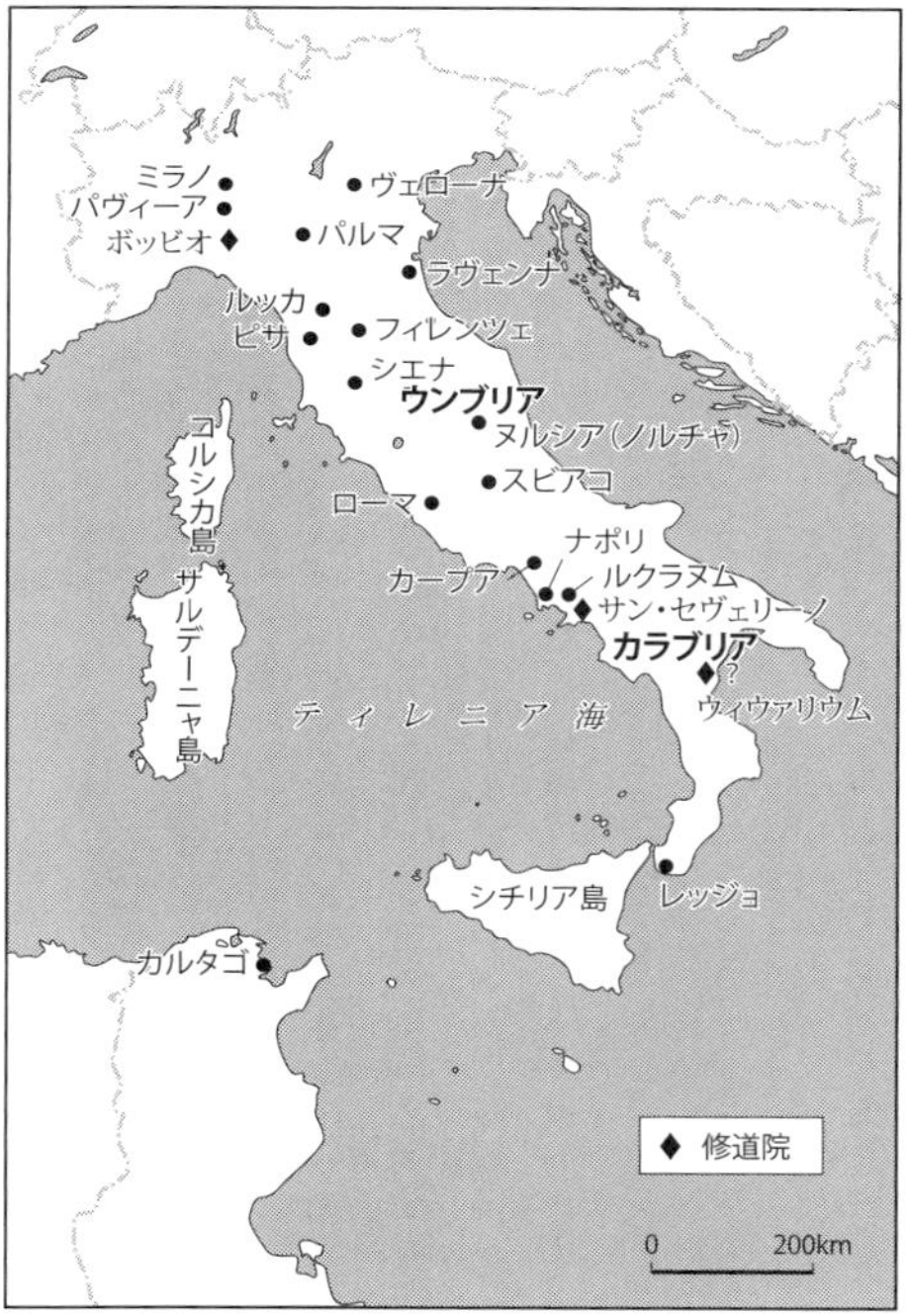

図1—5　イタリアの関連修道院

さてルクラヌムのサン・セヴェリーノ修道院であるが、ここにはエウギッピウスの時代にすでに書写室がそなわり、相当数の写本を蔵していたと考えられている。北アフリカのルスペ司教フルゲンティウスは、アリウス派を奉じたヴァンダル族の王トラサムンドによりサルデーニャ島に流刑に処された折に、エウギッピウスに書簡を送り、この島にみずからが創建した修道院のために写本を送ってくれるよう依頼している。

エウギッピウス自身が末期ローマ帝国に君臨した支配階級の面々と交流があった。フルゲンティウスのほかに、著名なセナトール貴族のシュンマクスの娘であったプロバや、『哲学の慰め』を著したボエティウスなどとも面識があったにちがいない。ボエティウスの弟はプロバの夫であり、同じサークルに属していたからである。カッシオドルスもまたエウギッピウスと昵《じっ》懇《こん》の仲であり、後者がカッシオドルスについて「世俗の文学には通じていないかもしれないが、聖なる文献に深く通暁している」と証言している。

サン・セヴェリーノ修道院ではいかなる戒律が実践されていたかについては、種々の議論がある。七世紀のセビーリャ司教イシドルスは、エウギッピウス自身が独自の戒律を編んだと証言しているが、それは聖アウグスティヌス『修道院の秩序 *Ordo Monasterii*』や、バシリオス、パコミウス、カッシアヌスらの戒律書や『四教父の戒律 *Regula Quattuorum Patrum*』、『師父の戒律 *Regula Magistri*』などを下敷きにして、作り上げたものと考えられている。

ただし最後の『師父の戒律』は、六世紀初頭にローマ近辺で作られたと考えられているが、この作品の現存する最古の写本（フランス国立図書館所蔵）に記されている戒律には、アイルランド修道制の影響が見てとれるとして、七世紀初頭のコルンバヌス修道制の到来と結びつけるべきであるとして、現存の『師父の戒律』写本との関連について否定的な見解を示す歴史家もいる。

カッシオドルスとウィウァリウム修道院

すでに触れたようにカッシオドルスは五五〇年頃に、ウィウァリウム修道院を創建した。この地スキュラケウムは、カッシオドルス出生の地であり、後期ローマ帝国の官僚として活躍した累代の父祖が築いた資産があり、彼自身がイタリアの支配者となった東ゴート王の高位の側近として仕えたことで得た私財を費やして、二つの修道院を建設するのにふさわしかったからである。この二つの修道院という構想は、ひとつはカステルム山の麓《ふもと》に建てられた隠修士たちが修行を積むことに重きをおいたもので、もうひとつはほかならぬウィウァリウムであり、そこでは聖書研究とそのための聖俗諸学の教育を実践する場として構想されたのであった。

カッシオドルスにあって、修道院を学問研究の場として構想することには伏線があった。それは彼がローマ都督の要職にあったとき、ときの教皇アガペトゥス一世と協力してローマに大学を創設しようと計画したことであった。しかしこの計画はユスティニアヌス大帝による領土奪回戦争の混乱と、教皇の死によって挫折《ざせつ》したという経緯があったのである。ウィウァリウム修道院の建設は、その意味でカッシオドルスの年来の夢の実現であったといえよう。そうした彼の構想を裏づけるように、ここには書写室のみならず、立派な図書館が設《しつら》えられ、ゴート戦争の戦火を免れた多くの聖俗の貴重な写本が収められていた。彼は必要な写本を入手するために、北アフリカにまで書物の手配をしている。

カッシオドルスは、とくに聖アウグスティヌスが著した『キリスト教の教え *De Doctrina Christiana*』の影響を強く受けていて、キリスト教の教えを深く理解するための前提として、世俗の学である七自由学科（文法学、修辞学、弁証学、算術、音楽、幾何学、天文学）の教育の重要性を認識していた。彼はまずもってこれら自由七科を深く学び、しかるのちに聖書の研究に勤しむよう修道士に諭している。

修道院の一般的イメージは自給自足的な団体組織である。しかし初期においては、修道誓願をおこなってこの団体の一員となった者の寄託財産を収入源として、共同体が運営されるという事例が少なくなかった。ローマ帝国末期には修道士誓願者には、大所領の所有者がしばしば見られたからである。カッシオドルスのウィウァリウムでは、こうした特徴が典型的に見てとれる。ここには修道士だけでなく、修道院の経済生活を支える農民たちも、団体の一員として住まいしていた。その意味でウィウァリウム修道院は、のちに詳しく論ずる中世初期の修道院の先駆形態を示している。

第二章　ベネディクト戒律の普及

　西洋の修道制の歴史で、古代後期の修道制と中世のそれとの分水嶺となる出来事が六世紀の中頃に起こった。それはヌルシア出身の聖ベネディクトゥス（以下ベネディクトと称する）によるいわゆるベネディクト戒律の創出である。やがてこの戒律は、イタリアという空間的枠を越えてヨーロッパ全域に普及し、七世紀から一三世紀まで、ラテン・キリスト教世界の修道院が採用する卓越した修道戒律の地位を占めることになる。

　この戒律はすでに述べたバシリオス、パコミウス、カッシアヌスらの戒律書や、『四教父の戒律』など先行するさまざまの戒律を摂取しながら、ベネディクトが編み出した戒律と考えられている。なかでもモデルの役割をはたしたのが、五三〇年頃にローマ周辺で編まれた『師父の戒律』であったという説は、多くの歴史家によって支持されてきた。

　しかしながら、本章の行論のなかでそのつど指摘することになるが、ベネディクト戒律の普及と、それより半世紀遅れて生まれた教皇グレゴリウス一世（大グレゴリウス）が著した、ベネディクトの事実上の伝記ともいえる『対話 *Dialogus*』第二書の成立などについて、重要な新説が提起され、議論が流動的となり、これらの問題について現段階では結論めいた歴史像を示すことができないことを、おことわりしておきたい。

1　ベネディクトの生涯

『対話』第二書の語るベネディクト

ベネディクトの人となりについて、現存する唯一ともいえる記録が『対話』である。この題名は、この書が教皇グレゴリウス一世と彼に仕える助祭ペトルスとの対話という形で構成されているからである。ローマ教皇就任の四年目のある日、助祭は教皇に「イタリアには奇跡を起こした聖人がいたのでしょうか」と問い、教皇がそれに答えて、いかに多くのイタリアの聖人が数々の奇跡の顕現を実現したかを、縷々《るる》語って聞かせた。単独の聖人として最大の紙幅を費やして語られるのが、ベネディクト戒律の生みの親であるベネディクトである。

彼は四八〇年頃に、ローマの北東に位置するウンブリア地方のヌルシア（現ノルチャ）に生まれた。生家は裕福な家柄で、父は高度な教養教育を授けるためにベネディクトをローマに送ったが、ベネディクトは同学の若者たちが悪徳に染まるのを見るにつけ、自分も底なしの淵《ふち》にはまるのではないかと不安を感じ、勉学を中断し、放棄された土地で禁欲の隠修士生活に入った。

こうした隠修士としての最初の修行の場となったのは、ローマの東五〇キロにあるスビアコの近くアッフィーレであった。ベネディクトは自分の乳母とともに（！）この地の教会の周辺にしばらくのあいだ滞在した。さらに厳しい禁欲生活を実践するために、乳母と離れさらに人里から離れた土地に修行の場を求めた。こうしてスビアコの南東にあるアニエネ川沿いのモンテ・タレオに洞窟を見つけ、ここで隠修士として禁欲生活を続けたが、三年を経た頃にひとりの羊飼いに見つけられ、住処にしていた洞窟の所在を知られ、名前も知られることになった。

やがて土地の者たちが彼のもとを訪ね、食事の世話をしたりして、彼の教えに耳を傾けるようになった。しばらくすると彼のまわりには一団の弟子や崇敬者が形成された。そこでベネディクトは洞窟を中心にして一二の僧房を造り、それぞれに一二人の修道士を割り当て、そのうちのひとりを各僧房の長に据えて、みずからはこれら院長に対して監督するという仕組みを作り上げた。これらは実体としては、各々がひとつの修道院として機能した。同時に自分は洞窟を放棄して、かつてネロ帝が造成させた人工湖に近い場所に、菜園をそなえた僧房を造って、ここを新たな修行の拠点とした。ここでは高貴な身分のローマ人士の幼年の子弟が「幼児献納pueri oblati」として受け入れられた。これはのちに制度化され、ベネディクト戒律の第五九章で、その詳しい手続きが定められることになる。これについては後で紹介する。

モンテカッシーノ修道院の建設

小規模であっても一二の修道院を設けたことは、近くのスビアコ教会との軋轢《あつれき》を生み出さずにはおかなかった。修道士が司牧と福音の活動に勤しんだところでは、両者はしばしば競合関係に入ったが、そうした事態がまさにここでも生まれたのである。そこでベネディクトは自分の身の回りにいた弟子を、先の修道院に振り分け、それぞれの内部組織の強化をはかるために副院長（プラエポジトゥス praepositus）に任命し、院長を補佐する仕組みを作った。そのうえで、ごく少数の弟子を従えてモンテカッシーノの地におもむいた。五三〇年頃のことである。モンテカッシーノの小高い丘の上には、土地の住民の崇敬を受けていたアポロン神殿が立っていた。この事実は現代の考古学の発掘によっても確認されている。アポロンの神像を破壊した後の神殿には、聖マルティヌスを守護聖人とする教会を建設し、アポロンの祭壇の代わりに洗礼者ヨハンネスに献げられた礼拝堂が造られた。聖域であった森は開墾され、周辺住民は異教を棄ててキリスト教に改宗した。

修道院の具体的な姿

『対話』のなかでのモンテカッシーノ修道院についての具体的記述は、数が少なく、また非常に断片的である。これは聖人伝という文学カテゴリーのしからしむるところではあるものの、残念なところである。

修道士たちが僧房を建設するための石材の調達の逸話（第九章）、独立の建物としての炊事場の存在（第一〇章）、総務長（ケッラリウス cellararius）という修道院で最も重要な機能を担う役職――食糧品の調達、保存、分配や、修道院所領の管理――の存在（第二八章）、院長自身を含めた修道士の耕作労働（第三二章）、修道院を取り巻く囲壁の外部にも土地を所有していたこと（第三三章）などが知られる。

またベネディクトその人については、彼はみずからの僧房のマットの上で祈りを捧げること（第一一章）、就寝のさいはおそらく門の上に設えられたと想定される塔の上で寝たこと（第三五章）、夕食を摂《と》り（第二〇章）、暁課（冬は午前二時から、夏は二時半から）を実践し（第三五章）、モンテカッシーノ周辺での福音や司牧活動にも勤しんだ（第一九章）ことなどが、その記述から浮かび上がってくる。

ベネディクトの死と戒律

ベネディクトの晩年のひとつのトピックをなすのは、スコラスティカという名前の修道女が必ず年に一度は彼のもとを訪ね、教えを乞《こ》うたことであった。ベネディクト自身もこの訪問を楽しみにしていた。スコラスティカは幼児献納により女子修道院に託された女性で、神の教えの探求に真摯《しんし》に取り組み、ベネディクトの女弟子と称してもかまわないような存在であった。

このスコラスティカが他界したとき、ベネディクトは自分の死後について、この女性のかたわらに埋葬するよう指示した。彼はみずからの埋葬場所をあらかじめ決めていた（第三五章）。そこはかつてアポロンの祭壇が置かれ、のちに洗礼者ヨハンネスを守護聖人として建てられた礼拝堂であった。そしてベネディクトその人も、五五五年と五六〇年のあいだに永遠の眠りについた。

最後に近い第三六章で、教皇グレゴリウス一世は対話の相手であるペトルスに次のように語っている。長くなるが、いわゆるベネディクト戒律の誕生を証言する重要な箇所と思われるので、引用したい。

「ペトルスよ、余としてはこの尊敬すべき父（＝ベネディクト）について、もっともっと語りたいのはやまやまであるが、あえてこの人物が達成したいくつかの業績について話を移したいと思う。というのも他の聖人の御業《みわざ》についてそろそろ語らなければならないからだ。そうはいうものの、余としては、汝《なんじ》がこの神の男が世界を照らした多くの奇跡のなかで、その教えの言葉によっても、赫奕《かくやく》として輝いたのを知らずに済ますというわけにはいかないだろうと思う。実に彼は秘《ひそ》かに、だが明晰《めいせき》な言葉で、素晴らしい修道士の規則を書いたのだ（Nam scripsit monachorum regulam...）」

歴史家は言うまでもなく、この「修道士の規則」こそベネディクト戒律なのだと信じてきた。それを語る人の卓越した証言能力に鑑《かんが》みて、そのことを疑うのは極めて困難であろう。

教皇グレゴリウス一世は『対話』の真の著者か

一九八七年に英国の歴史家フランシス・クラークが、二巻本七〇〇ページからなる大著を出版したが、その書物は『偽グレゴリウス「対話」』と題されていた。近代の教会史家によって教皇グレゴリウス一世を『対話』の著者とみなす不動の定説は、しかしながら一六世紀のはじめにプロテスタントの歴史家によって疑義が提起された過去はあったが、これほどの徹底性をもって疑問が論じられることはなかった。

その主張を要約するならば、『対話』はグレゴリウス一世の死後半世紀を経た六七〇年代に、かつて大グレゴリウス自身が書き残し、現在もなお一部が保存されている断片的な記述と、現在では失われてしまったが、当時は教皇庁の文書庫に保存されていた大グレゴリウスの文体を思わせる記録とを用いて編集された後代の写本であるという内容である。

卓越した名声を轟《とどろ》かせた大グレゴリウスの著作について、死後半世紀以上にわたりそれに言及した記録が一点も存在しないこと、自分の著作について書簡で言及するのが通例であるにもかかわらず、『対話』についての言及が大量の書簡集に一点も知られていないこと、最初に『対話』に言及したトレド司教イルデフォンスの『偉人伝 *De viris illustribus*』の当該箇所は後代の挿入であることなど、多くの不自然な点や謎に包まれていることは確かである。歴史家のあいだでも新説には、激しい批判をおこなう者と、注目すべき議論として緩やかな支持の意見を表明する者とが相半ばしている。決定的な証拠が出ない以上、最終的な結論は先送りにせざるをえず、こうした疑義はそれとして念頭にとどめておく価値があるという態度が妥当なところであろう。

2　ベネディクト戒律の性格と構造

ここでは「序」を除いて全体で七三章からなるこの戒律を、逐条的に紹介したり解説を加えたりすることはしない。私自身があるいは他の歴史家たちが、この西洋中世の修道制において最も基盤的戒律となったベネディクトのそれを特徴づけていると考える点を、選択的にピックアップして、その背後にある規律体系の構造を明らかにしたいと思う。

修道生活の時間割

修道士団体の共同生活を規律するのは、厳格に定められている「時課」と呼ばれる祈禱《きとう》や詩篇読誦《どくしょう》などの聖務を軸にした一日の時間割である。時限は古代ローマの時間表示を用いており、「六時」はほぼ正午、日本の古い時間システムでは「午《うま》の刻」にあたる時間である。一日を「昼」の時間と「夜」に分けているが、その開始、つまり起床時刻は通常であれば夜の時間帯に属する午前二時半（夏）と午前二時（冬）と定められている（表参照）のが、厳しい戒律のもとに生きる修道士の生活規範らしいところである。夏季と冬季では日の出から日没までの時間の長さに大きな差異があり、それに応じた形で起床と就寝時刻が設定されているのである。

起床に続いて身仕舞《みじま》いを整えたうえで暁課が始まる。日曜日にあたる場合は、夏冬ともに開始時刻が午前一時に繰り上がる。それぞれの時課で唱えるべき詩篇の数あるいは箇所や、聖書をはじめとする朗唱されるべき典礼書が細かく指定されている。

これに続くのが朝課である。その開始時刻は夏冬ともに午前四時とされている。続いて一時

表2—1　モンテカッシーノ修道院の修行時間割

（時間は現在の表記法による）

夏	冬
午前	午前
	2時　起床
2時半　起床	（日曜日には午前1時から暁課）
（日曜日には午前1時から暁課）	
4時　朝課	4時　朝課
5時　一時課	5時　一時課
5時半　手労働	5時半　学習
	6時半　三時課
	7時　手労働
	（復活祭の前日までの40日間である四旬節の期間は7時から7時半まで学習の時間）
7時半　三時課	
8時　手労働	
9時　学習	
午後	午後
12時　六時課	12時　六時課
12時半　午睡または読書	12時半　手労働
（復活祭の期間は食事）	
3時　九時課	3時　九時課
3時半　食事	3時半　食事
	（四旬節には学習時間）
4時半　手労働	4時半　学習
	（四旬節には晩課）
	（5時　四旬節には食事）
	5時半　晩課
	6時　終課
	6時半　就寝
7時　晩課	
8時　終課	
8時半　就寝	

（Ivan Gobry, *Les moines en Occident*. t.II, *L'enracinement. De saint Martin à saint Benoît*, Fayard, 1985, p.404による）

課が、これも夏冬共通で午前五時に始まる。これに続くのは午前五時半からの、夏は手労働、冬は学習にあてられる時間である。前者は午前七時半に始まる三時課まで、後者は冬時間の三時課が始まる午前六時半までおこなわれ、そのあと七時まで三〇分が三時課の聖務にあてられる。

手労働と書写活動の問題

夏時間では三時課は午前八時までの三〇分。八時からは再び手労働の時間で、これに午前九時までの一時間が費やされる。そして九時から正午までが学習の時間である。冬時間では三時課を終えた午前七時から正午までの五時間が手労働にあてられている。

冬の季節に、手労働にひとつの時間帯が大きく取られているのに奇異の感を懐《いだ》く向きがあるかもしれないが、「手労働」の概念には写本筆写の作業も含まれているので、この点を理解するならば頷《うなず》けることであろう。ただベネディクト戒律そのものには、書写室の存在をほのめかす記述も、修道士の組織的な書写活動についての言及もなく、これが先に述べたカッシオドルスのウィウァリウム修道院の特徴と大きく異なるところである。

ベネディクトが創案した時点で、彼が「手労働」としてどれほど書写活動を念頭においていたのかは不明である。だがあらかじめ指摘しておくならば、七世紀以降の北西ヨーロッパの諸修道院におけるベネディクト戒律受容にあたって、「手労働」を「書写活動」に読みかえることは当然視されたという事実である。八世紀中頃に始まるカロリング朝時代に、修道院書写室が生み出した写本の総数が、確認できるものだけでも七〇〇〇点を超えるという事実は、書写作業が手労働として大いに推進、奨励されたことを雄弁に物語っている。

午後の時間割

さて夏冬ともに六時課は正午に開始される。一二時半から、夏は午後三時の九時課の開始まで午睡をとるか、読書するかは修道士の選択にまかされている。また復活祭から聖霊降臨祭の時期に限って、一二時半からは食事が供される。冬の時期は、一二時半から午後三時の九時課開始まで手労働に努めなければならない。

九時課の聖務が終了すると、夏冬ともに午後三時半から食事の時間になる。ただし冬時間に設定されている四旬節には断食をして、この食事時間を学習にあてなければならない。

食事時間が終わる午後四時半から、夏は晩課の始まる午後七時まで手労働であり、冬は午後五時半に開始が設定されている晩課の時間まで、学習に勤しむのである。冬時間では、先にも触れた四旬節の期間に限り、午後四時半に晩課が始まり、五時から食事の時間になる。

夏は晩課ののち、午後八時から終課を開始し、午後八時半が就寝の時間になる。冬は晩課に続いて午後六時から終課が始まり、それが終了する午後六時半が就寝時間である。

こうして修道士の一日は終わる。

院長の選任と絶大な権限

修道院長の選出は、まずもって修道士団体の全員一致か、修道士団の「より賢明な」一部によって指名（electio）される。目安となったのは人格の高潔さ、禁欲生活における態度、院長職執行の能力への高い評価などであった。そののちに、管区司教が指名された修道士を院長に任命（ordinatio）するのである。任期は終身である。管区司教が欠けていたりしてそれができない場合は、近隣の修道院長が任命役になる。堕落した修道士団が意図的に不適任者を指名した場合には、管区司教や近隣の院長がその指名に干渉する義務があった。

正式に任命された院長の権限は、極めて大きかった。任務の第一は修道士団体の精神的指導者として、彼らの魂の導き手となることであった。それとならんで共同体全体の物的需要を充《み》たす義務も負った。そのためには院長は修道士一人ひとりに個別的に注意をしたり、警告を発したり、必要があれば体罰を科したりすることができた。

院長への修道士団の関係は「服従」という概念で表現される。院長は重要な決定――たとえば修道院の解散のような――は、修道士団全体の意見を聞き、そこまで重要ではない案件については年長の修道士たちの助言を聴聞したが、最終的決定は院長のみがなしえた。院長の決定や指示が実現不可能のように見えたとしても、従順に従わなければならない。命令への服従はみずから進んで、喜びをもって、しかも即刻なさなければならない。遅滞なくこれをおこなうことが恭順という禁欲の徳目の第一段階であり、みずからの意志を厭《いと》うのが第二の、神への愛から上長に服従するのが第三の、そしてたとえその履行に際して嫌悪、不正、非情の感を免れないとしても従順になすことが第四段階である。

こうした自発的で心からの服従の契機に支えられた院長の支配を、F・フェルテンはマクス・ヴェーバーの支配の三類型論を意識しながら、最も純粋な支配の形態であるとまで断言している。年齢ではなく禁欲生活の長さがものをいうこの組織では、上長への服従が重視される垂直階層社会であり、その頂点に位置するのが院長（abbas）である。

ベネディクトがなぜこれほどまで院長の地位と権限に隔絶した絶対性を与えたのかという点については、戒律を作った五五〇年前後のイタリアの政治社会状況に理由があるとするのが、教会史家マリリン・ダンである。この時代はユスティニアヌス大帝のイタリア再征服の余塵《よじん》が収まらない混乱の時期で、遍歴する修道士が禁欲共同体にとって由々しき問題となっていた。ベネディクトはみずからの戒律の第一章「修道士の種類について」のなかで、最悪の修道士として「放浪者（girovagum）」と呼ばれる修道士の類型を挙げている。彼らはもろもろの我欲と飲食の誘惑の奴隷であり、忌むべき存在とされる。こうした破戒修道士の横行を念頭において、院長に極めて強力な指導権を与えて秩序を維持しようとしたというのがダンの理解である。

修道士の受け入れ

新しく修道士として修行を積むために、禁欲共同体に加わろうと決意した者をどのようにして受け入れるかについては、戒律の第五八章で詳しく定めている。受容は何段階にも分けられた複雑なプロセスであり、一年以上の時間的経過と修道士団全員の承諾が必要なことがらであった。

一連の過程は修道院の門前から始まる。志願者は四、五日のあいだ門前で、無愛想で粗略な扱いを受ける。それでもなお希望し続ける者は、門を入る許可が与えられ、客人が起居する部屋があてがわれる。ここで数日間の経過観察を受けたあとに、修練士（nouicius）の部屋に移される。この間志願者は、担当の修道士によって志願の動機を綿密に精査される。真に神を欲しているか、神への賞賛の熱意を共同体の仲間と共有しうるか、すでに謙遜《けんそん》と服従の訓練を受けているか等々である。そして二ヶ月後に戒律全体が通しで読み上げられ、志願者がこれをすべて受け入れるか否かが問われる。承諾した者は修練士の部屋に戻され、さらに六ヶ月間の観察に服した。そして同じように戒律の読み上げと志願の意向を問われ、そのうえでさらに四ヶ月間の観察が続き、再び戒律の読み上げと、最終的な意志の確認が行われる。志願者の意志に変わりはなく、戒律に従って禁欲生活を実践することを誓うと、一年の修練士期間の終了が告げられ、礼拝堂に場所を移して、修道士仲間による荘重な受け入れの儀式が執り行われる。

それは以下の四つの要素からなっている。①志願者は修道士団全員を前にして、みずからが修道士となることを確言し、それにふさわしい行動をし、服従することを誓う。②この誓約を院長と、その聖遺物が祭壇に収められている聖人の名前にかけて、自筆の請願書（petitio）を認《したた》める。志願者が自分の手でこの書類を書くことができない場合は、代理のものに書いてもらい、自筆の署名をする。③志願者はこの請願書をみずからの手で祭壇の上におき、そのうえでもう一度口頭で受け入れを懇願し、すべての修道士が自分のために祈ってくれるよう、全員の前で平伏伸展する。これにより彼は修道士団に受け入れられたことになる。④それまで纏《まと》っていた世俗の衣装を、修道士の衣装に着替える。着替えた俗世の衣装は被服室に保存される。これはその者が修道院を追放されたときに着替えるためである。

ちなみに志願者は正式に修道士になるにあたって、所有するすべての財産を貧者に分かち与えるか、修道院に寄進するかしなければならず、爾後《じご》財産の所有は一切禁止される。

幼児献納（pueri oblati）の手続き

成人の修道士志願とは別に、未成年の子供が未来の修道士となるべく修道院に託されることもある。これを規定しているのは、戒律第五九章「神に捧げられた富貴の家柄の人あるいは貧しい人の子供たちについて」である。請願書は本人の代わりに親が作成し、これを供物と子供の片手と一緒に祭壇布で包む。これにより子供は修道院に引き渡されるのである。

スマラグドゥスはその『聖ベネディクト戒律註解《ちゅうかい》』（八一七年）で、幼児献納の「請願書」

を引用しているので、やや長くなるが一部を紹介しよう。

「両親が我が子を、喜びのうちに神に仕えさせるべく、神の神殿に捧げるのは遥《はる》か古《いにしえ》の時より神聖でふさわしいおこないとみなされており、このことが聖なる先例であることは疑う余地がなく、そこで私どももまた、我が子をもってこれをなすべきであると考えます。それというのも、我らが創造主に果実を捧げるのは義にかなった正しいおこないだからです。それゆえ私はXと称する我が子を、手に供物をもたせ、そして請願書とともに祭壇布で包み、証人の立ち会いのもと、爾今《じこん》戒律の軛《くびき》を振り払うことがもはや許されないままに、生涯にわたり戒律に従って生きるよう、ここに聖遺物が眠る聖人と現職の院長に引き渡します」

このようにして修道院に託された子供は、成人に達した折にみずからの意志で修道院を出ることは許されなかった。東方で広く採用されたバシレイオスの戒律では、幼児献納で修道院に託された子供は成年に達したとき、自己の意志で修道院を退去することが認められているが、ベネディクト戒律はそれを許していない。この厳格な規律が共同体の安定性を保持するうえで効果があったのは確かである。子供が修道院を出ることの期待をいだかないように、その相続権は幼児献納が実施された段階で剝奪《はくだつ》されたのである。両親が望むならば、この折に修道院に寄進された財産——土地など——から上がる収益は、両親が存命中は自分たちのものとして保持することができた。土地などの用益権は留保できたのである。

修道院と在俗教会

禁欲共同体の修道士団の外部世界との関係にとって最大の問題は、司教や司祭など、俗人の司牧活動に日々勤しんでいるいわゆる在俗教会との関係であった。すでに修道院長の選任のところでも述べたが、新しく院長が修道士団によって選ばれたとしても、この選出は単なる「指名」であって、法的に正式の院長に任命されるためには管区司教の――それができない状況にあっては近隣の修道院長の――任命が必要であった。また戒律の第六四章には堕落した修道士団が意図的に不適切な院長を選出した折には、管区司教が介入すべきことと定められている。

初期の修道院は、ベネディクトの伝記的事実のところでも紹介したように、福音・宣教活動にも従事するのが珍しくなかった。本来この役目を担うのは在俗教会の司祭であるので、その最高責任者の司教と修道院のあいだにはしばしば軋轢が生じた。そうしたところから、四五一年にボスポラス海峡に面したカルケドンで開かれた第四回普遍公会議決議は第四条で、司教の同意なしに修道院が建設されてはならず、また司教は修道院に対して細部にわたる監督を実施しなければならないとし、第八条では修道院司祭の司教への服属を定めている。

修道士団は基本的に俗人の集団であるから、修道院内で聖餐式《せいさんしき》のような秘蹟《ひせき》を授ける資格を有する人物が必要になるとき、近隣の司祭に依頼しなければならない。そうした不便を避けるために、戒律の第六二章は院長が修道士団のなかから、しかるべき能力をそなえた修道士を司祭として選び、叙階してもらうことができた。注目すべきことは同章の第三項では、こうした司祭は「修道院長によって命令されたこと以外は何もしようとしてはならない」と、院長への服従が謳《うた》われていることである。これは明らかにカルケドン決議第八条に違背している。

ことほどさように司教の管区域内での支配・監督権の貫徹への志向と、修道院の自律性確保への志向のせめぎ合いは、静かではあるが熾烈《しれつ》な性格を帯びていた。そしてベネディクトの死から半世紀後に、のちに詳しく述べるようにアイルランドから到来したコルンバヌスが先導した修道院刷新運動の中核に、修道院の管区司教からの自立が課題として据えられることになる。

3 ベネディクト戒律普及の地域差

モンテカッシーノ修道院の放棄

エルベ川下流地帯から発して、六世紀にパンノニア地方（ハンガリー）にあったランゴバルド族は、五六八年に東方から襲来したトルコ系の民族アヴァール族を避けて北イタリアに入り、五七二年にパヴィーアに拠点を構えた。この年に国王アルボインが暗殺され、後継の王も早くに殺害されたので、この部族の元来の国制であった大公の集団指導体制に復帰した。そうした大公のひとりであったベネヴェント大公ツォトーの指揮のもとに、五七七年頃にモンテカッシーノ修道院はランゴバルド軍の攻撃を受けて荒廃した。そして修道士たちは他の修道院に個々バラバラに受け入れられた。そうした修道士のひとりに、教皇庁のラテラノ宮にあった修道院に受け入れられたウァレンティニアヌスがいる。この人物は先に挙げた教皇グレゴリウスの『対話』のなかで、ラテラノ宮の修道院で長年修行をしている人物として言及されている。モンテカッシーノ修道院は七一八年に再興されるまで、組織的な共同体ではなくなっていた。創建者ベネディクトの死後二〇年ほどしか生きながらえなかった第一段階のモンテカッシーノ修道院の特異な歴史は、ここで実践された戒律の普及・伝播《でんぱ》の様相に影を落とさざるをえなかったのは当然のことである。

初期の普及ルートをめぐる問題

一七世紀に古文書研究の基礎を築いたフランスのサン・モール会修道士マビヨンの時代から広く受け入れられてきた学説は、ベネディクト戒律はランゴバルド人の侵略の難を逃れた修道士の一部が、ローマのラテラノ宮内の修道院にもたらしたことによって、その流布が開始されたとするものである。

この離散してラテラノ宮の修道院で禁欲修行を実践したウァレンティニアヌスのような修道士がベネディクト戒律を伝え、教皇大グレゴリウスはみずからがローマに創建したサン・アンドレア修道院で、この戒律に従って修行を実践したとされる。先に本章第一節で引用した『対話』のなかでのグレゴリウスの引用で、彼は次のように続けている。

「実に彼（＝ベネディクト）は秘かに、だが明晰な言葉で、素晴らしい修道士の規則を書いたのだ。彼の生きかたをさらに詳しく知りたいと思うなら、この戒律が説く教えのなかに、彼みずからが行動の範例としたものを見つけることができる。なぜなら毫《ごう》の疑いもなく聖人であった彼は、それとは異なる行動も、生きかたも教えられなかったからである」

教皇のこの推薦の言葉が示しているように、ベネディクト戒律はローマそしてイタリアを越えて伝播した。五九七年に宣教のために教皇自身が、サン・アンドレアの後輩修道士であったアウグスティヌスをカンタベリー大司教としてイングランドに派遣したが、その折に携えさせたのもベネディクト戒律であった。

定説批判

長らく信じられてきたこのような理解に、G・フェッラリは、教皇大グレゴリウスはベネディクト戒律について知識を有していたものの、六、七世紀にローマではこの戒律は一般には知られていなかったと主張し、また大家ハリンガーはグレゴリウスがそもそもどの程度ベネディクト戒律に通暁していたかを疑問視した。後者によれば、たとえば修練士や請願者、副院長選出などの重要な点で、教皇がベネディクト戒律の反映とみなしている事実と、実際の戒律が大きくちがっているからである。また別の研究者は、ローマでこの戒律が実践されていたとする考えをあらためて否定したうえで、グレゴリウス自身がベネディクト戒律に従って修行をした事実も根拠がないとしりぞけている。ようするに教皇はベネディクト戒律の採用を推奨しただけであるというのである。

またベネディクト戒律の中身に具体的に言及して、引用しているのは、数多くのグレゴリウスの著作のなかでもわずか一ヶ所であり、それは旧約聖書の『列王記上・註解』である。だがこの点にも根本的な疑問が提示されている。ベネディクト戒律研究の第一人者であるアダルベール・ド・ヴォギュエ師が、教皇大グレゴリウスの著作と考えられてきた『列王記上・註解』を、グレゴリウスの作品ではなく、一二世紀南イタリアのラ・カーヴァ修道院の修道士の手になる作品であることを論証したのである。

こうしてみると、現在の研究状況によるならば、教皇大グレゴリウスの時代にベネディクト戒律がローマに浸透していたというのは、歴史の事実としては大いに疑問であるとせねばならないようである。

妥当なシナリオ

モンテカッシーノ修道院の修道士団の離散後のベネディクト戒律の帰趨《きすう》については、不明というほかはない。しかもこれがローマに伝えられたにしても、広く認知された形跡は確認できない。

この時期ローマに広まっていたのは、ギリシア人修道士がもたらしたバシレイオス戒律をはじめとする東方の修道戒律であった。教皇グレゴリウスの真正とされる著作を通して明らかなのは、彼が関心を寄せたのはカッシアヌスの『共住修道制規約および八つの罪源の矯正について』であり、これを元にグレゴリウスは自身の「七枢要罪」の概念を構築していったのである。

　他方で彼は『対話』の第四書で魂の不死性を論じているが、この『対話』の成立をめぐる論争についてはすでに述べた。注目すべき事実は『対話』についての信頼のおける証言は、ようやく七世紀後半になってから現れるのである。『対話』第四書の、死者の肉体から魂が離脱するさいの過程を説明する仕方は、興味深いことに大陸では全く知られていないが、イングランドやアイルランドですでに知られていた罪を贖《あがな》う贖罪システムを基礎にした議論であり、この知識はイタリアでは、教皇グレゴリウスが死してのちに知られるようになったのであった。

　ここからも『対話』のオーサーシップを教皇大グレゴリウスに帰するのは無理があり、ベネディクト戒律のローマへの早期の浸透にも疑問符を打たざるをえないということになる。さらにいえば、フリードリヒ・プリンツは、一九八四年に公刊された論文「教皇大グレゴリウスと若きコルンバヌス」のなかで、ベネディクト戒律がまとまった形でイタリアに入ったのは八世紀以後のことであり、カロリング朝フランク国家からもたらされたものであると主張している。

　一方でアイルランド出身修道士コルンバヌスが北イタリアに建設したボッビオ修道院では、六三〇年代には明らかにベネディクト戒律は知られていて、ここからやがてフランスのリュクスーユをはじめとするアイルランド系修道院に浸透してゆくのである。

ベネディクト戒律のガリアへの伝播

北東フランスにコルンバヌスが創建したリュクスーユやアンヌグレなどの、ボッビオ修道院と濃密な関係をもっていたアイルランド系修道院を別にして、最も早くベネディクト戒律を受容したのは、南フランスのアルビにあったアルタリパ修道院（六二〇－六三〇年創建）であったとされる。この説はしかしながら疑問視され、現在は多くの研究者が否定的にとらえている。

いちはやく確かな影響が確認されるのは、ダゴベルト一世（在位六二九－六三九年）とともに宮廷で養育された一団のエリートに属する聖エリギウスが、六三一年にリモージュ地方にみずからが創建したソリニャク修道院である。その戒律はリュクスーユ修道院で編み出されたコルンバヌス戒律とベネディクト戒律を融合させたいわゆる混合戒律であった。七世紀後半に徐々に北ガリアの修道院にもベネディクト戒律が浸透していったが、それは多くの場合ソリニャク修道院と同じように、コルンバヌスにより伝えられたアイルランド戒律とベネディクトの戒律の混合形態であった。

とりわけコルンバヌス修道制に共感した王妃バルティルド（ダゴベルト一世の子クローヴィス二世の妻）の時代には、みずからが創建に関与したコルビィ修道院、サン・ワンドリーユ修道院、ジュミエージュ修道院（口絵3）だけでなく、メロヴィング王家の帰依の篤《あつ》かったバシリカ型の主要な都市修道院、すなわちパリのサン・ドニ、オーセールのサン・ジェルマン、ソワソンのサン・メダール、オルレアンのサン・テニャン、トゥールのサン・マルタンの諸修道院

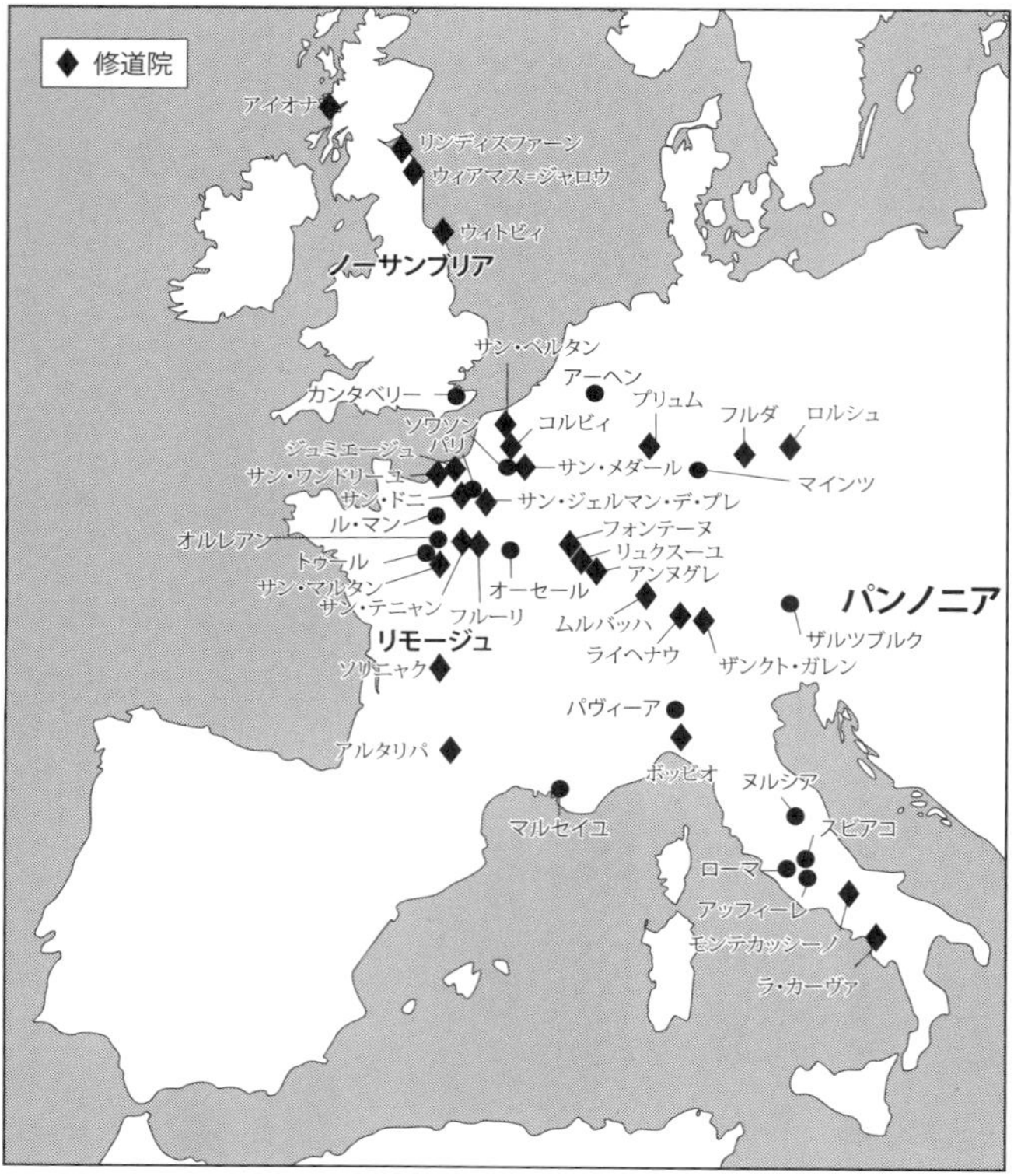

図２―１　中世初期の主要な修道院

にもベネディクト戒律を軸にして、コルンバヌス戒律を加味した戒律を導入した。

サン・ブノワ・シュル・ロワールとベネディクトの遺骸

ロワール川に面した古都オルレアンから約二〇キロ上流に遡った地点にフルーリ修道院（図2―2）が、幾多の辛酸をなめながらも今日でもロマネスク建築の代表的な礼拝堂を残して屹《きつ》立《りつ》している。この修道院は六四五年にオルレアンのサン・テニャン修道院長レオデボルドにより建設された修道院である。ちなみにこれから紹介する後輩修道士アドレヴァルドゥスによって九世紀に執筆された『聖アイグルフス伝』の記述から推測されるところでは、この修道院はいわゆる混合戒律ではなく、純然たるベネディクト戒律を採用していたのかもしれない。

六七三年頃にこの修道院の院長であったムンモルスは、聖ベネディクトとの絆を強めるべく、修道士を派遣して長らく荒れ果てて訪れる人もいなかったモンテカッシーノ修道院の廃墟《はいきょ》と、聖人の墓に詣《もう》でさせようと思いたった。そしてできれば聖人の遺骸をフルーリの地に移そうと考えた。この事業は修道士アイグルフスに委《ゆだ》ねられ、それに都市ル・マンの聖職者と貴族が数人加わった。彼らは特別の支障もなくモンテカッシーノに到着し、まっすぐに洗礼者聖ヨハネスの礼拝堂におもむき、大理石製の重厚な石棺《せっかん》が荒らされていないのを確認した。しかしいつか戦乱が再びこの廃墟にも押し寄せ、それまで無傷の遺骸を四散させてしまうかもしれない。そう考えて、即座に墓石を打ち壊し、聖人の遺骸を発見した。その下にはさらに薄い大理石で覆われた墓があったので、これも打ち壊すと女性の遺骸が現れた。これら二人の遺骨をロワール川のほとりにあるフルーリに運んだ。

ル・マンの人々は女性、すなわち聖ベネディクトと兄妹の契りを結んだスコラスティカの遺骨をもらい受け、フルーリの修道士たちは聖ベネディクトの遺骨を我がものとした。彼らはこのために用意した聖遺物匣《ばこ》にそれを収め、多くの聖職者とともに威儀をただして聖遺物匣を修

図2—2　フルーリ修道院礼拝堂

道院教会に運んだ。この奉遷の儀式は七月一一日におこなわれた。フルーリ修道院はそれまで聖母マリアを守護聖人としていたが、これを契機に聖ベネディクトを守護聖人として祀《まつ》るようになった。こんにち修道院がサン・ブノワ（＝聖ベネディクト）・シュル・ロワールと称するのには、こうした歴史的経緯があったのである。

南ガリアとイベリアの伝統主義

北ガリアや中部ではベネディクト型の混合戒律が浸透したのに対して、南ガリア、とくにローヌ川流域や地中海沿岸地方では、レランス修道院の影響もあって、ベネディクト戒律の普及は進まなかった。

イベリア半島でも理由が異なるものの、事態は同じであった。この地ではすでに触れた事情に加えて、伝統的な戒律として定着していたパコミウス戒律、アウグスティヌス戒律、東方のバシレイオス戒律、カッシアヌスの教説などが深く染み込み、またブラガ司教マルティヌスが、カッシアヌスの著作に想を得て編み出した戒律を、自身がブラガに建設したドゥミオ修道院の規範とさせていたからでもあった。

また七世紀はじめにイベリア半島最大の思想家であったセビーリャ司教イシドルスが独自の戒律を創案したさいに、彼が下敷きにしたのは、先に挙げた伝統的な禁欲文献であった。イシドルスの兄であったレアンデルが修道女の修行のための戒律を編んだとき参考にしたのは、弟と同じようにカッシアヌスやキュプリアヌス、ヒエロニュムスらの文献であったのである。

ただこのような定説を覆す新史料が発見されたことが、専門雑誌『中世初期ヨーロッパ *Early Medieval Europe*』の二〇一四年号に掲載された論文で紹介されている。現在この史料はプライヴェート・コレクションに属しているので、情報は限られているが、その文書で使われている書体は西ゴートの縦長草書体《そうしょ》（八世紀と思われる）である。文書は欠落部分も多いが、イベリア半島北西部のガリシア地方にある修道院への寄進文書である。そこには「聖なる父ベネディクトの戒律のもとにある修道士たちに……」の文言があり、当該修道院では八世紀にベネディクト戒律が規範であったことを示している。

今後研究が進展すれば、イベリア半島でのベネディクト戒律伝播についての定説を書き換えなければならないかもしれない。

イングランドへの普及

イングランドへのベネディクト戒律の導入は、六三〇年代に開始されていたと推測される。『アングロ・サクソン教会史』の著者であるベーダによれば、六三五年に教皇ホノリウス一世から派遣され、西サクソン人の司教になったビリヌスがベネディクト戒律とコルンバヌス戒律の両方を伝えた可能性がある。また大陸に渡り旅したイングランド人も、ベネディクト戒律の紹介に貢献した。その代表格が生涯に六度もイングランドとローマを往還したベネディクト・

ビスコプであり、彼はみずからがノーサンブリア王国に創建したウィアマス＝ジャロウ修道院にベネディクト戒律を導入した。

この修道院の建設は、ノーサンブリア王国の東海岸一帯への新修道院建設のブームを引き起こした。リンディスファーンからウィトビィまでの海岸地帯は、修道院の「リヴィエラ」の観があったという。またダンはベネディクト・ビスコプが、どの時点で「ベネディクト」と改名したかは不明であるが、いずれにせよ当人の聖ベネディクトへの崇敬の気持ちはその名前に明らかであり、この聖人の戒律の蓋然《がいぜん》性を補強する事実と考えている。六五〇年代後半から六六〇年代にかけて、ビスコプが訪れた一七の修道院がこの戒律を受容した。

ベーダは『ウィアマス＝ジャロウ修道院長伝』のなかで、ベネディクト・ビスコプ自身が、自分の跡を継いで兄弟が院長の職につこうとしたのを、ベネディクト戒律をたてにとって、これを妨げた逸話を紹介している。またノーサンブリア司教ウィルフリドの伝記は、彼が六六〇年代後半にベネディクト戒律を導入することで、ノーサンブリアの修道院の規律が著しく改善したことを伝えている。

第三章　フランク国家におけるアイルランド修道制の展開

六世紀の終わりに仲間とともにアイルランドから到着した聖コルンバヌスは、ヨーロッパ修道制の歴史の転轍手《てんてつしゅ》として新しい地平を切り開いた。それはのちの一二一五年に、第四回ラテラノ公会議で全キリスト教世界に信徒の義務として知らしめられた、みずからの罪を告白し贖罪することの実践を、それに遥かに先んじて修道士の、そしてまた俗人の義務であると唱え、厳格に実行させようと努めたことであった。みずからの罪を告白する習慣は、古代キリスト教以来の宗教的実践であったが、そこに信徒の生き方の最も重要な徳目を見出《みいだ》し、それを課題化してみせたのはコルンバヌスであった。修道修行の成功のために自己の欲望を剔出しようとする古代からの内面の精査という挙措は、以後罪の剔出というモーメントとならんで、それどころか後者が欲望のそれを凌駕《りょうが》する形で展開することになる。

1　聖コルンバヌスとフランク王権

コルンバヌスのガリア到着

コルンバヌスが一二人の修道士仲間とともに、ブルターニュの海岸に到着したのは五九一年のことであった。アイリッシュ海を南下して英仏海峡に流れ込む海流をうまく乗り切り、コーンウォール半島を回り、しばらくして航路を東にとれば海流は自然にブルターニュ半島に船をつれて行ってくれる。古代にすでに確立していたアイルランド・ガリア間の航路である。

このアイルランドからの修道士の到来について、トゥール司教グレゴリウスは何も語っていない。グレゴリウスの死歿《しぼつ》は五九四年なのでいまだ存命中であり、コルンバヌス一行が、最初の落ち着き先であるブルゴーニュへの旅の途中に、聖マルティヌスの墓廟《ぼびょう》があるトゥールを訪問し、マルティヌスの墓に詣でたのは確実であるのだが、西ヨーロッパ世界全域からの参詣《さんけい》者を集めていた当時のマルティヌス崇敬の高まりのなかで、アイルランドからの巡礼者の一団はとくに注目を引くことではなかったのであろう。

その時期はトゥール司教の最晩年にあたり、彼が著した『歴史十書』の最後の記述は五九一年であった。晩年の二年は全体の調整作業にあてられたのかもしれない。いずれにしてもコルンバヌスについては何一つ書き残してはいない。

アンヌグレ修道院の創建

コルンバヌスに率いられたアイルランド人修道士が通りすがりに、あるいはしばらく逗留《とうりゅう》したところで示した厳しい禁欲修行と、神を畏《おそ》れる謙遜の態度の際立った様子、そして見事な説教の噂《うわさ》は国王宮廷にも届いていた。その頃、彼らはソーヌ川上流の、アウストラシアとブルグンド分王国の境界地帯の森林に拠点を構えていた。

当時フランク国家はメロヴィング王家の血統の支配のもとにあったが、兄弟や叔父たちがアウストラシア、ネウストリア、ブルグンドの三分王国を構成し、ときには敵対し、ときには連携しアルプスを越えてランゴバルド王国に軍事遠征したりするなど、競合と同盟の薄氷を踏むような微妙な力関係によって統治されていた。コルンバヌス（六一五年歿）の死から約三〇年後に『コルンバヌス伝』を著したヨナスによれば、コルンバヌスはアウストラシアとブルグンドの両分王国を統治していたシギベルト一世の宮廷に召し出されたと記しているが、同王はネウストリア王であったキルペリク一世に五七五年に暗殺されており、また統治していたのはアウストラシア王国のみであったところから、その遺児のキルデベルト二世が国王として統治していた頃であったと思われる。

ヨナスの記すところによれば、国王はコルンバヌスの博識に感銘を受けて、ぜひガリアの地に定着してほしい、他の民族のあいだを旅することがあっても、ガリアの地を去ることがない

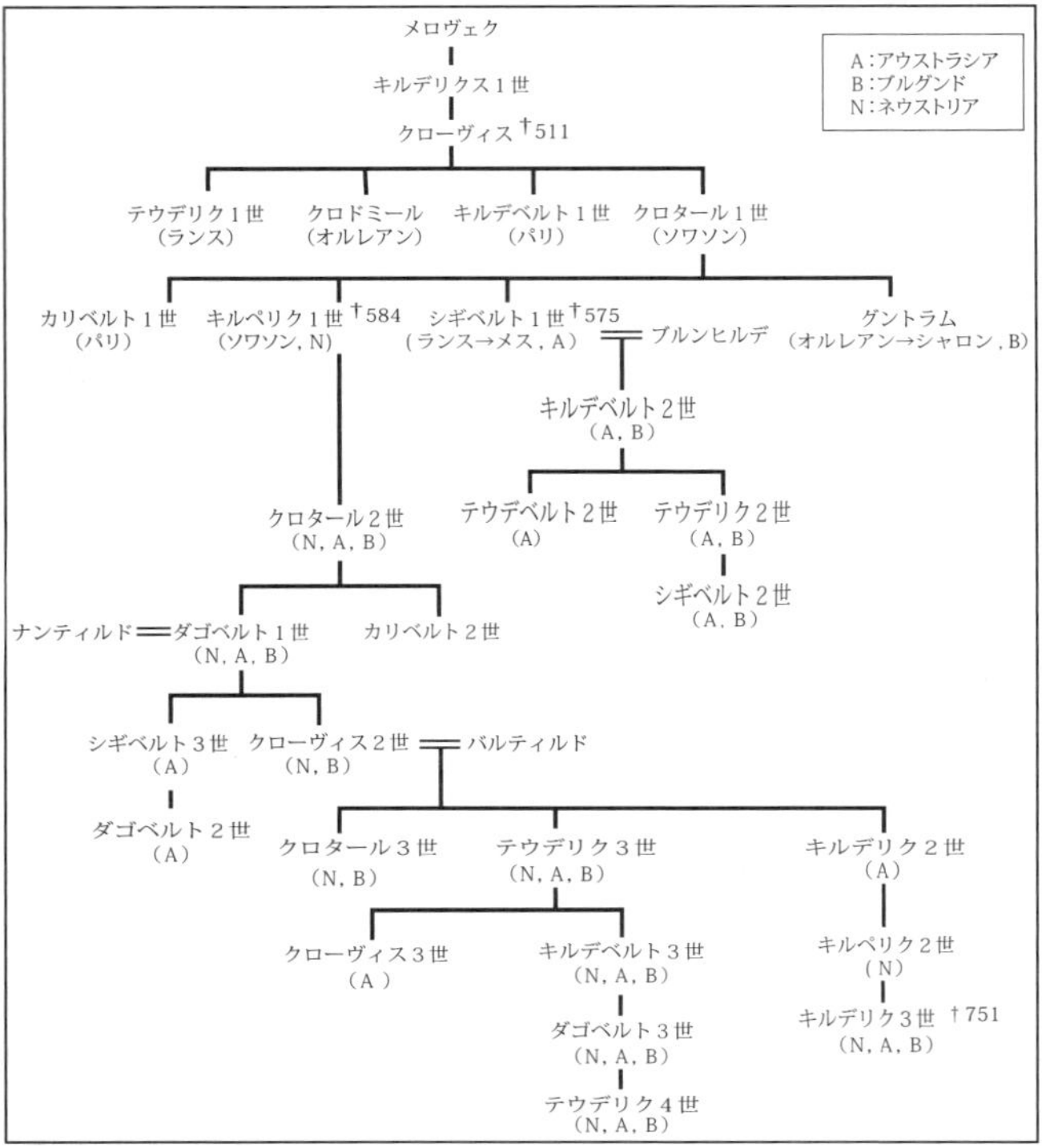
A:アウストラシア
B:ブルグンド
N:ネウストリア
メロヴェク
キルデリクス1世
クローヴィス †511
テウデリク1世
(ランス)
クロドミール
(オルレアン)
キルデベルト1世
(パリ)
クロタール1世
(ソワソン)
カリベルト1世
(パリ)
キルペリク1世 †584
(ソワソン, N)
シギベルト1世 †575
(ランス→メス, A)
ブルンヒルデ
グントラム
(オルレアン→シャロン, B)
キルデベルト2世
(A, B)
クロタール2世
(N, A, B)
テウデベルト2世
(A)
テウデリク2世
(A, B)
シギベルト2世
(A, B)
ナンティルド
ダゴベルト1世
(N, A, B)
カリベルト2世
シギベルト3世
(A)
クローヴィス2世
(N, B)
バルティルド
ダゴベルト2世
(A)
クロタール3世
(N, B)
テウデリク3世
(N, A, B)
キルデリク2世
(A)
クローヴィス3世
(A)
キルデベルト3世
(N, A, B)
キルペリク2世
(N)
ダゴベルト3世
(N, A, B)
キルデリク3世 †751
(N, A, B)
テウデリク4世
(N, A, B)

図3―1　メロヴィング朝

ようにと要請し、コルンバヌスが求めたすべてを受け入れた。人里離れた土地を定住の地として下賜してくれるようにとの要請に応えたのが、「ヴォージュ山地と称される人跡まれな地方で、かつての朽ち果てた要塞（castrum）があり、昔からアナグレタスと呼び慣《なら》わされた場所であった」。そこには古代ローマのディアナの神殿の廃墟があったが、コルンバヌスはこれを転用して聖ペトロを守護聖人とする教会を建てた。

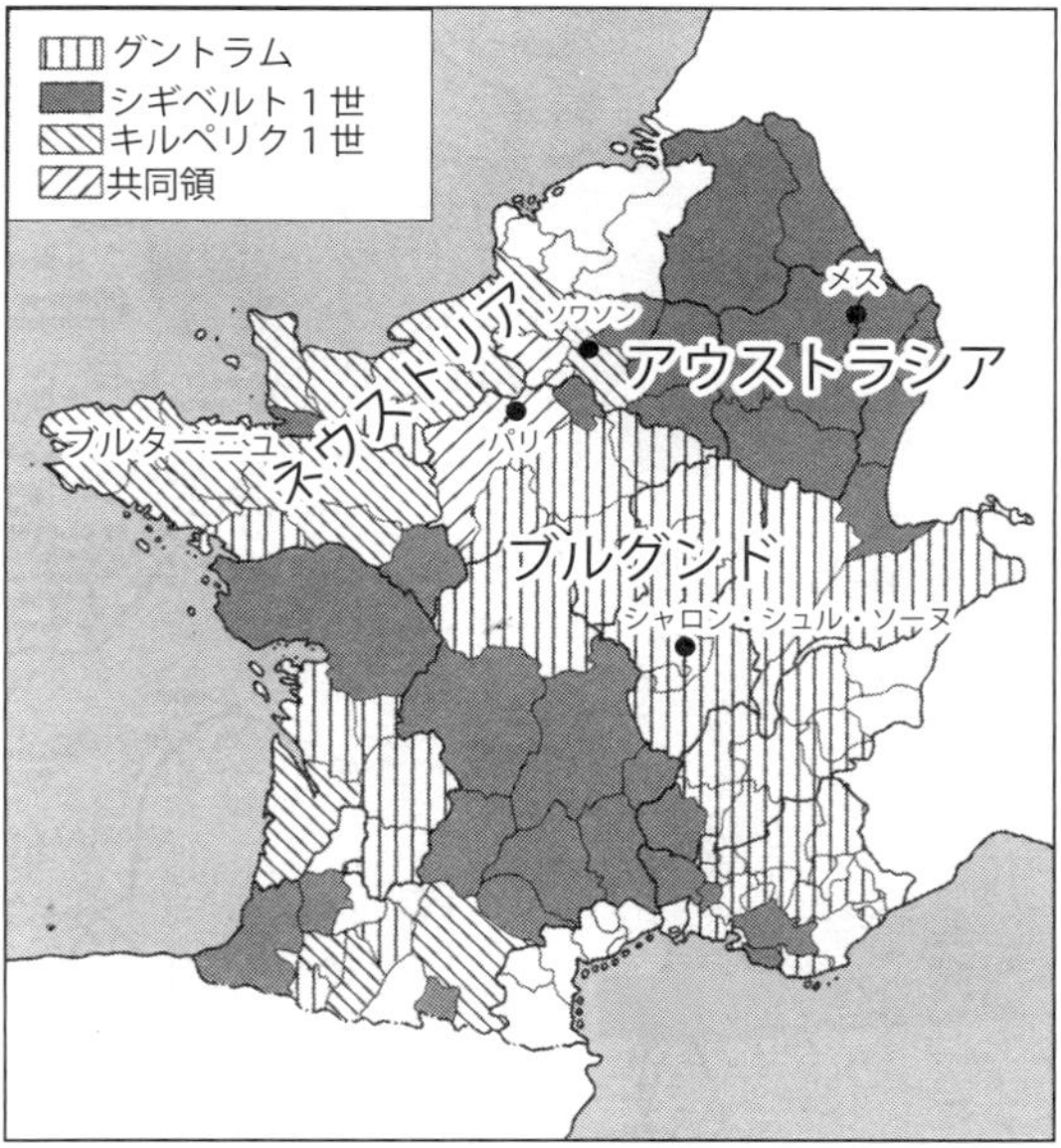

図３―２　567年の分割

リュクスーユとフォンテーヌ修道院

コルンバヌスの名声が修道誓願を希望するものの数を増やし続けることになったため、アンヌグレ（アナグレタス）が手狭になり、そこでコルンバヌスは、修道院建設にさらに一層ふさわしい人里離れた適地を探した。その結果アンヌグレから一三キロ弱離れた「かつては古い堅固な防備をそなえた要塞《ようさい》（castrum）で、昔はリュクソウィウムと呼ばれていた」場所に、そのための敷地を見つけた。「ここには途方もない費用で造られた温泉施設があり、その近くの森の小道のいたるところに石製の像が掲げられ、かつては異教徒たちが愚かな崇敬を捧げ、永劫《えいごう》の罰にあたいする生け贄《いにえ》の荘重な儀式を執り行っていた」のである。この要塞は四五一年にアッティラが、フン族を主力にしたゲルマン諸部族を率いてガリアに侵入した折に、破壊されたのであった。コルンバヌスは鹿や熊、狼《おおかみ》などの野生動物が棲《す》む土地に修道院を建設した。これがリュクスーユ修道院の起源である。

コルンバヌスはみずからこの地を修行場所に選び、腰を落ち着けた。しかし彼を慕ってそのもとで修行をしたいという者は引きもきらず、この地もまたたちまち手狭になってしまった。「貴族の子弟もまたこの世の誘惑と、現世の富の偽りの輝きを打ち捨て、こうすることにより永遠の功徳をかち得ようと願った」。そうした状況を目にしたコルンバヌスは、「もうひとつの修道院を水の豊富なことで知られる場所に建設し、ここをフォンテーヌ・レ・リュクスーユと名付けた」。ここはリュクスーユから五キロほど北に離れた土地であった。

三修道院の役割

コルンバヌスの伝記作者ヨナスの叙述は、アンヌグレ、リュクスーユ、フォンテーヌの三修

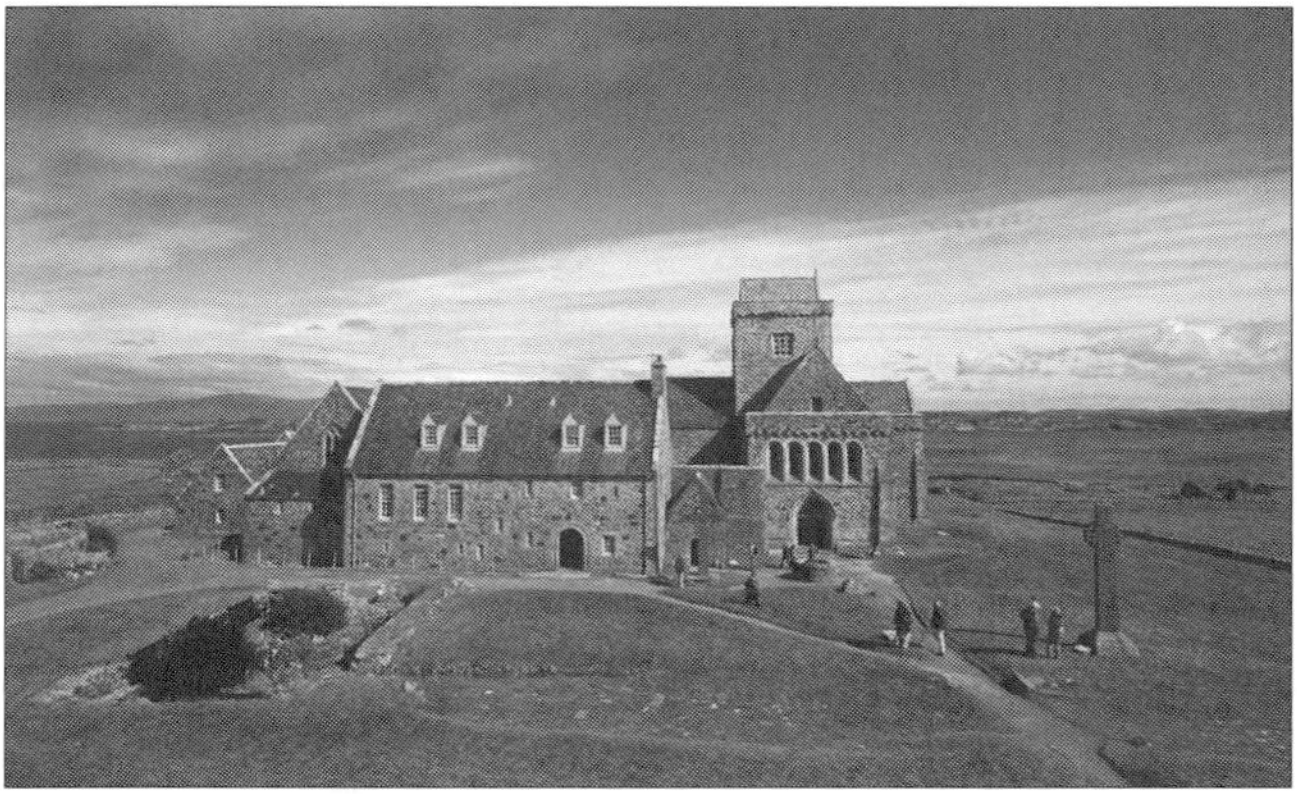

図３―３　アイオナ修道院

道院が次々に建設されていった理由を、コルンバヌスの名声の広がりの自然な帰結として描写している。だが、それはおそらくアイオナ修道院の創建者コルンバが、悔悛者《かいしゅんしゃ》たちによって修道士の禁欲修行が妨げられることがないように、分院を設立してそこに修道士たちを送ったという故事にならった措置であろうと推測する研究者もいれば（マリリン・ダン）、もっと端的にアンヌグレは一般信徒の信仰心を満たすための巡礼地として、リュクスーユは修道士の禁欲修行と書写などの文化活動の拠点として、フォンテーヌは食糧供給基地として有機的に組織されたのではないかと主張する論者（イヴァン・ゴブリ）もいて意見は定まらない。

いずれにしろこれら三修道院には副院長がおかれ、コルンバヌスは彼らを全体として統括する院長の立場を占めることになった。

王権との軋轢と追放

コルンバヌスがガリアに着いた頃、この地はキリスト教の信仰こそ存続していたものの、救済の手段としての贖罪は忘れられていると感じられた。コルンバヌスは厳格な禁欲主義者であり、激しい気性の持ち主でもあった。彼が人を惹《ひ》きつける魅力は、禁欲的行動だけではなく、神の全能の力に対する徹底した敬虔の観念であった。贖罪行為は宗教的・倫理的な面からの罪の赦しを乞うための手段であった。この救済手段としての贖罪という観念は完全に新しいものではなかったが、コルンバヌス修道制の特徴はこれを修道・禁欲生活の中心に据えただけでなく、これを修道院の外の俗人にも届かせようとしたことであった。

キルデベルト二世が五九五年の暮れに若くして他界すると、彼が支配していたアウストラシア分王国とブルグンド分王国は遺児であるテウデベルト二世とテウデリク二世がそれぞれ継承することになった。コルンバヌスが、貴族やアウストラシアのテウデベルト二世一族への祝別を与えておきながら、ブルグンド分王国のテウデリク二世の息子たちには、これを拒否するという事件が六一〇年頃に起こった。コルンバヌスは、拒否の理由はテウデリク二世の乱脈な生活であり、息子たちは「売春宿」から生まれたからだと公然と言い放った。

テウデリクの祖母として政治を取り仕切っていたブルンヒルデは、当然のことながらこれに怒り、リュクスーユをはじめとする修道院の閉鎖と、コルンバヌスの故郷アイルランドへの強制送還を命じた。

終焉の地ボッビオ修道院

コルンバヌスは護送隊の厳重な監視のもとに、アイルランドに帰還する船の出発地であるナントに向かった。ブルゴーニュ地方を横断し、ロワール川に出て川船で河口のナントに出るというルートを取ったのである。伝記作者のヨナスは数十年後にこのルートを忠実に辿り、途上に残されたコルンバヌスの帰路の伝承を蒐集《しゅうしゅう》し、伝記の著述に生かそうとした。

ところがコルンバヌスはナントから船に乗ったものの、突然の嵐の到来で再び港に戻ることになった。その後でコルンバヌス一行はネウストリア分王国の宮廷があるソワソンにおもむき、キルペリク一世の遺児で国王のクロタール二世（在位五八四―六二九年）に謁見ししばらく滞在する。そこからアウストラシア分王国の宮廷であるメスに行き、ついでライン川に出て、マインツ、バーゼルと遡り、コンスタンツ湖（ボーデン湖）東端の地点にブレゲンツ修道院を建てた。ここもまた「かつてのオッピドゥムの廃墟があるブリカンティアス（＝ブレゲンツ）と称されたところであった」と、ヨナスは述べている。コルンバヌスはこの修道院の修道士にリュクスーユとの接触を絶やさぬように指示した。

コルンバヌスはアウストラシア分国王テウデベルト二世と、一貫して友好的な関係を保持していたが、アウストラシアとブルグンドとが敵対関係に入ると、ブルグンド分国王テウデリク二世とブルンヒルデは、コルンバヌスの影響力を警戒するようになる。身の危険を感じたコルンバヌスはあらためて旅に出、イタリアのランゴバルド王国に向かった。六一四年にランゴバルド国王アギルルフスの許可を得て、パヴィーアの南の山間の地にボッビオ修道院を建設した。そしてこれからほどなく、六一五年一一月二三日にこの世を去った。緑の殉教を成就したのである。

2　貴族門閥とコルンバヌスの刷新運動

フランク貴族とコルンバヌス修道制

コルンバヌスがフランク国家のうちに育《はぐく》んだ修道制刷新の息吹については、ヨナスの『コルンバヌス伝』の記述だけでなく、ほぼ同時代の別の証言もある。これはトゥールのグレゴリウスの『歴史十書』が終わったところから、独自の歴史記述をすると宣言している『偽フレデガリウス年代記』である。この六六〇年頃に歿した「いわゆる」フレデガリウスがいかなる人物であったかについては、多くの議論が戦わされているが、いまだ決着を見ていない。かつてはブルゴーニュ地方の修道士であったとする説が有力であったが、ブルグンド宮廷に近い俗人とする説もあり、帰趨は流動的である。

さてこの『偽フレデガリウス年代記』は、「テウデリク二世の治世一四年まで、聖なるコルンバヌスの名声はガリアの諸都市および諸地方や、ゲルマーニアのいたるところでいや増しに高まっていた」と、ヨナスの証言を裏づけている。

古くからコルンバヌスによるガリアの修道制刷新の動きが、フランク国家の貴族層の支援を受けたことは、歴史家の注目を浴びていた事実であった。だがごく最近に刊行された、このコルンバヌス修道制に関する優れた研究は、「コルンバヌス修道制は貴族層の展開と密接に結びついている。それというのもコルンバヌスのガリア到着は、フランク社会の奥深い変動のプロセスと同期したからである」（ヤニヴ・フォックス）と指摘し、この二つの動きをさらに掘り下げ探究している。

フランク国家と貴族

ここで、コルンバヌス修道制への帰依者を多く輩出したフランク国家の貴族について問題を整理しておこう。

一九六〇年代と七〇年代に、初期フランク国家の時代に身分としての貴族が存在したか否かについて盛んに論争が繰り広げられた。問題の発端はフランク人の最古の部族法典である『サリカ法典』に貴族が一切登場しないことである。この法典の特徴は「人命金秩序」と呼ばれるもので、他人に危害を加えられたり、殺害されたりした場合、被害者あるいはその親族に支払われる賠償金額が、身分ごと、および毀損《きそん》された身体の部位によって、詳しく定められている点にある。ふつう殺人のような犯罪は、刑事犯として公権力による処罰の対象になるのだが、メロヴィング朝時代のフランク国家では、殺人のような犯罪の場合でも人命金と呼ばれる賠償金を支払えば、それ以上のお咎《とが》めはなしという体制であった。奴隷、「ローマ人」、自由人と身分が高くなってゆくにつれて、人命金の額は高くなっていた。また、国王に直接奉仕する役職にあるものは、その者の身分上の人命金の三倍額が設定され、より保護が手厚くされていた。

こうしたことを定めた『サリカ法典』に、貴族身分が一切登場しないのである。このことは、この時代には身分としての貴族は存在していないからだと理解するのが一番単純な説明の仕方である。しかし他方では、同時代の歴史記述、たとえばその代表格であるトゥール司教グレゴリウスの『歴史十書』では、明らかに一般の自由人よりも卓越した人々が、あたかも貴族然として振る舞う描写に事欠かない。

この一見矛盾したように見える事態を、どのようにして整合的に理解すべきかをめぐって、熱い論争が戦わされたのである。

『サリカ法典』における貴族の不在という、メロヴィング朝社会とその権力構造の理解にとって本質的な意味をもつ問題に関する論争について、私はこれまで、次のような解釈を支持してきた。すなわち貴族が当事者であるような紛争は、そのつど個別的に処理されたのであり、こうした人命金の規定によって処理をしないのがフランク社会の法的な慣行であった（イル・ジグラー）とする考えである。このいわば貴族の「超法規的存在」説に対して、身分という概念を厳密に理解して、これと政治的影響力とを明確に区別し、いかに絶大な権力、影響を有した支配層であっても、その地位が法によって保証されていないかぎり、貴族とはみなしえないと説く議論（ハイケ・グラーン＝ヘック）が、批判として提示されたのであった。

中世初期史研究の宿痾《しゅくあ》ともいうべき史料の貧しさが、この互いに拮抗《きっこう》する二つの説のいずれが妥当かを、事実によって確定することを容易に許さない。それゆえ苦しい判断を迫られるのだが、目下の研究状況に照らして、またこれから述べるようにアイルランド修道制が七世紀フランク社会にもたらしたインパクト、とりわけフランク有力門閥の修道院創建を通じての社会的基盤の創成と、貴族としての「自己確立」というモーメントを想定するとき、『サリカ法典』問題については、現段階ではむしろ古典学説の説く貴族不在論が整合的であるように思われる。

それがコルンバヌスの時代になると事情は一変し、とくにヨナスが著した『コルンバヌス伝』には、のちのカロリング朝期の帝国貴族層と呼ばれる門閥の祖先が次々に登場するようになるのである。そのことを専門家が、『コルンバヌス伝』はメロヴィング朝時代の『Who's Who』であった（パトリック・ギアリ）と形容したが、それも宜《むべ》なるかなと思わせるほどである。

ファロ門閥とファールムティエ修道院

コルンバヌスはナントから乗船したものの、嵐の襲来で再び陸地を踏み、やがては北イタリアのボッビオで死を迎えることになるが、その旅の途中でソワソンのクロタール二世のネウストリア宮廷に迎えられ、しばらく滞在したことは前に述べた。その後コルンバヌス一行は、おそらくマルヌ川の支流であるウルク川を下って、司教座都市のモーに到着した。そしてモー近くのピピミシアクス（＝Poincy）のヴィラに住み、モーの都市伯を務めていたカグネリクスのもとに身を寄せた。カグネリクスの息子カグノアルドゥスは、久しくリュクスーユの修道士として修行に勤しんでいた。

コルンバヌスはカグネリクスの末娘で、まだ子供であったブルグンドファラに敬虔な心根を感じて祝別を与えた。のちに彼女はモーの南東一五キロほどのクロミエ川の近くにファールムティエ修道院を建立し、その院長となった。そこにはアングロ・サクソン王家の王女たちが送られ、禁欲修行を実践したとされている。

カグネリクスにはカグノアルドゥスという、自分の息子と同名の兄弟がおり、このカグノアルドゥスの息子アギルスは従兄弟《いとこ》のカグノアルドゥスと同じようにリュクスーユ修道院で修行し、のちにファールムティエから東に一〇キロほどの距離に、六三五年に建てられたルベ修道院の院長となっている。

さて、ブルグンドファラは六三二年の日付をもつ遺言状を残している。ここにファロ一族が所有していた一連の所領の名前が記載されていて、それらは今日の都市モーの東、チーズで有名なブリ地方に分布していることが知られる。所領の名前はすべてがガロ・ローマ系の地名であり、ゲルマン系の地名は皆無である。しかしこの門閥はフランク人の出身であり、ガロ・ローマ系の血統ではない。フランク人の領主層は、すでにガロ・ローマ系住民の定住がおこなわれ、その後フランク国家により国家領に組み入れられた土地を分配されたと推定される。またファロ門閥はもともとネウストリア分王国に所領を有していたのが、六世紀末のメロヴィング朝の政変のなかで、五九〇年頃にアウストラシア・ブルグンド分王国に移住したと推測されている（A・ベルゲングルーエン）。カグネリクスがみずからの息子と娘に、それぞれブルグンドファロ（のちにモー司教となる）とブルグンドファラという、一族の名前のストックに見られない「ブルグンド」に縁のある名前を与えたのは、彼らが将来ブルグンド貴族の一員に数えられるようにとの希望を込めての命名であったと見られている。

ちなみにファロ門閥は、バイエルン地方からアルザス地方、イタリアのランゴバルド王家とも血縁関係のネットワークを拡げていたアギロルフィンガーと称される一大貴族グループの一員であった（ヨルゲ・ヤルヌート）。

アウタリウスの一族

コルンバヌスはピピミシアクスにあるカグネリクス家での逗留を終えると、そこから東に一〇キロ離れた「ウルキアクムと称されるヴィラ」に到着した。ここは現在ユシー・シュル・マルヌと呼ばれる集落である。ここにはファロ門閥と親戚《しんせき》筋のアウタリウスの一門が所領を経営していた。この一族もまた六〇四年頃にネウストリアからこの地に引き移ったとされる。

アウタリウスは妻アイガとのあいだに三人の息子をもうけていた。コルンバヌスはアイガがこれら三人の祝別を望んでいるのを知り、それを授けた。三人とも成熟した年齢に達すると、ヨナスの証言によれば「最初にクロタール（二世）の、ついでダゴベルト（一世）のもとで大いなる名声をかち得た。（中略）最年長のアドは欲望を絶ち、のちに聖コルンバヌスの戒律による修道院をジュアールの森に建立した。より若いダドという名前の息子は前述の聖人の戒律によるルベ修道院を、小川のほとりに建立した」のであった。ヨナスは末の息子の名前を挙げていないが、詳細な系譜研究から、その名前が「ラド」という名前であったことが判明している。子供たちの名前はすべて二音節であるところからも推測されるように、それは幼名であり、成人に達すると別の名前に変えられるのが通例である。二男のダドは、のちにルアン大司教として名前を馳せたアウドイヌスであった。彼はヨナスも記しているように、六三五年にルベ修道院を建設している。

この修道院の初代院長アギルスの伝記によれば、三男のラドはダゴベルトの財務長官（camerarius）として活動し、ブリ地方のルイユ・アン・ブリにラドリウム修道院を建設している。ラドの息子ラドウルフスはおそらくダゴベルト一世の時代に、最初のテューリンゲン大公に任じられている。

アウドイヌスと上ノルマンディ地方への修道院建設

幼名をダドと称したアウドイヌスは、六一三年にメロヴィング・フランク国家を再統一したクロタール二世の宮廷に預けられ、後継者となるダゴベルト一世とともに傅育《ふいく》される貴族子弟グループの一員となった。このグループには、アウドイヌスのほかに兄のアド、カオール司教になるデシデリウスと、その兄弟でロデス司教になるルスティクス、ノワイヨン司教になるエリギウス、セーヌ下流のジュミエージュの森にサン・ワンドリーユを創建したワンドレギシルス、同じようにセーヌ下流にジュミエージュ修道院を創建したフィリベルトゥス、マーストリヒト司教となって北海沿岸地方の宣教に努めたアマンドゥスらがいた。その多くが、ダゴベルトが若い頃から友誼《ゆうぎ》を結んだ者たちであったことは興味深い。カロリング朝の遠祖であるメス司教アルヌルフが師傅《しふ》のひとりであった。

アウドイヌスはルアン大司教になると、最初の修道院としてダゴベルトのまわりで養育された同じ仲間のワンドレギシルスがサン・ワンドリーユ修道院を建設するのを、側面から支援したと思われる。ロレーヌ地方のヴェルダン出身のワンドレギシルスは、長じて修道士として生きることを決意して、コルンバヌスが眠る北イタリアのボッビオ修道院で修行を積み、さらにアイルランドに渡り修行を重ねるべくルアンに到来し、そこで旧知のアウドイヌスに再会しての方向転換であった。

宮廷仲間のひとりであったフィリベルトゥスは南西フランスのノウェンポプラナ地方（現ガスコーニュ）の出身である。彼は宮廷での養育が終わると、アウドイヌスが六三五年に建立したルベ修道院の院長を務めたが、コルンバヌス戒律を本格的に学ぶためにリュクスーユやボッビオなど多くの修道院を歴訪し、アイルランド修道制に信頼を寄せたクローヴィス二世とその妃《きさき》バルティルドの要請もあって、セーヌ下流の国家領にジュミエージュ修道院を建設した。

さらに、上《かみ》ノルマンディ地方の北海に面したフェカンに、宮廷伯ワニングスが建立したラ・トリニテ女子修道院の監督が、その完成後ルアン大司教アウドイヌスとサン・ワンドリーユの院長ワンドレギシルスに委ねられたところから、女子修道院創建に向けての両者の積極的な働きかけが想定されるのである。

六五五年にアウドイヌスの友人であったゲレマルスによって、ボーヴェの南に建設されたサン・ジェルメール・ド・フリ修道院もまたこうした系列に連なる修道院と見られる。

ファロ門閥の修道院政策

さて、ここまでクロタール二世のもとで台頭した貴族ファロ門閥についてしばらく紙数を費やしてきたが、ここからこの一門がコルンバヌスの説く修道制の実践に大きく心を動かされ、帰依していたことがわかる。互いに親族関係で結ばれたカグネリクスとアウタリウスの一族は、競いあうようにして移住先のブリ地方にファールムティエ、ジュアール（図3－4）、ルベ、ラドリウムなどのコルンバヌス戒律を規範とした一連の修道院を建立した。

それだけではない。この門閥の最大の有力者となるアウドイヌスはルアン大司教に叙任され

図3―4　ジュアール修道院地下礼拝堂（クリプト）

るや直ちに、パリを挟んでブリ地方と接続する上ノルマンディ地方にサン・ワンドリーユ、ジュミエージュ、フェカンなどの男女の修道院建設を主導するか、あるいは積極的に支援している。これは地図を見れば一見して明らかなように、パリを中心にネウストリア分王国の核心部に、この一門が打ち込んだ楔《くさび》のような影響圏として機能することが期待されたのである。

貴族層の形成と修道院建設

われわれはファロ門閥をひとつの事例として、コルンバヌス修道制と貴族門閥との関係を見たが、これはこの時代にフランク国家の各地で観察された現象であった。六世紀の段階では、まだ星雲状態にあって安定した構造をもたなかった貴族門閥が、ようやく門閥のアイデンティティを醸成し、固定化、永続化する基盤を見出したのである。そ

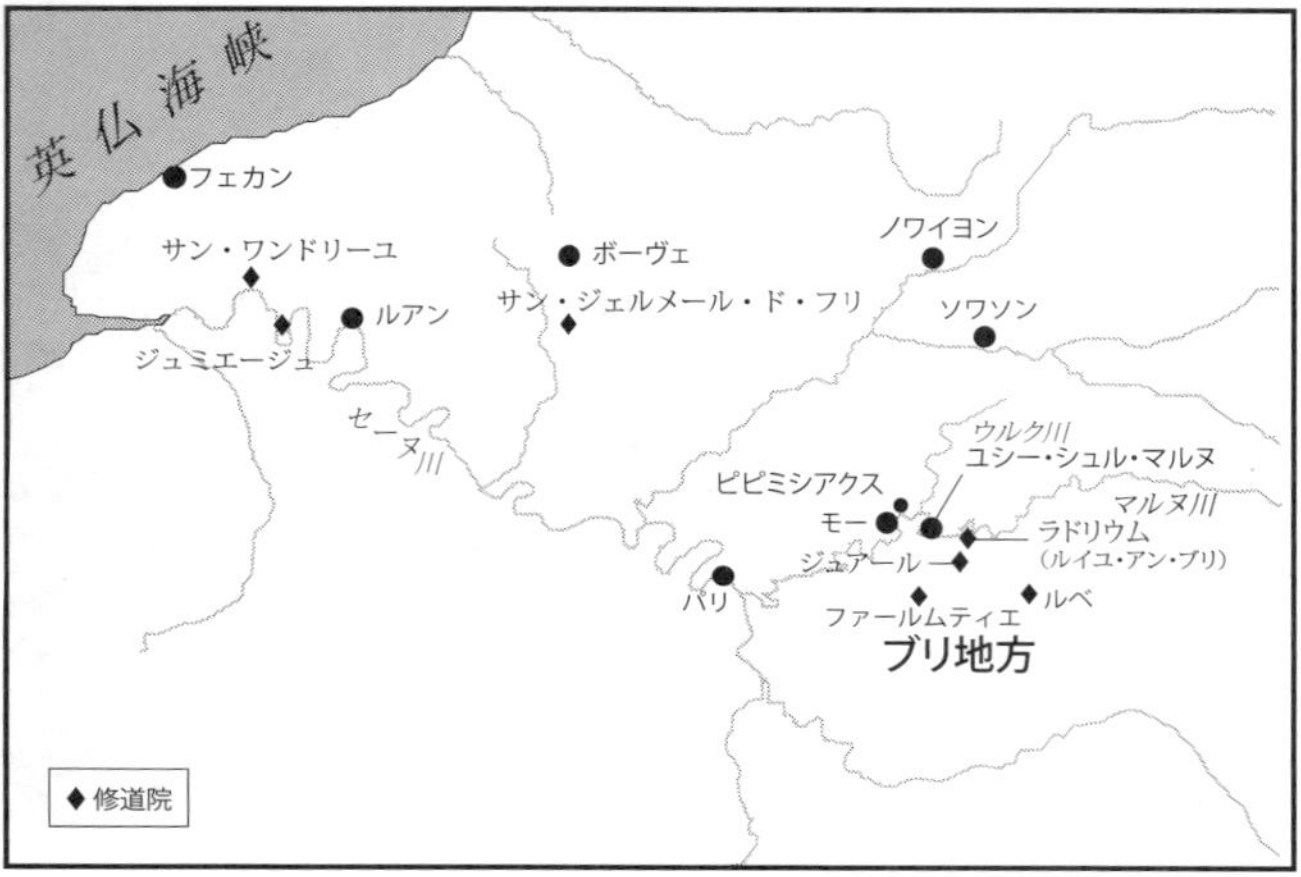

図3—5　上ノルマンディおよびマルヌ地方のコルンバヌス系修道院

れが修道院建設であった。

修道院を建設した門閥は、その修道院の聖務・典礼のなかで、その名前がことあるごとに唱えられ喚起され、さらには物故したメンバーの名前が記念祈禱の折に絶えず読み上げられ、修道士ばかりでなく聖務に加わった近隣の信徒の記憶に刻まれた。またしばしば創建者を顕揚する目的で執筆された聖人伝（修道院創建にまつわる記憶には必ずといってもよいほどに奇跡の顕現はつきものである）は、遥かのちの世代まで創建門閥の偉業の記憶を保存する役割をはたす。

さらにこうした修道院には、しばしば土地の寄進がなされた。最大の寄進元は創建門閥であり、故人となった成員の「魂の救済」のための記念祈禱は、莫大《ばくだい》な寄進が前提であった。寄進は創建門閥に限らず、やがては近隣の土地所有者が、「魂の救済」を求めて土地寄進を実践するようになり、これは修道院が大所領主として成長する契機となった。この点については、のちに詳しく説明する。

ところで修道院建立は創建門閥の構造化にとっての最も重要な契機と手段を与えた一方で、禁欲者の共同体であった修道院はその歴史を積み重ね、組織としての充実を遂げるにつれて、庇護者《ひごしゃ》としての創建家門の容喙《ようかい》を厭うようになるのも自然の成り行きである。そのことを見越して、創建門閥はしばしばみずからの家門の一員を若いうちに、また場合によっては先に紹介した「幼児献納」の形で、将来の院長たらしむるべく、幼い時分から創建修道院に送り込んでいた。

このように創建門閥と当該修道院との関係は、一筋縄ではいかない複雑な側面があったことも忘れてはならない。

3　司教と「修道院特権状」

修道院と修道士の地位

ここで教会法のうえで修道院と修道士がおかれていた地位について、いささか説明をしておかなければならない。

古代後期ローマの法典であり、ガリアではメロヴィング朝期にもローマ系の住民を規制した

『テオドシウス法典』は、修道院に対する司教の監督権を定めている。そもそも修道士は、先にも触れたように基本的に秘蹟を授ける権能を有しない俗人であった。その意味では修道士は聖職者身分には属さない。だが現実には、修道院のなかでさまざまの典礼や行事では秘蹟を授ける機会が少なくない。そうした必要から、修道士のなかの誰かひとりを選んで、司祭として叙階することが制度化された。われわれがすでに見たベネディクト戒律にも、それに関する規定があったことを想起されたい。

助祭や司祭や司教などの聖職者と、修道士との身分的な区別は厳然としてあり、修道士は信徒が教会に対して支払う収入の十分の一、すなわち十分の一税を要求することは禁じられ、逆にその支払いを求められるほどであった。カロリング朝期の教会知識人であったラバヌス・マウルスは「キリスト者世界としての教会は三つの職能に分かたれている。教会を管理し、奉仕する聖職者、この世の活動から遠く離れていて、戒律を遵守して修道院で修行するのであれ、隠棲《いんせい》の地で最善を尽くすのであれ、俗世のことがらから自由な修道士、そして平信徒である」と述べており、九世紀にもこうした観念は健在であった。

その明確な教会法上の淵源は、四五一年にカルケドンで開かれた第四回普遍公会議の決議である。第二章で述べたように、その第四条は、司教の同意なしに修道院が建設されてはならず、司教はこれら修道院に対して細部にわたる監督を実施しなければならないと定めている。また第八条では、修道院の司祭は司教に服属すべきと定められている。しかしながらベネディクト戒律の第六二章「修道院の司祭について」の規定では、「また何ごとも修道院長に命じられたこと以外のことはおこなわず、むしろより忠実に戒律の規定に従わねばならないものと自覚すべきです」（古田暁訳）と定められ、管区司教への服属というカルケドン条項はあっさり無視されている。

すでに管区の司教と修道院の軋轢の種は胚胎《はいたい》されていたのである。

アイルランドでの修道院の役割

さらに問題を複雑にしたのは、アイルランドとガリアにおける修道院の役割のちがいである。この時代までのアイルランドは、ガリアのような発達した都市のネットワークがないために、修道院が司教座教会の役割を担っていた。修道院長が同時に司教として、叙任やミサなどの聖別や秘蹟を授けることが一般的になされていた。前述のカルケドン公会議の決議が前提にした世界とは、根本的に異なる様相を呈していたのである。院長自身が司教となることを望まない場合は、修道士のなかから適切なひとりを選び、司教に叙任した。

コルンバヌスがリュクスーユで組織し実践した修道制が、アイルランド型のそれであったとするならば、修道士たちのなかに聖別・叙品機能をつかさどる司教が存在したことになる。本来であれば管区司教がおこなうべき、修道院新設のさいの祭壇の聖別を引き受けたと思われる。

リュクスーユ修道院の聖別をおこなったのは「アイドゥス Aidus」という名前の人物であっ

た。これまでの研究のなかでアイドゥスという名前はアイルランド人の名前であり、リュクスーユ修道院で作成された『ヒエロニュムス聖人祝日暦』の註釈に記されている書き込みから、一月一四日が命日とされるアイドゥスは、アイルランド型の「修道院司教」であったと解釈されてきた。いずれにせよリュクスーユ修道院の建立に関して、管区司教であったブザンソン司教の関与の形跡は一切見られないのである。

修道院特権状とコルンバヌス修道制

リュクスーユ修道院の創建にあたっては、アウストラシア・ブルグンド分王国のキルデベルト二世の支援があったためか、管区司教は黙認せざるをえなかったようであるが、修道院の側から公式かつ明示的に司教の管轄権から離脱するために、司教権力みずからがそうした特権を、修道院に賦与するようにとの要求が生まれてきた。

実はこうした特権状は六世紀の段階で個別的に賦与されていたが、それはブルグンド分王国に集中し、しかも賦与された修道院はメロヴィング王家によって創建された修道院であったところから、管区司教の特権状賦与の背景に王権による強い要請を想定するのは自然であろう。

だがコルンバヌス系修道院への修道院特権状賦与は、これまでとは異なる背景と、歴史的脈絡が考えられる。新しい文脈での修道院特権状のうち、後代の写しであるが現在までテクストが伝来している最古のものは、六三六年の日付をもつルベ修道院宛のものである。この特権状の内容は以下の八点である。やや煩瑣《はんさ》にわたるが、以下に列挙することにする。

① 修道院財産の安堵《あんど》
② 聖職者、司教、国王役人が修道院に供された供物を収取することの禁止
③ 修道士団による院長の選出と任命
④ 祭壇の聖別や聖油の祝別について、修道院の司教を修道士から選出し、任命する権利
⑤ 司教や主任助祭の側からの修道院内の叙任や祝別の申し出の禁止と、修道院側からの要請があった場合の無償の実施
⑥ 修道士団あるいは院長の許可なしの、司教座聖職者の立ち入り禁止
⑦ 修道院側からの要請による司教の聖務執行に際して、執行後の即時退去
⑧ 戒律遵守のための院長による修道士への監督・矯正権

最初の二項目は修道院財産の保証に関する規定である。はっきりとは語られていないが、それが修道院財産を修道院自身が管理することの規定であることは、後に続く規定、すなわち管区司教の容喙を能《あた》うかぎり阻止しようとする姿勢から、明白に読み取れるのである。これは極めて重要な権利であった。それは修道院が自立した大所領主として活動する制度的、法的根拠をなす規定だからである。この点については第五章であらためて詳しく説明しよう。

大特権と小特権

管区司教が発給した特権状は、七世紀ガリアで一三点確認される。メロヴィング朝史の権威であるオイゲン・エーヴィヒは、この一三点に加えて八世紀に発給された数点の特権状の内容を詳細に検討し、「大特権グループ」と「小特権グループ」の二つに分類した。そして両者のちがいは、前者では「修道院司教」の設置が認められているのに対して、後者ではその規定がないことであるとしている。

地理的な分布の観点から見ると、大特権グループが集中しているのはマルヌ川沿いのブリ地方と、リュクスーユ修道院の影響を受けやすかったブルゴーニュ北部の修道院である。コルンバヌスの直接の影響のもとに、革新的修道制——これをわれわれはアイルランド・フランク修道制と称する——の実現を意図したこれらの組織において、司教権力からの独立を最もラディカルにとらえていたことの証《あか》しといえよう。

小特権グループにおいて、盛り込まれた特権内容は一律ではないが、共通しているのは「修道院司教」の選任規定が欠けている点である。さまざまの縛りはあるものの、管区司教には干渉の余地が残されており、その意味では管区司教からの自立は不完全であった。

摂政バルティルドとアイルランド・フランク修道制

アイルランド・フランク修道制の新たな展開の過程で最も重要な役割を演じたのは、ダゴベルト一世の死後に、その王位を継承した息子クローヴィス二世の妃バルティルド（六三五年頃―六八〇年以後）であった。彼女はダゴベルト一世の妃であったナンティルドと同じく、アングロ・サクソン人の出身で、そのうえ奴隷として売られ、ネウストリア分王国の宮宰であったエルキノアルドゥス家の奴婢《ぬひ》として働いていたのを、クローヴィス二世が見初めて妻として迎えたのであった。

バルティルドは夫の生前も、その死後も一貫して国家政治に関わった。そして何よりもアイルランド・フランク修道制が、弛緩《しかん》し覇気を失ってしまったガリア教会がなしえなかった、信仰と政治の統合に有益であると思いなしたのである。その伝記は人頭税と思《おぼ》しき税を撤廃し、奴隷の組織的買い戻し――多くは奴隷狩りや、戦争捕虜に起因――をおこなわせ、彼らの故郷への送還や修道院での教育などを進めた姿を述べている。

『バルティルド伝』の最大のトピックは、彼女自身が「聖なる戒律 sancta regula」と呼ぶ「混合戒律」を、メロヴィング・フランク国家の安寧を祈願するうえで最も重要視されていた「セニオーレス・バシリカエ seniores basilicae」に導入することに力を注いだことであった。この有力バシリカは守護聖人名でしか知られていないが、パリのサン・ドニ、パリかオーセールのサン・ジェルマン、ソワソンのサン・メダール、サンスのサン・ピエール、オルレアンのサン・テニャン、トゥールのサン・マルタンの六バシリカである。これらはメロヴィング朝の国王、王妃の埋葬バシリカであり、バルティルドの狙《ねら》いは物故した祖先の霊を祀る墓所を守る修道士団に、厳格で真摯な戒律を導入することで、護国安寧の祈禱の霊験あらたかな聖地たらしめようとするものであった。

第四章　欲望の克服から魂の贖罪へ

　コルンバヌスとその仲間たちの大陸、なかんずくフランク国家において達成した修道制の改革が、王権と貴族の支援と庇護のもとに進められたことは、ここまで述べてきた通りであるが、なにゆえにフランクの支配層が、世界の涯《はて》と形容しても言い過ぎではない僻遠《へきえん》の地から到来した修道士の一団の説くところに耳を傾け、心を寄せたのか。その理由については、修道院の創建による門閥の拠点形成という目的を前章で指摘した。この時代の政治権力のネットワークにおいて一門がしかるべき拠点を得るために菩提《ぼだい》修道院を作ることが、新たに生まれた貴族支配層にとって、勢力基盤の確立の重要な一段階であったことは容易に理解できることである。

　これらの菩提修道院では、創建一門の物故者の魂の救いのために、周年祈禱をはじめ、さまざまな機会に供養のための祈りが捧げられたから、門閥の物故者の鎮魂という修道院の機能は、魂の救済のための祈りの場として、罪に汚れた魂の浄化、魂の贖罪という願望と深く結びついていた。

1　死後の魂と贖罪の観念

罪の宗教

キリスト教は罪の宗教である。ルース・ベネディクトが唱えた「罪の文化」と「恥の文化」の二分法が、あまりに単純な図式化であるとしても、キリスト教の教義の核心にある「原罪」の観念が示すように、この宗教はそもそも人間存在の根底にある「罪」を基底とする認識体系によって特徴づけられた宗教であるとして間違いない。原罪は洗礼によって赦されることになるが、洗礼後に犯した罪は信徒がこれを自覚し、絶えざる贖罪のおこないに努めたとしても、「時《とき》」の終わりに待ち受ける神の判定、すなわち「最後の審判」まではその帰趨を知りえない。善行が神によって諾《うべ》なわれるならば「天国」へ昇り、そうでなければ「地獄」の劫火《ごうか》に焼かれる苦しみが待ち受けている。

このように罪観念に深く刻印された宗教のありようが、キリスト教の特徴である。

テルトゥリアヌス、オリゲネス、カッシアヌス

初期のキリスト教会を代表する思想家テルトゥリアヌスは、二世紀半ば過ぎの生まれであり、法律を学び修辞学にも優れていて、さまざまな比喩《ひゆ》を駆使して贖罪について論じている。たと

えば贖罪は難破したキリスト教徒にとって、救いの船板であるとか、罪の贖いを求める信徒を、教会の玄関の戸を叩き、赦しの部屋に入れてもらおうとする行為に喩《たと》えている。この扉は洗礼によって閉ざされていたが、罪の贖いを求める信徒のためにわずかに開けられていて、ただ一度だけ大きく開かれるとする。罪の贖いは洗礼と同じく、生涯にただ一度だけであることを強調している。

だが、テルトゥリアヌスより一世代後に生まれたオリゲネスは、『レビ記についての説教』のなかで贖罪の方法、というより贖罪に値する振る舞いとして以下の七つを挙げている。①洗礼（原罪）、②殉教の苦しみ、③施し、④同輩信徒への赦し、⑤罪びとの導き、⑥潤沢な喜捨、⑦悔悛の涙。これはテルトゥリアヌスの説く生涯でただ一度の贖罪という境地とは、相当に隔たりがある贖罪理解であるが、三一三年のミラノ勅令を通じての帝国のキリスト教公認以後は、信徒の統制と生活規律の引き締めを視野に入れながら、大小の罪の赦しが日常的な信仰実践の規範と認識されるようになった。

東方の修道制を本格的に学び、マルセイユのサン・ヴィクトール修道院を創建したヨハンネス・カッシアヌス（三六〇年頃－四三五年頃）は、その著作『霊的談話集』においてオリゲネスと同じように、贖罪とみなされるキリスト教徒の振る舞いとして、以下の一二を挙げている。①喜捨、②悔悛の涙、③罪の告白、④心身の苦しみ、⑤生活の改善、⑥聖人の執り成し、⑦他者への同情と信仰の自覚、⑧キリストの信仰に目覚めた者の回心と救い、⑨他者を赦すこと、

⑩愛の心をもって他者に接すること、⑪悔い改めの心根、⑫日常的な断食と禁欲生活。
これらはオリゲネスが列挙する贖罪に値する行動以上に、多岐にわたり網羅的といえば聞こえは良いが、体系的な整序が困難な内容である。これはおそらくキリスト教が公認されてまもない頃の、信徒共同体内部における生活規範の強化が、罪観念と結びつけられて注意喚起された事態の反映といえるのであろう。

古代教会の贖罪者観

古代教会における贖罪の特徴として、しばしば指摘されるのがその公的な性格である。野口洋二著『中世ヨーロッパの教会と民衆の世界』もまた、ごく簡単にそのことを示唆している。「贖罪者が同輩信徒すべてに、罪の赦免への執り成しを懇願するという行為は、この贖罪の儀礼が高度に〝公的〟な出来事であることを示している。ここではキリスト教徒共同体が、観者としてまた実践者として必須《ひっす》の役割をはたしている」（ロブ・ミーンズ）からである。贖罪者は信徒仲間の前でおおっぴらに恥を晒《さら》して贖罪をおこなうのを厭うわけだが、この事実が儀礼の公的性格をはしなくも強調している。贖罪者は自分を侮辱しようと待ち構える悪意ある人々によって、嘲《あざけ》られ蔑《さげす》まれる危険を冒すことになる。もっともテルトゥリアヌスは、こうした態度はキリスト教の信徒には無縁の態度であることを強調している。なぜなら、信徒であれば「同一の希望、同一の畏れ、幸福、苦痛、苦しみを分かちあうからだ」。

こうした贖罪形式の共同体的性格は、この種の贖罪をあえて実践しようとする者には大きなプレッシャーをもたらした。それゆえこの儀礼を遂行した者がかち得た赦免は、神とのありうべき適切な関係を復活させると同時に、共同体との和解の成就も意味したのである。それだけではない。鋭敏な罪の意識をみずからのうちに涵養《かんよう》し、あえて恥辱の試練を耐え忍んだ者は、キリスト者としての美徳の実践者として賞賛されさえした。アウグスティヌスは説教のなかで、贖罪者のなかにあるという恥の意識は、名誉の一形態に転換すると述べている。贖罪を実践することと、悔悛者たる修道士となることへの回心は近い関係にあり、このことが贖罪者を気高い存在とする見方に一役買っていたのであろう。

その事実は五世紀の教会史家ソゾメノスが、自分で見聞したという都市ローマでの贖罪儀礼に関わる叙述からも知られる。ソゾメノスによれば、贖罪者には教会において特別の地位が与えられたという。すなわちミサが終了すると、贖罪者たちが我と我が身を教会堂の床に投げ出し、司教が目に涙を浮かべて彼らに加わるのである。それから司教が身を起こし、そして贖罪者たちもそれに続いた。司教の五体投地は、贖罪者の地位への参入の挙措を意味しているとソゾメノスは解説する。彼の絵解きによれば、贖罪者たちは司教が定めた期間、断食などの贖罪行為を実践する義務があり、ソゾメノスが立ち会ったその日が、贖罪を終えて完全な信徒共同体の一員として、再びミサ典礼に参加することが赦された日なのであろうというのである。

贖罪行為という、蔑みの対象となるかに見える実践の完遂の果てにある、高い威信の獲得という逆説に満ちた論理がここには見られる。社会的に高位の位置にあった人物の贖罪の例として挙げられるのが、三九〇年にローマ皇帝テオドシウス一世が行った贖罪である。これによって皇帝はテッサロニカで起こした市民の大量殺戮《さつりく》の赦免を得たのであった。現在の研究では、この公的贖罪は皇帝側と教会側の細心の打ち合わせのうえで行われた権力のショーであり、テオドシウスの罪を贖い、政治的な非難をしりぞけて、皇帝の政治的立場をより強力にする効果をもたらしたのであった。のちに述べるように、四五〇年の時空を越えて、突如としてルイ敬虔帝が行った有名な公的贖罪の背後にある論理もまた、同一であったにちがいないのである。

アウグスティヌスにおける贖罪と喜捨

古代の教父のなかで、のちのキリスト教徒の信仰実践に関連して最大の影響を及ぼしたのは、アウグスティヌスの贖罪観であったといえるであろう。彼はすでに紹介したテルトゥリアヌスやオリゲネスが、数多くの贖罪の方法を挙げたのに対して、なかでも喜捨に焦点を絞り込んで、その有効性をとくに強調している。それは彼が残した数多くの説教で繰り返し説かれていることでもある。

そうした態度の背景にはいくつかの理由があった。

西ローマ帝国の国力が衰退して、社会的な救済機能が弱まるのと並行して、貧困に喘《あえ》ぐ人々の救い手として、教会のはたす役割、とりわけ地方教会の指導者である司教の役割がますます大きくならざるをえなかった。こうした状況のなかで、アウグスティヌスは古代の市民的伝統として行われた、莫大な富を所有する者が私財を投じて催す見せ物や宴会などが、いまだに北アフリカの諸都市で開催されていた当時の現状に対して、激しい非難を加え、こうした慣行の爾後の放棄を訴えたのであった。その意図するところは明らかである。こうした財貨が教会に喜捨として流入することを期待したのである。市民、ことにキリスト教信徒が日々の習慣として喜捨を実践することがアウグスティヌスの理想であった。日常ほとんど無意識のうちに繰り返される罪過は、喜捨の慣習によって贖われる。アウグスティヌスの言葉に従えば、その意味で喜捨は「天国の宝を地上で先買い」する行為であった。

死後の生

この点と深く結びついているのが「死後の生」、すなわち魂の問題である。

アウグスティヌスによれば、平均的なキリスト教徒はその魂の状態において「完全に善ではない」信徒か、「完全に悪ではない」信徒である。これに対して聖人や殉教者は「完全に善」なる信仰者である。彼らの魂は死後に直ちに天国に向かう。それに対して「完全に善ではない」、および「完全に悪ではない」ふつうの信徒の魂は、信徒個人の生前の喜捨や、その他の善行などの努力によってその魂が天国に向かうか、それとも地獄へ転落するかの岐路に立たされるという。ピーター・ブラウンの「魂の彼岸への旅」についての卓抜な比喩によるならば、魂の天国へ向かうレースはニューヨークのシティ・マラソンさながらである。先頭を切って超絶的なスピードでリードする聖人たちは、エリート・ランナー集団である。彼らの天国入りは約束されている。その後を生前のキリスト教的功徳の厚さに応じて、遅かったり速かったりめいめいのペースで走る市民ランナーがいる。しんがりは息も絶えだえの、今にも脱落しそうな落ちこぼれ集団だ。「時」の終わりにめでたく天国に入れる魂と、あえなく時間切れとなって地獄行きの審判を受ける羽目になる魂を分かつのは、喜捨の心根の厚薄なのである。

ペラギウス異端との戦い

さらに理由として挙げられるのは、第一章で触れたペラギウス派の異端教説の影響への懸念である。

四一〇年にゴート族が都市ローマを劫掠《ごうりゃく》したさいに、ペラギウスと彼のパトロンであったローマの上流人士が大挙して北アフリカのカルタゴに避難してきた。ペラギウスの教説は、神は人間を完全なる存在として創造したのであり、神の恩寵によらずして、自由意志によって功徳を積むことで救済にいたりうるのだという教えである。多くの論者はここにギリシア哲学やストア派の影響を認めている。

先のブラウンによれば、その教えのラディカルな側面が、まさしくペラギウスの徒の贖罪の思想である。完全に自由であるということは、富者がその富を放棄できるように、すべての罪から即刻自由になれるということであり、それをなしえないのは弱き者、それどころか不敬なる反抗者であるとして断罪する苛烈《かれつ》な思想である。

ここには贖罪のための喜捨の論理も、「死後の生」への配慮も、神の恩寵の作用も入る余地はない。アウグスティヌスの地上の喜捨が、罪の贖いと合わせて天国における功徳に転換するという論理は、完全に否定されてしまう。彼が必死になってペラギウス批判を繰り返したのも無理からぬところであった。

四三一年のエフェソス公会議は最終的に、ペラギウス派に異端の烙印《らくいん》を押したのであった。

2　聖コルンバヌスの衝撃

出生と幼年期

『コルンバヌス伝』の作者ヨナスは、その伝記のなかでコルンバヌスが修道生活に入ったときを「青年期 adulescentiae aetas」と表現しているが、それは二八歳頃かそれ以上の年齢と想定されている。そして最初の修道院バンガーで数年修行を積んだ後で、一二人の仲間とともにブルターニュ半島を経由してガリアに到着した。それが五九一年のことであった。こうしたことから、その生年を五五〇年頃とする想定は妥当であるように思える。コルンバヌスはアイルランドのレンスターの住民のなかに生を享《う》けた。この地の人々のあいだにキリスト教の信仰が、芽生えてまもない頃であった。幼名を「コルンバ Columba」と称し、コルンバヌス自身初期の著作ではそのように称しているが、ラテン語化された指小辞形の「コルンバヌス Columbanus」のほうがより一般的であり、私もこれまでこのように記してきた。なおコルンバヌスよりも一世代前の有名な聖人に「コルンバ」がおり、混同しないよう注意しなければならない。

ヨナスが記すところでは、七歳から一四歳頃にすでに書物による教育を受けており、初歩的ではあるが、古典的な自由学科や聖書についての教育を施されたと見てよい。このことから判断して、生家は貧しい家柄ではなく、土地を所有する階層であった。

バンガー修道院へ

コルンバヌスが修道生活に入るきっかけとなったのは、女性に抗しがたい魅力を覚えたことによる危機感と、一五年以上も隠遁修行を送ってきたひとりの女性との出会いであった。彼は母親の強い反対を押し切って家を出てから、結局二度と戻ることはなかった。

最初におもむいたのはシネルという人物が院長を務めていたクレン・イニス修道院であり、ここで少年期に学んだ知識をさらに広げた。弁舌と文章力を磨き上げ、聖書の研究は『詩篇』まで進んだとされる。その後コンガルが創建したバンガー修道院に移り、卓越した教育者でもあったコンガルのもとでさらなる修行を積み、勉学に励んだ。専門家の説くところではコルンバヌスのラテン語は、文体や語彙《ごい》の点で同時代のそれというより、むしろ五世紀の最良の著作家たちのラテン語を思わせるという。この点は記憶にとどめておいてほしい。

コルンバヌスはバンガー修道院で司祭としての叙階を受け、またフィニアンによってアイルランドに導入されていた画期的な私的告解と贖罪規定の理念と実践とをみずからのものとした。何年かバンガーで修行と聖務の日々を送った後で、コルンバヌスは巡礼の呼びかけを感じ取る。院長のコンガルは彼に翻意をうながしたが、結局仲間とともに大陸に船出した。

コルンバヌス戒律の厳しさ

コルンバヌスがガリアに到着したのは、フランク国家がポワティエのサント・クロワ女子修道院での修道女の叛乱《はんらん》に揺れていた時期であった（拙著『禁欲のヨーロッパ――修道院の起源』中公新書2253、第十章参照）。事件の根底にあったのは、とくに都市近郊に創建されたバシリカ型の修道院で見られた、戒律生活の著しい弛緩であった。

概してガリアの修道制はコルンバヌスがバンガーで積んだ修道生活の経験とは大きくかけ離れていた。バンガーの修行がどれほど苛烈であったかは、それを継承したコルンバヌスの戒律に従った時課の表を見れば一目瞭然《りょうぜん》である。

一日は八回の聖務課に分けられている。一時課の開始は午前六時である。三時課は午前九時、六時課が正午、九時課は午後三時、晩課は午後六時である。ついでベネディクト戒律とは異なり、コルンバヌスのそれには夜課と称される聖務が設けられていて、第一夜課は午後九時、第二夜課は真夜中（一二時）、朝課は午前三時である。

コルンバヌスは睡眠時の安楽な状態に、修行のうえで異常なほどの警戒感をもっていたようである。その戒律のなかで「疲労の極に寝床に行くべきで、睡眠は歩きながらとるべし。眠りから覚める前に起こされるべし」と謳っている。

午前三時に始まる朝課がとりわけ長く、夏季の週日には二四篇の『詩篇』を朗唱し、冬季にはそれが三六篇に増した。それが土曜日と日曜日になると最低でも三六篇、最大では詩篇集の半分にあたる七五篇を朗唱した。平均して二時間半が詩篇読誦にあてられたのである。

アイルランド修道制の原基

このような激烈ともいえる修道制は、長いあいだアイルランドの気候風土や民族の気質に根ざした独自のものと考えられてきた。だがこの点については、新たな研究の動きがある。

すでに触れたことであるが、真正とされるコルンバヌスの書簡や著述の文体と語彙に関して、五世紀の著述家のそれとの類似性を指摘する研究者が少なくない。ブラウンもそのひとりである。彼はそうした五世紀の著述家として、長く東方で研鑽を積み、エジプト砂漠の修道士の修行形態にも通じていた、マルセイユのヨハンネス・カッシアヌスを特定している。ブラウンはカッシアヌスがその『霊的談話集』を著したのは、エジプト砂漠の修道制に比して、ガリアの

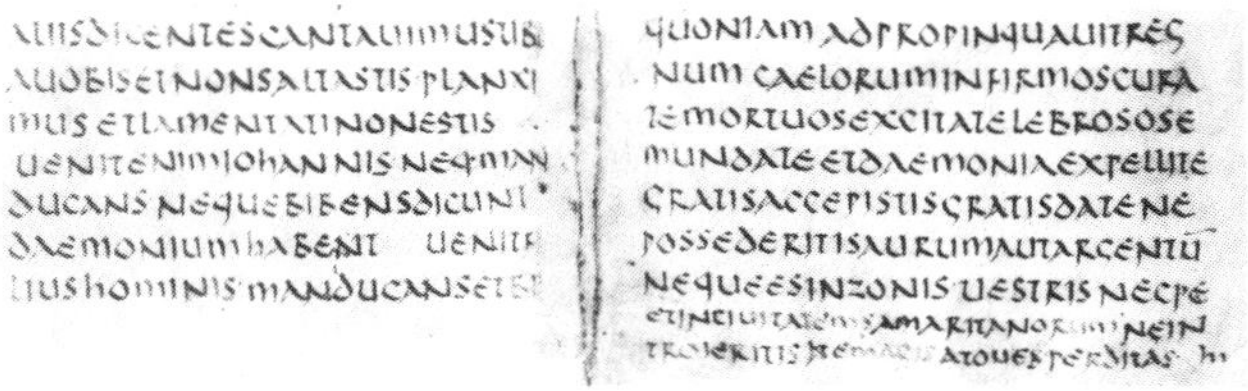

図4―1　「マタイの福音書」写本（CLA IV. 465）

それがいかに微温的であるかを明らかにする意図があったのだ、という。

バンガー修道院での修行を通じて、コルンバヌスがカッシアヌスの著作を知り、これを読んで砂漠の修道士の苦行に強い共感の念を懐いて、独自の戒律を編んだ可能性は大いにある。そうだとすれば、「コルンバヌスは何をガリアにもたらしたのか。実に奇妙なことだが、彼はより古いガリアを持ち帰ったのである」とするブラウンの指摘は正《せい》鵠《こく》を射ているといえよう。

総じて最近の研究は、アイルランドが地中海地方を含めガリアの教会、修道院文化の影響を早期に受けていたとする説が優勢を占めている。現在イタリアの国立トリノ図書館に収蔵されている「マタイによる福音書」写本（MS. G.VII.15; CLA IV. 465、図4－1）は、おそらくかつてボッビオの修道院に所蔵されていたと思われ、多くの研究者はコルンバヌスがアイルランドから携えてきたものと考えている。四／五世紀の美麗なアンシアル書体（書体については第六章で解説）で書かれた作品である。『古ラテン書冊総覧 *Codices Latini Antiquiores*（略称CLA）』の編者ローウィによれば、小文字書体にアフリカで用いられた文字の特徴があり、写本の制作地はアフリカではないかと推測している。
いずれにしろ、アイルランドは決して孤立した世界ではなく、早期から海を介して四方との交流があったのである。

告解と贖罪の導入

人間存在の罪深さと、それを贖うことの必要は、コルンバヌスの説教や『修道戒律 *Regula Monachorum*』で一般的な形で述べられている。後者では修道士の内面生活がおもに扱われているが、同じコルンバヌスが執筆した『共住戒律 *Regula Coenobium*』では、罪の告解と贖罪実践の根本的な重要性を強調している。

実際に罪がたとえ小さなもの（parva peccata）であっても、告解の対象であった。そのなかには、食事の前にスプーンに感謝し祝福するのを忘れたり、ナイフで食卓を傷つけたり、食卓の準備中に誤ってパン屑《くず》を撒《ま》き散らしたりといった些細《ささい》なことまで罪として告解することが求められている。これに対応する罰は、島嶼地方で一般的な断食ではなく、コルンバヌスの修道院では体罰（鞭《むち》打《う》ち）であった。

こうした一見すると常軌を逸しているかに見えるコルンバヌス系修道院の修行の様相に、フランク社会は瞠目《どうもく》し、したたかに衝撃を受け、やがては睡眠の時間も碌《ろく》に取れない峻烈《しゅんれつ》な修道生活に勤しむ様に感銘を受け、帰依の感情を呼び覚まされたのである。のちにこの苛烈な戒律は、多くの修道院でより緩和された「混合戒律」として実践されるようになるが、帰依心は国家の貴族支配層の子弟を中心に広がったことはすでに触れた。克己と服従の精神は国家エリートのエートスとなり、それは宮廷から社会へとひとつの新しいコードとして普及した。

告解の義務はひとり修道士ばかりでなく、在俗聖職者や一般信徒にまで求められた。修道士となった貴族子弟を含めての頻繁な告解（修道女は一日に三度）の義務は、個人の内面世界の変革、あるいは解体にまで帰結し、古代的な価値観をいまだ宿していた七世紀人の心を根底から変えてしまったとされる。「古代から継承した神秘的な宇宙観は完全に失われ、罪と罰そして赦しの報いが支配するキリスト教のモデルにとって代わられた」（ブラウン）。七世紀半ばに思想と心性の面でも、古代は終わりを告げたのである。

魂の彼岸への旅と罪過

死後の魂の行方は、罪と贖罪の観念が人々の内面で重みを増すとともに、ますます大きな関心事となった。コルンバヌス修道制の影響の拡大と手を携えるように展開した、メロヴィング王家や、とりわけ貴族層のあいだで盛んとなった修道院創建の動きは、後者の貴族門閥のアイデンティティ確立の一環であるとともに、物故した一門の先祖たちの、魂の彼岸の旅への支えを意図するものでもあった。

修道院に創建門閥からなされる寄進は、地上の喜捨が天国の宝となるというアウグスティヌスの論理そのままに、生きる者みずからの贖罪とともに一門の死者の魂の浄福を祈願する意味あいがあったのである。寄進状に見える「我らの魂と我らが親族の魂のために pro animae meae et animabus famulorum que...」や「魂の贖いのために pro compendio animarum...」などの定型句は、そうした思いの表れである。

クロード・カロッツィはその傑作『魂の彼岸への旅。ラテン著作家の作品に見えたる（五―一三世紀）』のなかで、贖罪者がおかれた状況とその心境を、西洋における個としての自己認識の最初の兆しであったとする。修道戒律によって要求され、やがて俗人にも要請された罪の検証を核とする内省意識は、個としての人間存在の勝利へといたる最も重要で、決定的な一歩であった。罪の意識の反芻《はんすう》が個としての営みである以上、検証の意識は個としての自己の内奥の探求とならざるをえない。

エジプト砂漠の修道士が厳しい禁欲生活を遂行すべく、一心に思いを凝らして欲望の芽を摘むべく努力を重ねたのに対し、中世の修道士はいまや欲望ならぬ罪に転換された罪過の探求へと駆り立てられた。そしてこうした心理的挙措は、やがて人格的な個の誕生へと展開してゆくのである。

3　告解と贖罪慣行の浸透

贖罪規定書とは何か

贖罪規定書とは簡単にいえば、罪とみなされる行為のリストであり、それぞれの罪を贖うための贖罪行為と、場合によっては贖罪金が記載されている。贖罪行為については罰としての断食行為——といってもむろん完全に食物を断つのではなく、パンと水と塩だけで過ごさなければならない日数、月数、年数が記されている。

今日まで伝来している史料は判型もサイズはまちまちで、単一の紙葉のものから、小冊子のものまで形態もまちまちである。また内容面でも不完全だったり、不統一であったりしている。その種類も数が多く、記載内容の点でも著しく多様性に富んでいる。この点は留意しておかなければならない。すなわち贖罪の内容は極めて不統一で、時代と地域によって差異が大きかったということである。

ちなみに『コルンバヌス贖罪規定書』では、修道士による殺人の場合は一〇年間の断食、聖職者による殺人の場合は一〇年間の断食と一〇年間の追放、それに被害者親族への賠償金の支払い、俗人による殺人は三年間の断食プラス三年間の追放と、贖罪金の支払いである。

偽りの宣誓、すなわち偽宣の場合は修道士の偽宣は七年間の断食、聖職者は七年間の断食に加えて、爾後一切の宣誓不能。欲にからんでの俗人の偽宣は、一切の財産の貧者への喜捨と、生涯にわたる修道院での奉仕と定められている。

贖罪規定書の起源

先に紹介した贖罪規定書は、古代末期の公的な贖罪ではなく、各人がみずからの行動に由来し、教会当局あるいは修道院長により指定された贖罪行為を、個別的に私的におこなうものとして分類される。贖罪規定書が前提とするのは、私的な贖罪である。

長いあいだ贖罪規定書の起源はアイルランドであると信じられてきたが、近年の研究はこうした考えに疑問を差しはさんでいる。キリスト教は四〇〇年代にこの地に根を下ろしていた。パッラディウスやパトリックのような初期の聖人たちはガリアと密接な交流をもっていて、二人ともガリアで実践されていた贖罪行為を知っていた。コルンバヌスの戒律から推測されるように、マルセイユのカッシアヌスの贖罪思想は、アイルランドでも周知のことがらであったのである。現時点で従来の考えをしりぞける決定的な証拠は出ていないものの、旧説が大きく揺さぶられている研究の現状は、しっかりと認識しておく必要があろう。

アイルランド伝道者のひとりフィニアン（ヴィニアンとも表記される。四九五－五八九年）の贖罪規定書が、贖罪量刑を定めている最古のテクストであるという（ロブ・ミーンズ）。ミラノのアンブロシアーナ図書館には、ボッビオ修道院旧蔵の写本が収蔵されているが、そのなかにはある贖罪規定書が含まれている。おそらくコルンバヌスとともに大陸に渡った修道士が携えてきたと推測される贖罪規定書である。これはコルンバヌスの贖罪規定書とは異なり、写本研究により五五〇年から六五〇年に筆写されたと推定される。

新たな研究の結果、それまで考えられてきたのとは逆に、この写本はアイルランドの古贖罪規定書として有名で、のちにも大きな影響力をもったクメアンの贖罪規定書を筆写したものではなく、クメアンがこの写本をモデルに六五〇年代にみずからの贖罪規定書を作る原型としたと考えられるようになっている。その磨き上げられたラテン語は、ラテン語教育が島嶼世界で継続しておこなわれていた証拠であると考えられている。

八世紀ゲルマン地方の伝道と贖罪慣行

八世紀にフリースラント（オランダ・低地地方）伝道で活躍したアングロ・サクソン人ウィリブロードは、一〇年間にわたってアイルランドで修行を積んでいたこともあって、六、七世紀にアイルランドで作成された贖罪規定書について十分な知識をそなえていた。一九七〇年代にオクスフォード大学のボードリアン図書館のラテン写本から見つかった八世紀の「オクスフォード贖罪規定写本II」はフリースラントの贖罪慣行と関係がある。そこに記されている母親による小児殺しに関する規定は、『フリーセン部族法典 *Lex Frisonum*』や、フリースラントの聖人リウドガリウスの伝記の記述とも共通部分が多く、ウィリブロード自身の執筆になるものと推測されている。その特徴は、もっぱら俗人の罪と贖罪を記していることである。ウィリブロードの伝道活動では、罪の贖いに焦点をおいて教化に努めたことがうかがわれるのである。

忘れてならないのは、ウィリブロードの布教活動が、カロリング一族の庇護のもとに展開されたことであった。コルンバヌスがメロヴィング王家の支援を受けたこととの類似が想起される。民心のなかに罪の感覚を陶治《とうや》することが、統治の実を挙げるために有力な手段となったことは、容易に理解できることである。

ウィリブロードと同じくアングロ・サクソン人に出自をもつボニファティウスは、テューリンゲンやヘッセン地方の伝道に向かい、七三一年にはフルダ修道院を創建した。贖罪の習慣はボニファティウスにとって教育と規律化の重要な手段となった。

こうしてカロリング・フランク国家には、アイルランド、イングランドを源泉として多様な贖罪慣行が流れ込んだ。すなわち①コルンバヌスの伝統を引くフランクの贖罪規定、②クメアンの贖罪規定書、③教皇庁からカンタベリー大司教として派遣されたテオドロスの贖罪規定、④ライン川、マイン川流域に浸透したベーダとヨーク大司教エグベルトの編み出した贖罪規定書などである。このように多数の贖罪規定が、効力の大小はあれ共存している状況は、統一的な解決法を望む教会や皇帝権力にとっては好ましからざる事態であったのは言うまでもない。八一三年にトゥールで開催された公会議では、この問題が取り上げられた。老齢のシャルルマーニュの臨席のもとに開催された公会議ではあったが、結局議論は煮詰まらず、決定は先送りにされたのであった。

贖罪規定書の空白地帯

八世紀と九世紀初頭の贖罪規定書写本の制作と、その実用はカロリング国家の北部と東部が中心であった。それはアイルランド人とアングロ・サクソン人伝道者が活動し、修道院を創建した地方であった。その他の地域、たとえばロワール川より南の地方では、実質的に贖罪規定書のテクストは知られていなかった。この地方では、九世紀になってもなおテオドシウス法典のようなローマ法の伝統と、公会議決議を教会法の規範と認識する思考が根強かった。

そうした異なる伝統を背景に、九世紀はじめにオルレアン司教テオドルフスとトゥールのサン・マルタン修道院長アルクイヌスとの論争が起こったが、主張のちがいはテオドルフスが教会法の伝統に従って公の贖罪方式を重視すべきとし、アルクイヌスは贖罪規定書が定めるように、より私的な贖罪の方式を採用すべきであると唱えたところにあった。テオドルフスが西ゴート人で、アルクイヌスがアングロ・サクソン人であるところから、それぞれの文化的伝統によって規定された見解のちがいという側面を指摘するのは、安易に過ぎるであろうか。

支配実践としての贖罪

先の八一三年のトゥール公会議をはじめとする一連の公会議以前の時期に作られたテクストのなかに、公的な罪に対しては公の贖罪実施がなされるべきとする主張が見られた。議論のなかで、当然ながらあらためて贖罪の正しいやり方はいかなるものであり、またそもそも依拠すべきテクストは何であるかについて意見が戦わされ、王権の関心を引くことになった。国家の繁栄の源は、王族と人民の倫理状態が結びついていることにあるというイデオロギーが支配していた。

たとえばシャルルマーニュは、八〇五年に人民が罪の意識を自覚し、神の恩寵を取りもどす目的で、全国家規模の三日間の断食を三度実施するよう命じている。戦争もまた単なる軍事的なオペレーションにとどまるものではなかった。古代ローマの皇帝たちは、戦勝には神の助けが欠かせないと考えていた。その伝統はシャルルマーニュの時代にも命脈を保っていた。七九一年にシャルルマーニュは、現在のハンガリー地方に拠点をおいていたアヴァール族を征討するにあたって、境界地帯で陣を張り、三日間にわたり贖罪と戦勝祈願の儀式を執り行っている。

ルイ敬虔帝の公開贖罪

だが、最もよく知られている贖罪の例は、シャルルマーニュの息子ルイ敬虔帝が、八二二年と八三三年の二度にわたっておこなった公開の贖罪儀礼である。こうした側面をとらえてルイの国家を「贖罪国家 Penitential State」と称した歴史家もいる。敬虔帝はみずからの政治的判断の誤りを国家的、すなわち公的なものと認識し、公開の贖罪をおこなったのである。

八二二年夏にアティニィの王国集会の折になされたのは、自分の甥《おい》であるイタリア王ベルナルドを謀反の首謀者として盲目刑にし、結局死に追いやり、彼に同調したとの嫌疑を受けた帝国の有力者たちを追放刑に処したことが誤りであったと謝罪し、贖罪に服した事件であった。

八三三年のそれは、ソワソンのサン・メダール修道院教会が舞台である。長子ロタールと次子ルートヴィヒ・ドイツ王が、父王が策定した王国相続の方針に不満を抱き、連携してルイ敬虔帝に戦いを挑み、勝利を収めた折になされた儀礼であった。敗北したルイはみずからの罪を認め、これを文書にし、粗布の寛衣で祭壇の前に伸展平伏して、処罰を懇願した。この場に参集したリヨン大司教アゴバルドゥスやランス大司教エボンなどのカロリング教会の名だたる司教たちが量刑を宣言し、ついで皇帝の地位の標章である軍帯と指揮杖《じょう》を祭壇に返還することで神への謝罪をおこなった。そして贖罪の務めを終えた翌年春には、再び武人の地位に復帰する儀礼がサン・ドニ修道院で執り行われた。

ルイ敬虔帝の二度の事例は、贖罪行為が政治的紛争を解消する手段として利用された代表的な例である。

第五章　修道院の経済活動

コルンバヌスが仲間とともに五九一年にガリアに到着し、ブルゴーニュ北部にアンヌグレ、リュクスーユ、フォンテーヌと、さほど時をおかず一連の修道院を建設したことは、先に述べた。その際、これら修道院の立地についても言及したことを読者は覚えておられるだろうか。アンヌグレについては「かつての朽ち果てた要塞（castrum）があった」ところであり、リュクスーユは「かつては古い堅固な防壁をそなえた要塞（castrum）」の場所であった。両者とも、人跡未踏の荒蕪地《こうぶち》に建てられたのではなかった。両者ともにローマ時代の軍隊駐屯地であった場所に立地したのである。

これらは特別の事例ではない。七世紀以降の修道院建設は五世紀と異なり、都市近郊ではなく、コルンバヌスたちが先鞭《せんべん》をつけたように、司教座都市から離れた田園的環境に建てられた。これは七世紀の多くの聖人伝から明瞭に読み取れる傾向である。ハルトムート・アツマは初期ガリアの修道制を概観した優れた論文において、七世紀末までガリアには概数で五五〇の修道院が建てられたが、その内訳は六世紀末までがおよそ二二〇、七世紀に三二〇であったことを明らかにした。六世紀末までは北ガリアと南ガリアで、ほぼ均等のそれぞれ一一〇の修道院創建が見られたが、七世紀には南ガリアでは九〇、北ガリアでは二三〇と、北ガリアでの創建が顕著となる。

そして七世紀北ガリアでのそれは、多くがコルンバヌスが創建した修道院のように、田園的環境への立地が特徴的であった。また、その場所は何らかの時代的に先行する、すなわちかつてローマ時代にヴィラ経営がおこなわれていて、それが荒廃し放棄された場所であった。ルアンに近いノルマンディのサン・ワンドリーユ修道院は荒蕪地と描写されながらも、「水車」の残骸が見られる場所であったのだ。

このように考えると、七世紀にコルンバヌスによって口火を切られた田園的景観の只中《ただなか》への修道院建設は、実体としてローマ末期に放棄された生産施設の再占取、復興運動としてとらえられるのではないか、というのが私の仮説である。七世紀から顕著となる経済組織としての修道院の成長は、その書物生産を中核とする文化活動を支えることになる。

フランク国家の四首都の意味

1　いかにして修道院は巨大領主に成長したか

霊的修行に日夜勤しむ人々の共同体を、「領主」と表現するのはいかにも見当違いの感があるが、しかしこの霊的共同体がかちえた政治的、社会・経済的そして文化的ステータスを考慮するならば、あながち的外れな形容とはいえないのである。

修道院の大領主としての出現は、ヨーロッパの各地にあった数多くの修道院に当てはまる事態であるが、それが最も先進的かつ典型的に生じたのは現在のロワール川とライン川で南北を区切られた地帯であった。ここはフランク国家の中核地帯を構成し、宮廷をはじめとする政治権力の所在地や、サン・ジェルマン・デ・プレ、サン・ドニ、プリュム、サン・ベルタン、サン・マルタン（トゥールの）などの極めつきの大修道院が登場した領域でもあった。以下の議論は差し当たり、この地帯の修道院を念頭においてのものである。

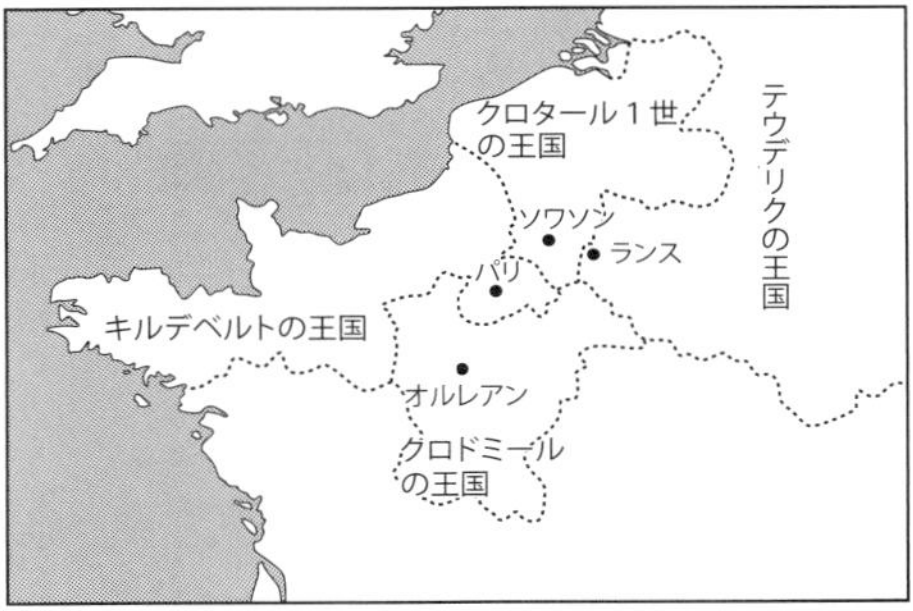

図５―１　511年の四分王国

さて、五一一年にフランク国家の最初の国王クローヴィスが死没するとその国家は、テウデリク、クロドミール、キルデベルト、クロタールの四人の息子たちのあいだで四分割され、それぞれが独自の首都をそなえたいわゆる四分王国を建てたのである。テウデリクはランスを首都とする分王国を、クロドミールはオルレアンを首都にするそれ、キルデベルトはパリを首都にする分国を、クロタールはソワソンを首都とする分国を領した。図5－1を参照していただければわかるように、パリを中心にたかだか半径一〇〇キロ圏内に「首都」がひしめきあっているのである。いかに「分王国」というかりそめの政治構成体であるとしても、それぞれの政治センターがこれほど近接している事態は、まことに異様であり、何か隠れた理由があるのではないかと思わせるものがある。

私の解釈は以下のようである。すなわちメロヴィング国家草創期には、フランク王権がそれぞれの家臣に分与する土地として自由にしえたのは、旧ローマ帝国の国家領であり、それはオルレアン、パリ、ソワソン、ランスと、のちに「イル・ド・フランス」と称される地味豊かで開墾が進んだ地域に限られた。とりあえずこの地帯を四分割し、それぞれの後背地を領国とするという形で、分国の枠組みが構成されたというプロセスの反映ではないかというものである。

最近の考古学研究の進展は、パリ北郊のロワシー国際空港のあたりは、ガリア時代からシャルルマーニュ時代まで、定住の連続を確認している。

フランク貴族層の所領形成

本書の第三章で触れたように、フランク国家の貴族身分はいまだ明確な輪郭をそなえていない存在であった。史料のうえで、フランク国家の貴族としてくっきりとその姿を現すのは、クローヴィスから三、四世代を経た後の、孫あるいは曽孫の治世においてであった。時あたかも聖コルンバヌスが大陸に到着した時期である。

五八四年にパリを拠点としたネウストリア（西）分王国のキルペリクが暗殺されたのを契機に、分王国間の内紛が約三〇年間にわたって続き、最後にキルペリクの遺児クロタール二世が、旧ネウストリア政権を中心にメロヴィング国家の統一をはたした。その結果メロヴィング国家のなかで権力の再編成がおこなわれ、クロタールの新政権に協力した各地の有力な従士や、新たにこの政権に付き従おうとした豪族勢力が、パリ周辺に国家領の一部を与えられて定着した。その折、ベルギーのサリー・フランク人の土地やソワソン地方から、大挙して有力者集団の移住が起こったと、一九五〇年代の研究でベルゲングルーエンが指摘している。

前に述べたパリの東郊ブリ地方にファールムティエ、ジュアール、ルベなどの一連のコルンバヌス系修道院を創建したブルグンドファロやカグネリクスが属したファロ門閥、アウタリウス門閥はそうしたサリー・フランク人の土地からおそらくブルグンド地方への野心を懐いて、この地方の入口に移り住み、クロタール二世の恩顧に浴した人々であった。彼らは国王から賦与された領地を基盤にして、周辺の開墾や購入などにより所領を拡大していったものと思われる。

修道院所領の構築とその様相

修道院がどのようにして所領を形成していったかを具体的に示す一例が、ルアンの近くに創

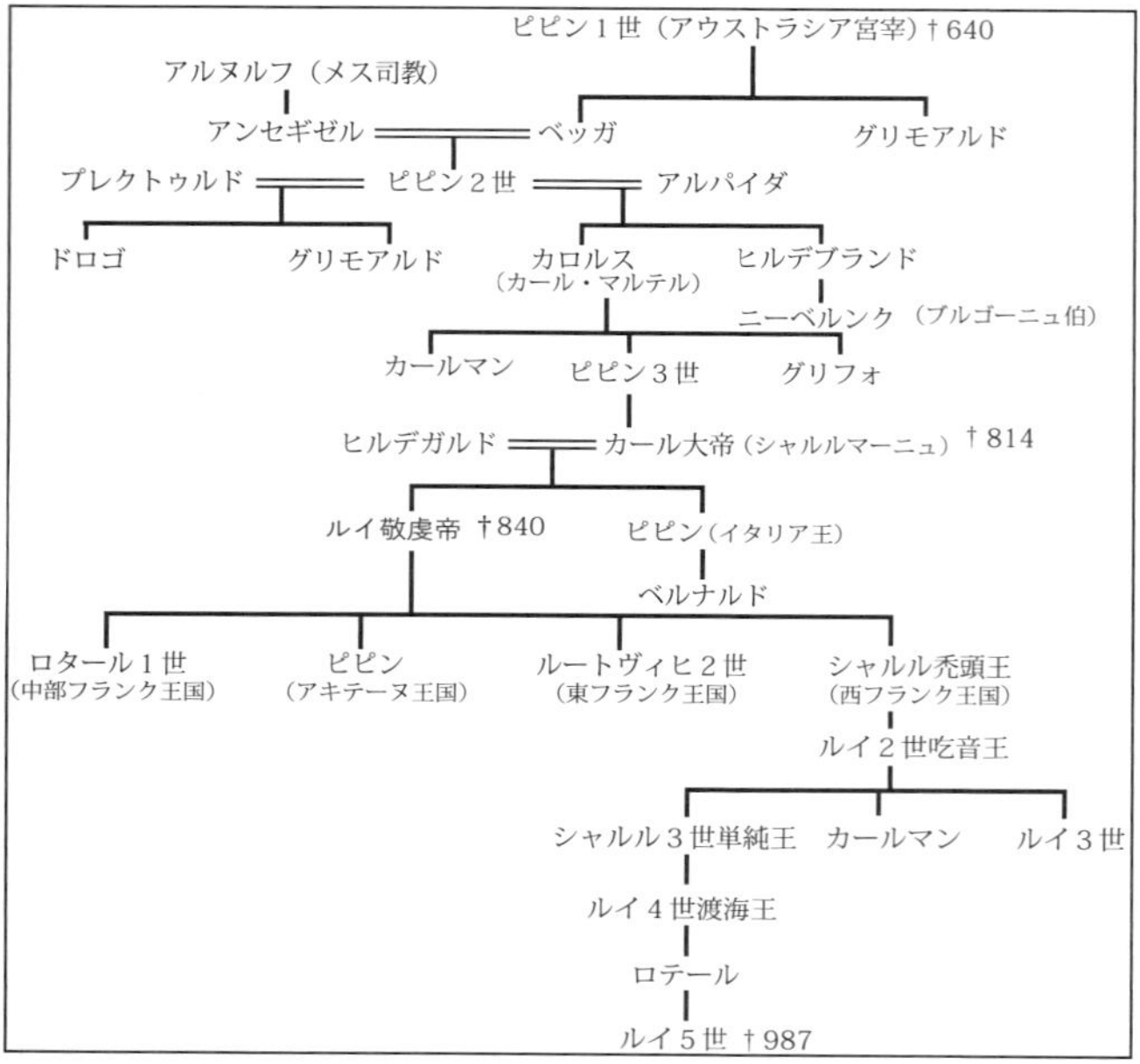

図5―2　カロリング朝

建されたサン・ワンドリーユ（別名フォントネル）修道院（図5―3）である。この修道院についてはすでに第三章で言及したが、なるべく重複を避けながら初期の所領獲得の経過を説明することにする。

　この修道院に伝来している『歴代院長事績録 *Gesta abbatum Fontanellensium*』は、最終的に八四〇年代に成立した記録であるが、ここには歴代院長ごとに特筆すべき事績が述べられ、当該院長の在職期に寄進などにより獲得した所領が記録されている。八二〇年代に当時の院長であったアンセギススの命令により、サン・ワンドリーユの修道士が修道院の文書庫に保管されている古文書をもとに完成させたことが記されている。

修道院建設用の敷地は、この土地の所有者であった宮宰エルキノアルドゥスから「購入」したことによって取得したものであった。六四五年のことである。具体的な所領の拡大の様相は、その後半世紀ほど沈黙に包まれている。にわかに活発になるのは、カロリング家の前身ピピン一門がピピン二世の代にアウストラシア（東）分王国の宮宰となって政治の実権を掌握し、テルトリィの戦い（六八七年）でネウストリア＝ブルグンド分王国軍に勝利した後のことである。ピピンはネウストリア＝ブルグンド分王国への覇権拡張を狙って、後者の西端に位置するルアン地方から切り崩しに着手した。

図5―3　サン・ワンドリーユ修道院教会堂の廃墟

すなわちルアン大司教に、ピピン一門の人物と思しきグリフォを送り込み、七〇一年にはテルアンヌ司教であったバイヌスを、サ

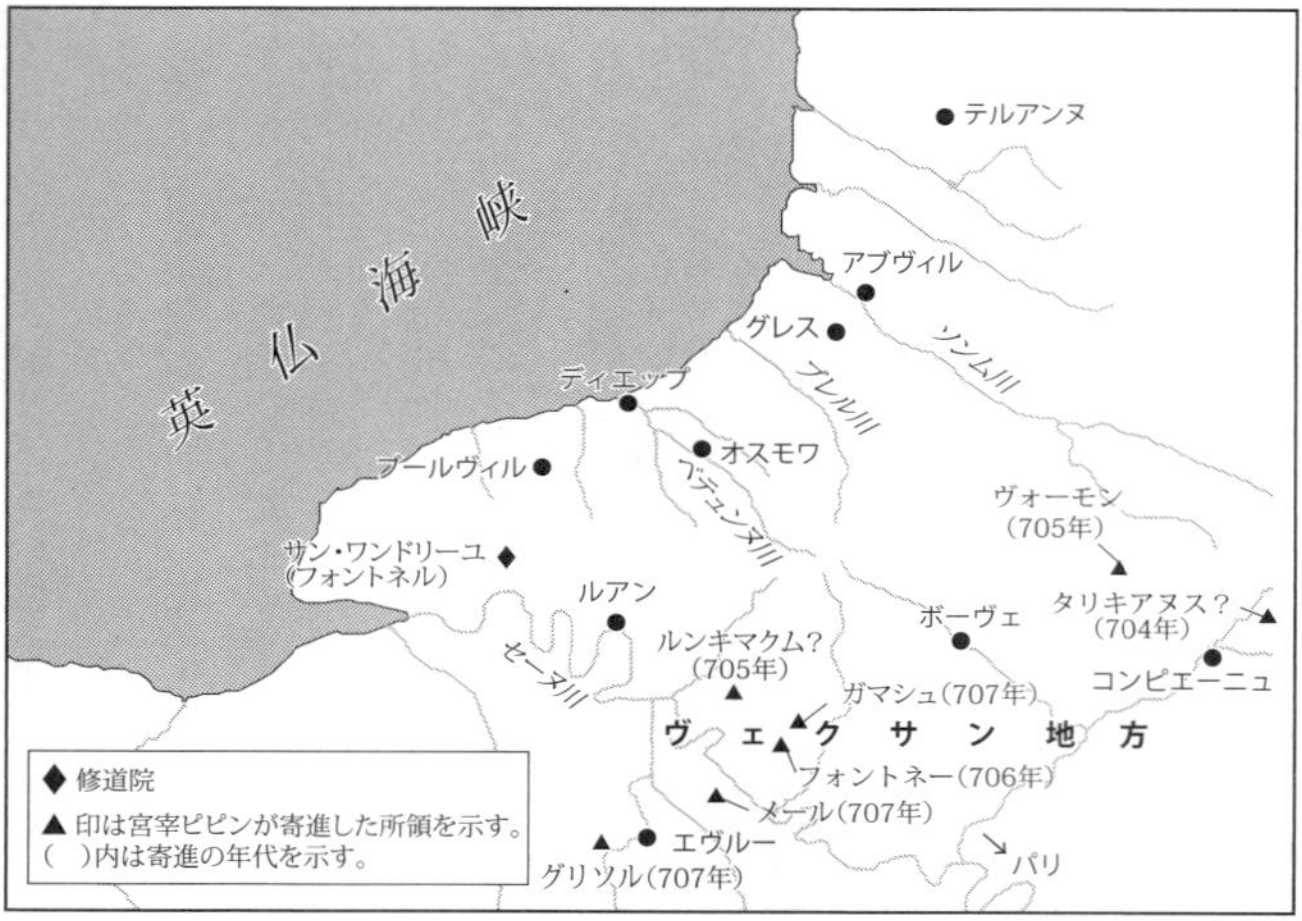

図5―4　宮宰ピピンがサン・ワンドリーユ修道院に与えた所領

ン・ワンドリーユ修道院長に任命したのである。そのうえで、七〇三年から七〇七年にかけてボーヴェ、ヴェクサン、エヴルーなどのルアンに隣接するか、比較的近い場所に位置する七所領（タリキアヌス、ヴォーモン、ルンキマクム、フォントネー、ガマシュ、メール、グリソル）を寄進している。興味深いのはピピンの上に立って、当時三つの分王国全体を支配していた国王キルデベルト三世が、七〇四年に三つの異なる所領を、それぞれ別個の寄進状で贈与していることである。ピピンによる七〇三年のボーヴェ地方とエヴルー地方の寄進が引き金になって始まった、影響力確保の対抗策だったとしても、国王の側はそれ以後は息切れしてしまったようである。

　このほかに俗人の大土地所有者による寄進が、七〇一年にエルケヌルフスによりオスモワ（ディエップに近いベテュンヌ川沿いの土地）、七〇五年に同じく俗人のレウトブランドゥスがエヴルー地方の、シクボルドゥスがディエップに近いブールヴィルの、七〇六年にヨルドがソンム川のアブヴィルに近いグレスの所領を寄進している。

このように修道院所領の構築は、おもに寄進によってなされたが、それは必ずしも寄進者側の自発的な動機に発していたとは限らない。後で述べるように農業経営上、とくに物資流通の面から必要な拠点を獲得するために、修道院側が寄進を強く求める場合も少なくなかったのである。

トゥールのサン・マルタン修道院の場合

ノルマンディ地方のサン・ワンドリーユ修道院について見たような、国王、権勢者、地方の大土地所有者と思しき有力者、そして何よりもその修道院の創建家門からの土地寄進が、修道院の所領形成の一般的形式であった。だが特殊な条件におかれた地方では、公権力の保持者であった王権が「公的賦課」、すなわち一定地域の租税徴収の権利を、修道院に与えることで、所領構築がはたされる場合があった。そのひとつがトゥールのサン・マルタン修道院である。

現在のフランスは、ローマ帝国のもとでガリアとして属州組織に位置づけられていた。末期ローマにおける帝国統治組織の解体過程の特徴は、それぞれの地域が異なる時間的ペースと様相のもとで変容を遂げたという点にある。その多様性は、属州単位で異なっていただけでなく、属州内部のよりローカルな空間的枠組みでも多様であった。この点を押さえておかないと、ローマ帝国の後継国家の歴史を正確に理解できない。

この面から見たとき、メロヴィング朝フランク国家として出発したフランク人の政治構成体の大きな特徴は、極度に分節化された社会であったという点にある。統治組織のある構成要素が、ある地域には存在し、他の地域には存在しないといった統治面での非斉一性が構造的な特徴であった。どこを切っても断面が同じ金太郎飴《あめ》のように構成されている、近代以後の国家組織とは根本的に異質な姿を示していた。

私が一九九七年に出版した『修道院と農民』は、七世紀後半にトゥールのサン・マルタン修道院が毎年その領民から賦課を徴収するさいに、現場で用いられた文書の断片群を分析した研究であるが、そこから導き出された仮説的な結論は、農民から徴収されている賦課は、元来領主制的な地代ではなく、公的な賦課、すなわち租税に起源を発する賦課であるとするものであった。これをもとにフランス語と英語で国際的な雑誌に発表した論文の内容は、この問題の標準的な見方として国際学界で受けとめられている。

古代末期から中世初期への移行過程をビザンティン世界や北欧、北アフリカをも含めて考察した「ランドマーク」的大著と評されるクリス・ウィッカムの『中世初期の枠組みを作る』(二〇〇五年)は、サン・マルタンのこの文書群に触れて、「租税」(アグラリウム agrarium と称された)徴収の権利を同修道院への賦課として譲渡されたのは、六三〇年代のダゴベルト一世の時代であったと述べている。さまざまの史料の記述から、トゥール地方とこれに隣接するル・マン地方やアンジェ地方で、こうした古代の租税制度が七世紀まで存続した形跡が見られるが、なぜフランスの西部でこうした特異な現象が見られるのかは、まだ突きとめられていない。

いずれにしても、修道院のなかには国王が設定したインムニタス（不輸不入特権）によって、元来租税に起源をもつ収入を時代の展開のなかで、「地代」という荘園《しょうえん》制的な所得として意味づけて、経済基盤を構築した事例もあったのである。

2　修道院経済の仕組み

史料としての所領明細帳

西洋の経済史を論ずる場合、修道院の存在は極めて重要な位置を占めている。その理由は、われわれが中世の初発の段階での経済現象を、事実に基づいて理解しようとするとき、最も豊富にその素材を提供してくれるのが、修道院が所領経済の管理のために作成した台帳、すなわち「所領明細帳 Polyptyque」と称される史料だからである。これは常日頃から文字を記録することに慣れ親しんだ修道士集団の組織である修道院であったからこそ、可能であったともいえる。

所領明細帳のほかに、所領の構造を垣間《かいま》見せてくれる国王証書や、寄進状、私的な売買文書、文書作成の範例となる書式集などの記録も存在するが、やはり何といっても所領明細帳がそなえている具体性、直接性には遠く及ばない。

現在所領明細帳の名前で知られているのは二〇点ほどで、ごく断片的なものからサン・ジェルマン・デ・プレ修道院のそれのように、二五の所領が記載され、二八〇〇世帯合計一万人以上の家族構成、身分、地代や賦役の負担などが詳しく記載されている浩瀚《こうかん》なものまで多様である。

戦後日本の西洋経済史学

所領明細帳を基礎史料にしての、修道院所領の精緻な研究は我が国の研究者、とくに森本芳樹《もりもとよしき》や丹下《たんげ》栄《さかえ》の業績が国際的にも知られている。戦後の我が国の西洋経済史学は、大塚久雄《おおつかひさお》と高橋幸八郎《たかはしこうはちろう》が提起した世にいう「大塚・高橋理論」が牽引役《けんいんやく》となって展開されたが、そのなかで中世初期の修道院領が、荘園制の初期段階の経済・経営組織として重視された。経済体制が古代の奴隷制から中世の農奴制に移行する中間の段階として、言いかえると初期荘園制の段階がその後の西洋経済の方向性を決定する意味をもったとされたのである。ほかならぬ修道院所領は、中世初期の西ヨーロッパ経済を理解するための、最も重要な対象とされた。そして所領明細帳研究が生み出したのが、「古典荘園制」と称する理論的モデルであった。モデルは所詮《しょせん》モデルでしかないのであるから、史料から浮かび上がるニュアンスに富む現実との齟齬《そご》は免れないのだが、それでもこの段階の荘園制が、奴隷的身分の不自由人が使役される領主直領地と、修道院の有形無形の庇護のもとに暮らし、自分の農地のほかに、割り当てられた修道院領の一部の耕作を受けもった農民保有地、この二つの異なる要素からなるという点は、古典荘園制の特徴とされ、一時期通説としての地位を確立した。

こうした解釈は、当時西洋経済史学を支配していたマルクス主義的歴史理解とも調和的であった。奴隷身分の人々の労働で支えられていた領主直領地は、古代の奴隷制の名残りとして解釈することを可能にし、農民保有地はのちの農奴制の先駆形態と位置づけるならば、古典荘園制の過渡的、しかし経済的進化のために必ず通らなければならない段階としての意義は、説得的であるかのように見える。

二つの問題

マルクス主義的色彩の社会経済的進化説を濃厚に湛《たた》えた前記の理論に関しては、しかしながら一九九〇年代からとくに二つの点から批判がなされるようになった。ひとつは中世以後の経済史の出発点に、どのような社会構成を想定するかという点である。ローマ帝国が崩壊した時点での農業生産の主要な様式は、奴隷労働が基調であったというのが標準理論であったが、それに代わって古代末期にはすでに農業生産の主力となったのは、土地を所有する自由農民であったとする見方が、精緻な地域史研究を基礎にして強く主張されるようになったのである。

もう一点は古典荘園制の特徴とされる領主直領地と農民保有地の二分法的構成の形成過程についての批判である。古典荘園は、旧説では奴隷的生産様式が解体する過程で形成されていった組織であるから、時間的に、また論理的にも奴隷労働に支えられた直領地が最初にあったのであり、のちに自由な農民を取り込む形で農民保有地の部分が形成されていったと考えた。史料的根拠に基づくというより、むしろ論理的想定として打ちだされたこうした見方に、疑義が呈されるようになったのである。

この点については、六二七年の日付をもつパリのサン・ドニ修道院への、ボーヴェ地方の土地遺贈の文書の分析を通して、私自身が疑問を提起したことがある（巻末〔外国語文献〕SATO, “Les implantations”）。その文書には、七世紀前半の所領整備の一環として、直領地が事後的に創設されたと解釈しうる記述が見られるのである。

このことは最近ますます強く主張されてきている説、つまりカロリング朝期の所領の生産活動が、さまざまな市場を目当てに実践されたとする見解とぴったりと平仄《ひょうそく》が合うのである。こうした点からも、中世初期を通じて荘園経済が自給自足的な自然経済であったとする、発展段階説に縛られた先入見とは完全に訣別《けつべつ》しなければならないと思われる。

ヨーロッパの初期中世世界を、経済面で市場や交換・流通とは無縁の「自然経済」、「自給自足」的な経済が支配的であったとみなす研究者は、どのような学問的立場を取ろうといまや存在しない。時期によりその活発さの度合いに起伏があり、また市場の成熟度や、運搬・流通の技術的条件や総量がどれほどであったかについての評価は分かれるにしても、この時代の経済の本質についての認識は、財貨の交換が一般的な交換経済であったと見ることで、歴史家の見解は一致している。

こうした認識を個別研究に基づいて、我が国で先駆的に論じたのが、丹下栄が著した『中世初期の所領経済と市場』（二〇〇二年）である。そこで丹下が具体的な素材として取り上げたのが修道院関連の記録である。すでに述べたように、とくにパリ地方に巨大な所領を所有していたサン・ジェルマン・デ・プレ修道院は、二八〇〇世帯、一万人を超える領民をかかえ、その生産活動と収穫物の運搬や葡萄酒《ぶどうしゅ》の販路まで詳細に記録した所領明細帳は、修道院経済の生き生きとした姿を伝えている。さらに最近の欧米における研究動向を踏まえて、丹下は八二二年に作成されたコルビィ修道院長アダルハルドゥスの『規則書』の分析を通して、この時代の修道院経済における「合理性」志向にも説き及んでいる。

サン・ジェルマン・デ・プレ修道院所領の穀物生産がどれほどであり、そこから修道院が収入としてどれほどの額を得ていたかの正確な数字は残念ながら存在しない。だが、それがとてつもなく巨大な数字となることは容易に想像できる。さらにトレド大司教エリパンドゥスは、トゥールのサン・マルタン修道院長であったアルクイヌス宛の書簡（七九九年一〇月付）のなかで、アルクイヌスが「二万人の領民 viginti milia servorum」を擁していると述べているが、この二万という数字はたとえ誇張があったとしても、サン・マルタン修道院の生産組織がいかに巨大であったかをうかがわしめるに十分である。サン・マルタン修道院には所領明細帳は伝来していない。しかし、アキテーヌ（アクイタニア）王ピピン一世が発給した八二八年のある文書には、アルクイヌスがサン・マルタン修道院長時代に、同修道院の所領明細帳を作成した事実が伝えられている。

古典荘園型構造の所領において、農民保有地に比べて直領地のほうが市場目当ての穀物生産に、より柔軟に適応したと考えられているが、それは農民保有地がおもに周辺保有農民の賦役労働に依存して耕作されていて、領主が自由に投下すべき労働を増やすことができなかったからである。その点直領地は奴隷や農村の賃労働者などを使って自由に生産を増やすことができ、市場向けの生産により好適であったといえるのである。中世初期社会において季節的な農業賃労働者が広く存在していたことは、学界の通念となっている。

修道院の財力

九世紀に北フランスのランスに所在したサン・レミ修道院所領の直領地には、スペルト小麦、ライ麦、小麦、燕麦《えんばく》、大麦の五種類の穀物が、それぞれ異なる分量であるが、合計で七七九三モディウス播種《はしゅ》された。古代ローマの系譜を引く度量衡単位であるモディウスの容量がどれほどかは、大いに議論されているところであるが、通説的な見解によれば、一モディウスがメートル法に換算するならば三四・六リットルである。

一粒の穀物から何粒の収穫が期待されるかという数値は、収穫率と称される。実はこれも以前から論争の対象で確定的な数字は出せないが、低く見積もって二・五がこの時代の数字としては妥当なものと考えられている。ちなみに現在の小麦の収穫率は二四、稲にいたっては一三〇とされているところからすると、二・五という数字がいかに低いかが知れよう。

さて播種量七七九三モディウスを二・五倍することによって、一応の収穫量の数値が得られる。それは一万九四八二・五モディウスである。ここから翌年の播種のために種籾《たねもみ》として七七九三モディウスを控除しておかなければならないから、実際に売却や消費の対象となるのは一万一六八九・五モディウスである。

サン・レミ修道院領の場合は全播種量の九一パーセントが、スペルト小麦と呼ばれる上質の小麦であり、仮にスペルト小麦だけで計算すると収穫量は一万六三七・四モディウスとなる。シャルルマーニュが七九四年にフランクフルトで発布した穀物公定価格令では、小麦一モディウスの値段は四デナリウスと定められているから、これを当てはめるならばサン・レミ修道院領の直領地から収穫されたスペルト小麦だけで、売却価格は総額で四万二五四九・八デナリウスとなる。九世紀フランク国家でのデナリウスとソリドゥスの換算率は一二対一であるから、ソリドゥス貨になおせば三五四五・八ソリドゥスとなる。大雑把《おおざっぱ》にいってソリドゥス金貨三五四五枚という巨額の収入となるのである。これはスペルト小麦以外の一〇パーセントを占める穀物の売却代金を勘定に入れないでの現金収入である。これ以外に葡萄酒や、修道院工房で製造された種々の手工業製品の売却代金も想定しなければならない。葡萄酒の価格は小麦のほぼ二倍である。

少なく見積もってサン・レミ修道院領の直領地からの収入は年額五〇〇〇ソリドゥスを下回ることはないと見積もっても決して過大な数字とはいえないであろう。それは当時において数千ヘクタールの広さの土地を購入できるほどの金額である。

修道院の金融活動

「修道院の金融活動」というと驚かれるか、訝《いぶか》る向きが多いかもしれない。金融活動というからには利子の取得が前提であるが、そうした行為は聖書の教えにもあるように、神学上禁止されていたのではなかったか、と。たしかに一二世紀以降のヨーロッパの経済発展のなかで、商業活動が活発になる一方で、商取引が資本調達をうながし、高利での貸付が蔓延《まんえん》し、そのことが社会のなかで焦点化されるにつれて、議論が活発化した側面も見落としてはならない。聖書の教えがいかに盗みを禁じようと、盗人《ぬすびと》はあとを絶たず、『ルカによる福音書』をはじめとするキリストの教えが利子取得を禁じていようとも、『マタイによる福音書』(二五、一四―三〇)

は、利子取得を肯定的にとらえていると読める教えもあり、必ずしも首尾一貫しているわけではない。現実には利子取得付きの金貸しは、日常的に平凡な実践としておこなわれていたのである。

六世紀の末に、トゥール司教グレゴリウスは一連の聖人伝を著したが、この作品の冒頭にあるコンダ修道院（ジュラ地方）院長ルピキヌスとロマヌスの伝記は次のように始まる。「福音の教えがわれわれに命じているのは、主人の寛大な意向による金銭は、両替商のもとに預けられれば、主の思し召しにより正当で実りある果実として殖えるということであり、それゆえ深い井戸のなかに隠され腐蝕《ふしょく》するがままにしてはならず、理に合った使用をし、利益が永遠の生の勝利のうちに殖えるようにすべきである」、として『マタイによる福音書』の一節を引用している。このことは、グレゴリウスの時代に利息付き金銭貸借という行為が、何ら批判の対象となることはなかったことを示している。同じ著者による『歴史十書』には、利息付きの金銭貸借の事例がいくつも挙げられており、常日頃ふつうにおこなわれていたのである。メロヴィング王朝期に成立したある書式には、利率が年三〇パーセントを超えてはならない旨が記されている。

古代末期から中世初期の教会人や修道士たちの思考に、経済的合理性や利息の観念がいかに深く埋め込まれていたかを詳細に解明したヴァレンティナ・トネアットの近著『神の銀行家』は、退蔵された富は悪《あ》しき財貨（貪欲《どんよく》 avaritia）であり、富はいかなる形であれ流通させることにより、善をもたらすのだという思想に染められていたという。そこでは利息付き金銭貸借は、金融活動の促進要因でありこそすれ、利率が合理的であるかぎり、何ら非難される行為とはみなされなかったのである。

したがって修道院に伝来するカーチュラリィと呼ばれる「謄本記録集」のなかに、かなりの数の金銭貸与の証書が見られるのは奇異なことではない。たとえばブルターニュ地方南部のルドン修道院では、八一〇年から八七〇年まで売買文書四五点に対して、一八点の貸付文書が存在している。クリュニー修道院では九世紀末から約一世紀のあいだに四〇点が知られている。そのほかにも同様の例がイタリアやドイツでも知られている。

重要なのは文書で示される件数そのものではなく、修道院が利息付き金銭貸借にかなり頻繁に手を染めていたということである。シュテファン・エスダースは、南ドイツのライヒェナウ修道院に伝来する九世紀の文書のなかに、国庫への莫大な額の請負支払いを負担した富裕層に対して、修道院が恒常的に資金の調達を担保したと推測させる記録が残されており、金銭の貸与は一時的なものではなく、定常的な活動であったと論じている。

修道院の写本制作は多額の出費を必要とする。修道院の金融活動は貴重な財源として役立ったにちがいない。

特別な修道院は造幣権も特権として認められた。造幣は実入りの多い活動である。造幣に要した費用と、打造した貨幣の名目価値の差額が収入となるのである。

カロリング朝期は造幣権が国王特権として、国家に留保されていた。だが九三一年に国王ラウルが賦与した特権状の文言から、トゥールのサン・マルタンが以前から造幣特権を与えられていたことが知られる。詳しい実態は不明だがピピン三世とシャルルマーニュの治世に、それぞれ二人の王の名前を刻み、「聖マルティヌスの sancti martini」の銘文をもったドゥニエ貨が発見されているところから、実際に貨幣の発行を修道院自身がおこなっていた蓋然性は高いのである。この点は、修道院の金融活動とセットになった仕組みとして考えなければならないのである。

第六章　筆写による古典作品の保存と写本制作

1　初期の写本制作と修道院

神の言葉を伝える聖典を信仰のよりどころにするユダヤ教、キリスト教、イスラームはしばしば「啓典宗教」と呼ばれる。旧約聖書、新約聖書、クルアーン（コーラン）などが、そうした神の啓示を伝える書物である。このなかでもユダヤ教の世界観と思想の流れを汲《く》むキリスト教は、とりわけ書物との親和性が高い宗教である。このことを象徴的に示しているのが、四世紀の聖ヒエロニュムスである。彼はギリシア語で書かれた「新約聖書」と、紀元前三世紀中頃からアレキサンドリアで開始され、二世紀半をかけて完成した旧約聖書のいわゆる「七十人訳聖書」とを、独力でラテン語に翻訳したことで知られている。

「はじめに」でも触れたように、みずからの宗教思想の深化と陶冶のために、アンブロシウスやアウグスティヌスをはじめとする教父たちに見られるように、キリスト教徒たちは進んでヘブライ人の思想やギリシアの哲学者たちの著作に学び、それらを咀嚼《そしゃく》し、これをキリスト教神学の彫琢《ちょうたく》に振り向けた。キリスト教にとって神の言葉を伝える「聖書」ばかりでなく、その言葉の「真意」を正しく解釈するためには、多様な思想に学ぶことは欠かせない知的態度であったといえよう。その意味でキリスト教徒にとって、学ぶべき思想、信仰の貯水池でもあった書物との絶えざる接触は、この宗教の本質と深く結びついた挙措であった。

最初期のエジプトとガリア

四世紀前半のエジプト砂漠の修道士パコミウスの戒律には、修道士の務めとして筆写作業は挙げられていない。しかし、四世紀後半から五世紀前半にかけて、上エジプトで禁欲修行の指導的な役割をはたした聖シェヌーテ（三六〇年頃－四五〇年頃）の修道院では、聖書や信仰関連の書物の筆写がおこなわれ、美しい挿画が添えられていたとされる。もはや修道士がいなくなったテーベに近いアトリプのこの修道院を、一九世紀に訪れたフランスのある研究者は「この修道院遺跡には今でも、類縁関係が明らかで、同じ書体で素晴らしい装飾を施された文字で書かれた写本が残されていて、このアトリプの修道院には長い期間にわたり筆写の作業をおこなった学校が存在したことを確認させてくれる」と記している。

それらは最も早い時期のコプト語の作品であり、鞣皮紙《じゅうひし》（羊をはじめとする動物の皮を鞣《なめ》して作った料紙）ではなくパピルス紙を書冊状に綴《と》じた写本である。それらは現在イタリアのトリーノや英国、米国の博物館、図書館などに収蔵されている。

ガリアの聖人マルティヌスは、三七〇年頃にトゥール司教に選出され、やむなくこの教会の高位官職を引き受けたものの、修道士としての実践を放棄すること止《や》みがたく、ロワール川沿いのトゥールから少し上流の右岸にマールムティエ修道院を建設した。司教としての職務のかたわら、時間を見つけてここで修道生活を実践したのである。この修道院の特徴は、司牧活動と霊的修行以外は、あげて知的活動に捧げられたことである。その眼目をなしたのが筆写活動であった。

マールムティエにはそれまでガリアの共住修道院にはなかった図書室兼書写室が設けられた。修道士はみずからが修道誓願をおこなうとき、すべての財産を修道院に贈与することを求められたが、こうして集められた財産は共同の財産として管理され、その運用を務めとする専門の役職者がいたとされている。この共同財産と信徒からの日常の喜捨が財源となって、書写活動を含めた修道生活が営まれたのであった。この仕組みはカッシオドルスのウィウァリウム修道院でも採用された。修行の一環としての筆写作業や、書写室の設置もマールムティエがガリアで最初であったと考えてもよいであろう。

南イタリア

六世紀に、カッシオドルスが南イタリアのカラブリア地方に建設したウィウァリウム修道院は、すでに第一章で触れたように当初から非常に整った形の学問研究のための修道院の趣を呈していた。図書室と書写室（図6－1）の二つが独立して設えられ、図書室にはラテン語とギリシア語の蔵書が収蔵されていて、手元に書物がない場合は、たとえば北アフリカにまで探索のために修道士を派遣したのであった。

興味深いのは、この書写室で生み出された写本が、商品として売買されることも許されていたという点である。カッシオドルスが写字生に対して、金銭のためにだけ働くことがないようにとの戒めの言葉をおくっているところから、そのことがうかがわれるのである。

カッシオドルスの教育は聖俗双方の書物を重視したことである。キリストの教えを深めるために、聖書の注解作業を督励したのはその表れといえるが、これとならんで文学や哲学などの世俗の作品を軽視することはなかった。ギリシア・ローマの世俗の古典作品の多くは失われてしまったが、残されているものの一部は、カッシオドルスに代表されるような世俗文献にも等しく目を向けるという対応のおかげともいえるであろう。

カッシオドルスは信仰に関わる文献の筆写にあたって、写字生は常に最も古い写本に依拠すべきであると主張している。最も古い写本が、最も正しいテクストを伝えているとする確信をもっていたのである。しかし初歩的な誤りや、句読法、正字法に過誤があれば、躊躇《ちゅうちょ》なく訂正すべきであるという考えの持ち主であった。

　正字法については、約二五〇年後にシャルルマーニュの師傅であったアルクイヌスが『正字法について *De Orthographia*』と題する論文を書いたが、アルクイヌスの場合は不正確な綴《つづ》り字では、神の真意を正確に伝えることができないと、信仰上の理由を明らかにしているが、カッシオドルスの場合は、文献学的正確さという世俗的な価値を重視する傾きがより強かったように思われる。

図6―1　執筆する教皇グレゴリウス1世と3人の書記（象牙折板）（ウィーン美術史博物館）

アイルランド

アイルランドのキリスト教化は、四三一年にローマ教皇ケレスティヌスがこの島にすでに存在していたキリスト教徒の組織を統率する初代司教としてパッラディウスを派遣したという事実に基づいて、遅くとも五世紀中頃には想定できるであろう。むろん教化の度合いは一律ではなく、異教の名残りを色濃くとどめている地方もあれば、聖書をはじめとする独自の筆写活動や写本制作を実践するまでに、思想と習慣を深く染め上げられた地方もあったであろう。アイルランド東部のアイリッシュ海に面したレンスター地方やアルスター地方は、キリスト教化が比較的早くに展開された地方であった。すでに来歴を詳しく紹介した聖コルンバヌスは、レンスター地方に生を享けた人物であった。彼が書き残したラテン語の書体は、同時代のラテン語というより、一世紀前のラテン語の文体上の特徴を帯びていて、この時代の著作を読み、入念に研究したことをうかがわせる。

ラテン古書体学の第一人者であったベルンハルト・ビショッフは、その著作『西洋写本学』（邦題）において、確実にアイルランド人の手になるラテン語書体の初期の実例として、スプリングマウントの泥炭地から出土した『詩篇』の一部を記した蠟板《ろうばん》（図6－2）や、福音書写本（「アッシャー・コーデクス」）を挙げている。

ビショッフは蠟板（『詩篇』三〇－三二）に関して六世紀末を下限年代として提示しているが、

図6―2　蠟版に記された『詩篇』30―32（CLA S. 1684）

米国の古書体学者J・ブラウンは、この蠟板はおそらく短い旅に出た聖職者か修道士が携行していたものと推定し、この書体が蠟板という支持素材（文字がその上に書かれる材料のこと）としては書きにくい媒体で、また鉄筆という使用が困難な用具を使っているにもかかわらず、熟達した優れた書体で書かれており、その背後にはある程度の書写の伝統が培われていたにちがいないと見ている。

ここで少しラテン語書体について解説をしておきたい。古代ローマ人が使用したローマ字の字体を、「書体」という言葉で表現するが、これは大きく楷書《かいしょ》体と草書体に分けられる。文学や哲学、宗教関係のいわゆる写本などで用いられるのが楷書体であり、それ以外の日常の用務の記録に用いられるのが草書体である。

楷書体であれ草書体であれ、書字を構成する基本的な要素は、ラテン語で「デュクトゥス ductus」と表現される線引き行為であり、これは引くべき線の順序、つまり書き順と、線の方向によって決定される。「書字とはおしなべて引かれた線により構築されるが、線を引く動きは目による統制を受けながら、手の動きのメカニズムにより決定され、所与の字形を変えることなく、新たなデュクトゥスで、新しい

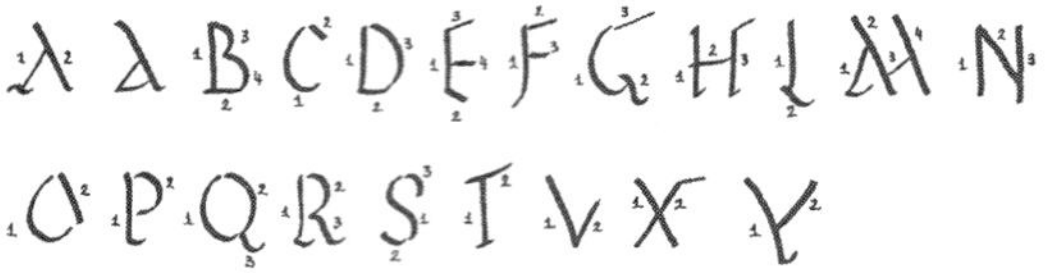
キャピタル書体

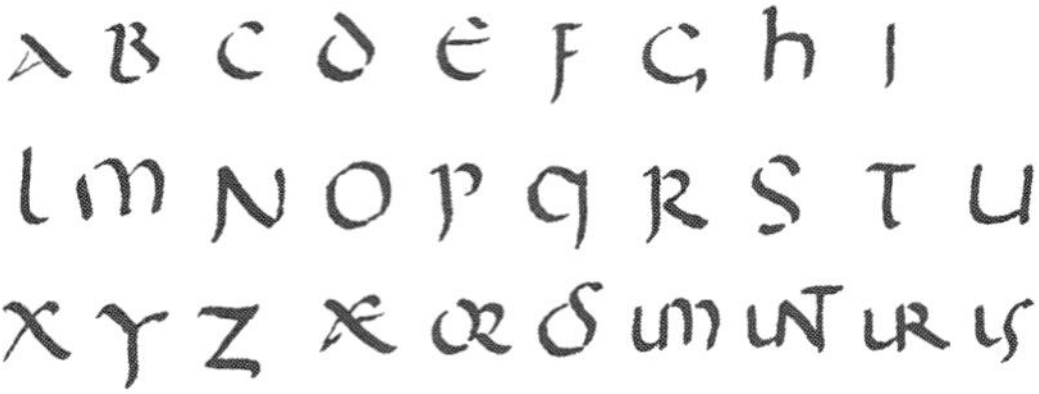
アンシアル書体（4—5世紀頃）

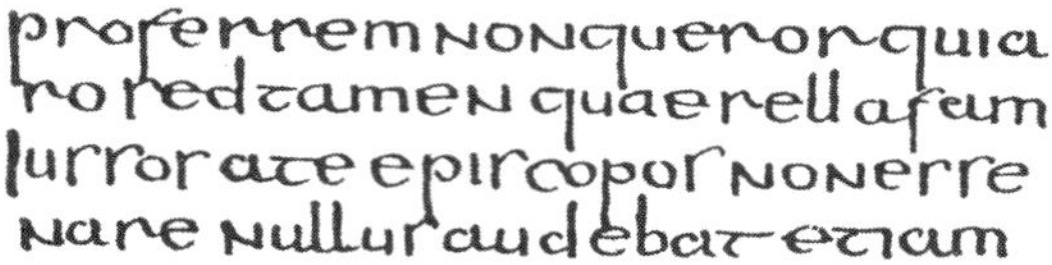
半アンシアル書体（6世紀はじめ）

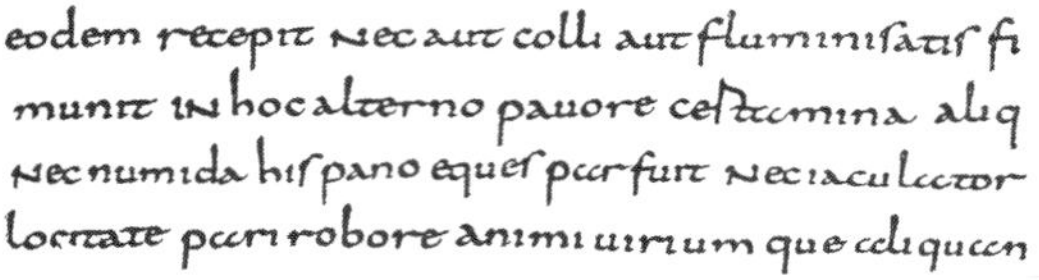
カロリング小文字書体（9世紀）

図6—3　さまざまな書体の例

書体構築をすることもある」（ジャン・マロン）。つまり書き順や、線引きの方向を変えることとにより新たな書体を生み出すのである。

歴史的に見てラテン語書体は楷書体に関して、キャピタル書体、アンシアル書体、半アンシアル書体と変遷を重ねて、カロリング朝期に成立したカロリング小文字書体でその最も完成された優美さに到達したとされている（図6－3）。デュクトゥスの変化が新しい書体として結晶化するにあたって重要であったのは、草書体であった。草書体における線引きの変化が、楷書体に影響を及ぼし、やがては新たな書体として確立したとされる（ビショッフ）。

ラテン語書体は、この言語が書き言葉として採用された西洋のさまざまの文化圏で土着の文字文化と接触し、それとの交錯の結果、独自のデュクトゥス様式を取るようになり、西ゴート書体や島嶼書体などのローカルな書体が誕生することになった。

さて本題に戻ろう。ブラウンによればラテン語書体の最も古いキャピタル書体と、草書体をもとにして新たに作られたアンシアル書体は、アイルランド写本には見られない。双方ともに比較的字径の大きな書体であり、羇皮紙の経済的使用の面から忌避されたのであろう。使用された書体は島嶼型の半アンシアル書体と島嶼型の小文字書体である。ブラウンは通説とは逆に、島嶼小文字書体をもとに島嶼半アンシアル書体が創り出されたのではないかと推測している。

2　古典作品の継承

巻子本から書冊本へ

カロリング・ルネサンスと称される文芸復興の根幹にあるのは、古典作品が体現する人文主義の復活であった。この運動が開始され、それまで生きながらえた古典作品をルネサンスの知的覚醒《かくせい》のうねりが、大量に筆写し、場合によっては校訂をおこない優れた写本を創り出したわけだが、その数は約一世紀のあいだだけで七〇〇〇点に及んだ。

これに対して、この復興以前、すなわち後期古代からカロリング・ルネサンスが始まるまでの期間に作られた写本は、断片的な形状のものを含めて約一八〇〇点であった。そのほとんどが書冊形式の書物、あるいはその一部または断片であった。ちょうど四世紀頃に、書物の形態がそれまでの巻子本《かんすぼん》（巻物）から、今日われわれがふつうに見なれている冊子形式に転換したのである。これによって必要な箇所を即座に見つけ出すことができるようになったし、索引というはなはだ便利な装置も考え出され、書物文化の一大革新が出現した。

しかしこの変革が、書物文明にとって、その背後に黒々とした大きな影をひそませていた事実を見落としてはならない。つまり巻子本から書冊本への転換に際して、以前存在したすべての巻子本が、新たに書冊本の形式として生き残ったわけではなかろうということである。むしろ新たな形式をとって継承された著作は少数派であり、それまで作品として生み出されたより多くの著作は、巻子本の形で朽ち果てるにまかされたのであった。すでにこの段階で、われわれのもとまで到達する古典作品の選別が意図せずおこなわれていたのである。

これと同じような事態が印刷本から電子書籍への全面的転換（もし起こるとすれば）の際にも生ずることが懸念されるのである。

書物の生産と流通

書物形態の転換期である四世紀には、ある記録によると都市ローマだけで二八の公立図書館が数えられる。貴族が所有するプライヴェートな図書館、あるいは図書室がどれほどの数にのぼったかは、今となっては知るすべはないが、決して少ない数ではなかったことは、さまざまの記述から容易に想像できる。それらのひとつ、カエソニウスという名前の人物が西暦七九年のヴェスヴィオ火山の噴火で埋没したヘルクラネウムの邸宅に所蔵していた図書の例を挙げておこう。黒く炭化した状態で発掘されたその蔵書は、ギリシア語巻子本一八〇〇点、ラテン語巻子本三〇点という内訳であった。貴族身分に属する人々の文字文化との濃密な関係がうかがわれる数字である。

しかし、書物に日常的に接する階層は貴族身分に限らなかった。ローマの教育として「読み書き」にあたる文法学、修辞学、弁証学、そして「ソロバン」にあたる算術、幾何学、天文学、音楽が、七自由学科（リベラル・アーツ）として五世紀後半に成立するが、前者の三学はローマ的人材育成の根幹として長く重視されてきていた。「みずからを完全に律するようになるまでは、他人を統制してはならない」という古代ローマ人の倫理規範は、人格教育の根本をなしていた。そのためには古人のテクストを徹底的に研究し、註釈にまで幅を広げてその思考を体得し、しかるべき国家の官職について統治を委ねられた折に、その知識と判断力を十分に発揮できるよう求められた。大帝国の支配民族であるローマ人にとって、知的練磨と知恵の涵養に書物は欠くべからざる手段であった。

そうした書物を扱う業者としてウィリアリクスと呼ばれる人物と、ガウディオススという名前の二人が記録に登場する。彼らは「スタティオナリウス stationarius」と形容されていて、写本制作工房の経営者であるとともに、みずからも筆写をおこなう写字職人であった。これは営業活動としておこなわれたが、個人が写字職人にしかるべき書物を筆写してもらうよう依頼することもふつうにおこなわれた。三世紀のローマ皇帝ディオクレティアヌスは、書体の格によって最高価格を定めている。ローマの国民詩人であったウェルギリウスの詩文の一行の通常の長さを基準にして、最上質書体で一〇〇行あたり二五デナリウス、上質書体では二〇デナリウス、常用書体では一〇デナリウスが最高価格として定められている。

西ローマ帝国における、こうしたいわば産業としての書物生産の中心は、都市ローマであったが、四一〇年の西ゴート人による都市ローマ劫掠、二〇年におよぶユスティニアヌス帝の旧ローマ国土回復戦争は、文化活動を停滞させ、衰微させることになった。そしてランゴバルド人がイタリア半島北部に覇権を確立した六世紀後半には、私的産業としての書物生産と流通は終焉《しゅうえん》を告げた。

商品として写本が流通するための基盤が、たび重なる戦乱とそれにともなう社会的混乱によって崩壊した六世紀からは、もっぱら教会や修道院が筆写活動と写本制作を担うことになった。こうした状況のなかで、ひとつの問題として浮かび上がってくるのは、写本を筆写によって殖やすことではなく、すでに存在する写本を再配置することで、写本文化、いやむしろ文化そのものといってもよいであろうが、その後の文化的、知的ありようがどのように影響を受けたかという文化史的な問題である。

ローマ貴族が邸宅に所有していた大量の写本は、その後どのような運命を辿ったか、あるいは四世紀ローマにあったとされる二八の公共図書館の膨大な蔵書はその後どうなったかについては、歴史は何も語ってくれない。西暦八〇〇年以前に制作された一八〇〇点の悉皆《しっかい》台帳ともいうべき『古ラテン書冊総覧』に記載されている情報は、それぞれの写本の来歴を確定できている場合も少なからずある。そうした情報から推測を交えて再構成することでその欠を補うより方法がない。

ちなみにCLAは各国のアカデミーが構成する国際機関であるユニオン・アカデミック・アンテルナシオナル（Union Académique Internationale 略称UAI）が一九三〇年に開始し、補遺を含めて一九九二年に完結した国際学術協力の成果である。余談であるが、一九八二年に作られた索引は、書体だけの索引であり、写本史の観点からすると、頗《すこぶ》る不十分なものである。この偉大な集成作業の成果を生かしきれていない印象はいかんともしがたい。

図6―4　「エウギッピウスによる聖アウグスティヌス作品抜粋集」（CLA 1. 16）

さて本題に戻ることにするが、本書第一章でエウギッピウスがナポリ近くのルクラヌムに創建したサン・セヴェリーノ修道院には、すでに書写室があり、かなりの蔵書を所蔵していたらしいと述べたことを、思い起こしていただきたい。

ビショッフの見解では、ヴァチカン図書館蔵「エウギッピウスによる聖アウグスティヌス作品抜粋集」（CLA 1. 16、図6―4）、モンテカッシーノ修道院蔵「偽アンブロシウスによるパウロ書簡」（CLA III. 374a）、バンベルク国立図書館蔵「ヒエロニュムス＝ゲンナディウスによる「偉人伝」ほか」（CLA VIII. 1031）は、いずれも六世紀から六世紀後半にかけてサン・セヴェリーノ修道院で作られ、所蔵されていた写本である。ファクシミリ版で見ても、どれもが美しく整った半アンシアル書体で書写されている。

ヴァチカン写本は、一一世紀の書体で訂正が書き込まれており、その後一六世紀後半の有名な人文主義者フルヴィオ・オルシーニのコレクションに加えられ、最終的にヴァチカン図書館に収められた。一方モンテカッシーノ写本は、西暦五七〇年の日付をもつ司祭ドナトゥスの書き込みがあり、この時点ではサン・セヴェリーノにあったが、その後に流出したと思われ、一六世紀のモンテカッシーノの蔵書票がつけられている。

バンベルク写本は、八世紀後半にアングロ・サクソン人が使用した形跡が見られる。九世紀の教皇庁書体の書き込みがあるところから判断して、九世紀にはローマに所在したものと見られる。おそらく神聖ローマ皇帝ハインリヒ二世（在位一〇〇二－二四年）の時代に、バンベルクの聖堂図書室に収蔵されることになった。

こうした状況から推察するに、サン・セヴェリーノ修道院が所蔵していた写本群は八世紀までに散逸してしまった可能性が高いといわねばならない。

カッシオドルスのウィウァリウム修道院図書館

サン・セヴェリーノ修道院から約半世紀遅れて、南イタリアの先端にあるウィウァリウムに修道院を組織したカッシオドルスの修道院は、これまで繰り返し述べてきたように、もともと聖書研究のセンターとして半ば学問目的で組織された側面が強く、聖書の深い理解には世俗の学問の助けも必要であるという彼自身の考えもあって、キリスト教教父の著作だけでなく、哲学や世俗の文学作品の写本を数多く収集し、そなえていた。

五八五年に彼が歿すると、ウィウァリウム修道院の活力は失われ、五九〇年にランゴバルド人の軍隊がカラブリア地方のレッジョまで進出した折には、この修道院もまた被害を受けたと推測される。教皇の座にあった大グレゴリウス（一世。在位五九〇－六〇四年）はこの八年後に、ある訴訟に関連して、この修道院の修道士を引見しているが、このことから見てもウィウァリウムにはまだ修道士の共同体は存続していたと思われる。
しかし七世紀に入るとその活動の痕跡《こんせき》は見られなくなる。ウィウァリウム修道院の蔵書はいったいどこに消えたかについて、ある研究者は六一二年に創建された北イタリアのボッビオ修道院に移管されたのではないかと考えた。しかしこの説は、今日では支持されていない。現在妥当な説とされているのは、ウィウァリウムの蔵書は、その多くが教皇庁のラテラノ図書館に収蔵されたとするものである。これによって教皇庁図書館は、シャルルマーニュの宮廷図書館が誕生する以前、最も大量の教父書籍のコレクションを誇ったとされる。

「コーデクス・グランディオール」

教皇庁はその蔵書を筆写に訪れるものに開放し、また時として原本をフランス、ドイツ、そしてとりわけイングランドの修道院に贈り物として与えた。
カッシオドルスが所有していた写本で最も有名なのは、「コーデクス・グランディオール」である。この写本は今日ではもはや存在していないが、イングランドのノーサンブリア王国にあるウィアマス＝ジャロウ修道院の創建者であったベネディクト・ビスコプ、あるいはその後継者であったケオルフリスにより七世紀の末に同修道院にもたらされたとされている。この写本をもとに三つの福音書写本が院長ケオルフリスの指導のもとに作成されたが、そのひとつが七一六年より少し前に制作された「コーデクス・アミアティーヌス」である。

壮麗なアンシアル書体で筆写されたこの傑作には、古代ユダヤのエズラの像が描かれているが、この像はもとの「コーデクス・グランディオール」ではカッシオドルスの絵姿であったの

図6―5　「コーデクス・アミアティーヌス」エズラ像

である。

ケオルフリスはこの豪華福音書写本を、教皇に献上すべくローマへの道を辿ったが、折悪しく病を得て途中の北フランス、ラングルで歿した。同行した弟子たちの手で教皇のもとに届けられたこの写本は、やがて九世紀か一〇世紀に教皇庁のラテラノ図書館からシエナに近いモンテ・アミアータ修道院に移り、一八世紀にエトルリア大公レオポルトの時代に、現在おかれているフィレンツェのラウレンツィアーナ図書館に収蔵されることとなった。

リヨン司教座教会の写本制作活動

修道院とならんで、いくつかの在俗教会、とりわけ司教座教会もまた写本の制作に携わったようである。ガリアではクレルモン、オータン、リヨンなどが、またイタリアではヴェローナ、ルッカ、ドイツではトリーア、ケルンなどの都市の司教座教会が挙げられるが、残念ながら残されている史料は極めて少ない。そのなかでリヨン司教座教会の写本制作・収集の痕跡が比較的知られているので、リヨンの事例を紹介しておこう。

リヨンはソーヌ川とローヌ川が合流する地点にあり、古くからローマの地方支配の拠点となっていた。数世紀にわたるローマとの接触は、言語ばかりでなく文学、法学などの文化面でも土着のそれと、ローマのそれとの融合を促進した。プリニウスは自分の著作がリヨンで読者を得ていることを誇らしげに語っている。二世紀には小アジア出身の聖エイレナイオスが到来し、司教に即位している。

したがってこの都市に写本制作の工房が存在したとしても不思議ではない。米国の著名なラテン古書体学者A・E・ローウィの研究によれば、リヨンには複数の書写工房が存在したが、西ローマ帝国が崩壊する頃には、教会付属の書写室の性格を強めたとされる。

リヨン司教座教会から出た最も有名なものは、ベーズ写本と称される福音書であり、特異な点は、左側ページはギリシア語で、右側ページはラテン語でというように二言語で記されているということである。これは五世紀のアンシアル書体で書かれている。この写本がはたしてリヨンで制作されたか否かには、論争があるが、ローウィはリヨンとみなしている。

また神学者として有名なリヨンの第一九代司教であったエウケリウスの著作「サン・モーリス・ダゴーヌ殉教伝」（CLA V. 589）、「テオドシウス法典」（CLA V. 591）などは、前者は六、七世紀のアンシアル書体、後者は六世紀のアンシアル書体で書かれていて、いずれもリヨンの書写室で制作された写本であった。

3　島嶼世界の寄与

ボッビオ修道院の重要性

古典作品の継承の面での島嶼世界の寄与を問題にするとき、即座に思い起こされるのは、島嶼世界の外、すなわち大陸に聖コルンバヌス自身が創建した最後の修道院であり、六一五年にそこで生涯を閉じたボッビオ修道院であろう。この修道院の図書室に収蔵された写本の多くは、修道院の成立期よりも遥かに古い歴史をもっていた。有名な写本として挙げられるのは、三世紀カルタゴの司教で殉教者の聖キュプリアヌスの著作、マルコとマタイによる福音書からなるアフリカ生まれのK写本（CLA IV. 465）、メディチ本ウェルギリウス、文法書、その他料紙として再利用された多くの古典作品が含まれている。

再利用された写本のことを「パリンプセスト」と呼ぶが、これは「私は再び掻《か》き取る」という意味のギリシア語である。すでに文字の書かれた羇皮紙の書写面を慎重に掻き取って再生し、そこに新たなテクストを書写するのである。古代日本では、いちど文字が書かれた紙を漉《す》き直してリサイクルすることが行われたが、羇皮紙の場合は「漉き直し」がきかないので、表面の層をナイフ状の道具で掻き取って文字を消すのである。

しかしこれは繊細さが要求される作業である。料紙が薄ければ容易に穴が開いてしまうからである。それを避けるために、元の文字が完全に見えなくなるまで掻き取りをせずに、上書きする文字を判読するのが煩わしくない程度で済ます場合も少なくない。このため元のテクストが完全に再現可能なまで読み取れる場合もある。こうした場合、元のテクストが完全に失われたと思われた古典作品であるという劇的な例は極端な事例であるとしても、作品としての価値が元のテクストのほうが高いというのが稀《まれ》ではない。

半ば掻き消された文字を読み取るためには、写本解読に熟達している者にとって物理的に判読可能な状態であれば、必要に応じて拡大鏡を用いながら肉眼で読むことができる。それが困難な状態である場合は赤外線ランプを用いたりするが、現在では電子媒体を利用する方法もある。読み取り手段は元のテクストの状態に応じて変わってくる。

話をボッビオ修道院に戻そう。

パリンプセスト（再利用羇皮紙）として使用された写本のなかには、美麗な文字で記された雄弁家フロントーの書簡や、キケロの演説集への古註などがあり、その上には四五一年に開催されたカルケドン公会議決議が書き記されている。パリンプセストの元の書写面にはアリウス派の教義や、外典などがテクストとして記されているものがあり、それらはおそらく没収された写本であったと推測される。

新たに北イタリアに定着したランゴバル

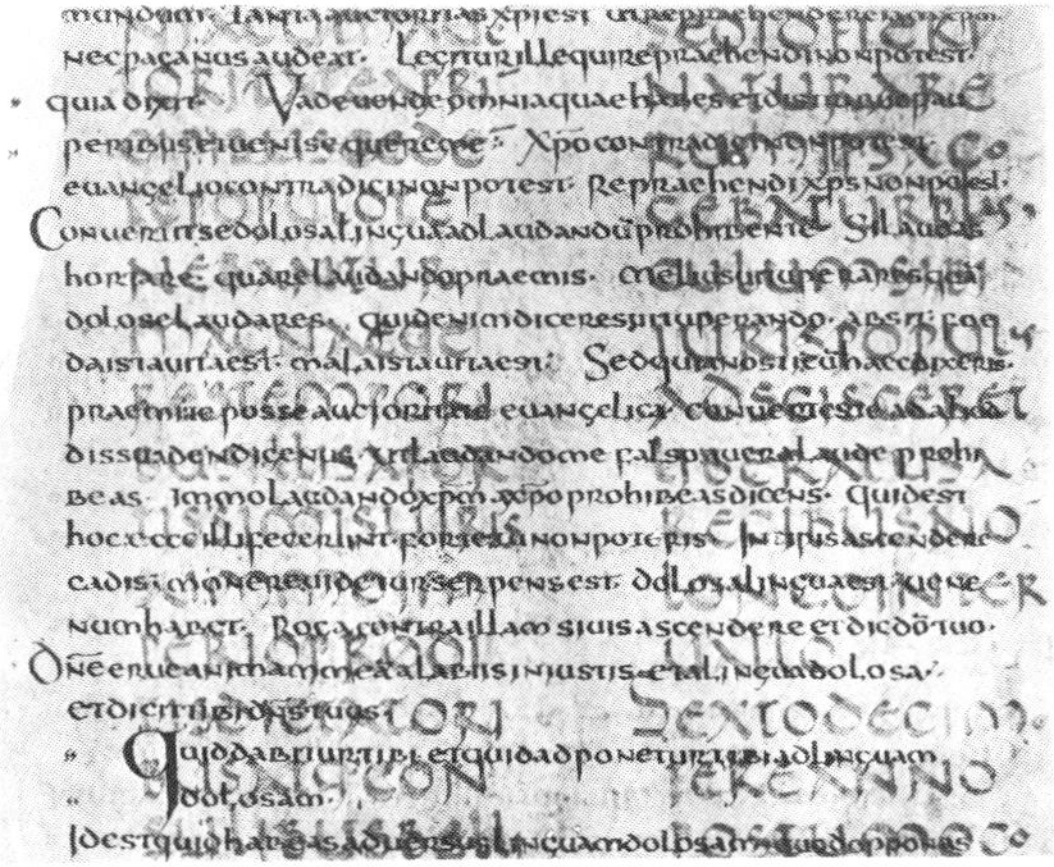

図6―6　パリンプセスト　元テクストはキケロ『国家論』（4―5世紀)、再テクストはアウグスティヌス『詩篇講話』（7世紀）（ローマ、ヴァチカン図書館　Vat. Lat. 5757, fol6）

ド人のあいだには、まだアリウス派異端の影響が残っており、このためにこの地にあるボッビオ修道院には、これと戦うために教義関連の写本も数多く見られる。

アイルランドはすでに触れたように、ラテン語との接触を始めてから比較的日が浅かったせいもあり、ラテン語文法の習熟に熱心で、文法写本が再利用から免れることが多かっただけでなく、八世紀初頭にもアイルランド人やイタリア人の写字生が、新たにラテン語文法書の写本を筆写している例が知られる。

九世紀後半に作られたボッビオ修道院の蔵書目録には、約七〇〇点の写本が記載されているが、ここから「歴代教皇事績録 ***Liber Pontificalis***」や、聖ヒエロニュムス゠ゲンナディウスの「偉人伝」の人名カタログ、ヨルダーネスの「ゴート人の歴史」などの所蔵が知られる。また非常に珍しい写本として、一世紀の詩人マルティアリスの諷刺《ふうし》「エピグランマタ ***Epigrammata Bibiensia***」なども筆写され、滅失から救い出された。八世紀はじめには、「テオドシウス法典」を犠牲にして、その上にユリウス・ヴァレリウスの「アレキサンダー大王事績」が小文字草書体で書かれた。残念なことにこの写本は、一九〇四年の火事で滅失の憂き目に遭ってしまった。

現在まで伝来したボッビオ修道院の写本は、その大部分がトリーノの国立図書館とミラノのアンブロシアーナ図書館に収蔵されている。

アングロ・サクソン人の情熱

アングロ・サクソン人のイングランドは、キリスト教化の面でアイルランドに後れをとった。北イングランドはアイルランド人の聖コルンバ（聖コルンバヌスとは別人）が五六三年頃に創建したアイオナ修道院と、ウィアマス＝ジャロウ修道院の活動によりキリスト教化が進展した。

南イングランドは五九七年にローマ教皇グレゴリウス一世が、ローマの一修道院長であったアウグスティヌスをケント王国に派遣し、キリスト教化の任にあたらせるべくカンタベリーの初代司教に任命した。それから約七〇年の時を経て、今度は東方出身のテオドロスが、あらかじめローマでカンタベリー大司教に叙任されたうえで、ハドリアヌスとともに、多くの典礼用写本を携えてイングランドに渡り、ケント、ウェセクス、マーシアといった、おもに南イングランドの諸王国の教会組織の整備にあたった。

この地方ではラテン語書体は、アンシアル書体が支配的であった。しかし八世紀のはじめ頃になると、しだいに半アンシアル書体も使用されるようになった。言うまでもなく、半アンシアル書体のほうが字径が小さかったため、羇皮紙使用の面で経済的であったからである。この書体はイングランドとは異なり、アンシアル書体の使用を知らず、もっぱら半アンシアル書体を常用していたアイルランド人の影響が強かったノーサンブリア王国や、南部でもアイルランド人によりウィルトシャーに建設されたマームズベリー修道院から広まった。

すでに指摘したように、ウィアマス＝ジャロウ修道院長ベネディクト・ビスコプは、生涯六度にわたりイングランドとローマを往復して、貴重な写本を大量にブリティン島にもたらした。その後継者ケオルフリスも前任者に劣らずローマの写本への情熱を燃やした。ケオルフリスはウィウァリウムからもたらされた「コーデクス・グランディオール」をもとに、豪華福音書「コーデクス・アミアティーヌス」を完成させ、教皇へ献ずるための旅の途中で不帰の客となったことはすでに述べた。

アングロ・サクソン人は古写本探索を、ローマで止めたわけではなかった。ノーサンブリアにおける典礼読誦のシステムは、ナポリ地方を起源とした方式であり、アングロ・サクソン人の大陸の拠点のひとつであった「エヒテルナハ修道院福音書」の奥付は、サン・セヴェリーノ修道院のやり方をモデルにしたものであった。こうしたことから、彼らがナポリやカープア地方まで足を伸ばして、写本探索を実践した可能性は極めて高いのである。

「イングランド最初の文学者」と呼ばれるマームズベリー修道院長（六七五年頃）のアルドヘルムは、数多くの詩作品を書き残しているが、それは同時に彼が読んだローマの著作家のリストでもある。それによればキケロ、セネカ、アラトール、アンブロシウス、アウグスティヌス、ヒエロニュムス、カッシアヌス、クラウディアヌス、ドナトゥス、ユヴェナーリス、ルカーヌス、プリニウス、サッルスティウス、ウェルギリウス、スエトニウス……リストはまだまだ続くのである。

こうしてみるとビショッフの「研究のための均整のとれた蔵書構成の理想を、カロリング朝時代に伝えたのはアングロ・サクソン人であった」という言葉は、容易に頷けるのである。

修道女の書写活動

中世盛期や後期に、修道女が書写のみならず著作活動にまで手を広げていたのは、ドイツのロスヴィータを引き合いに出すまでもなくよく知られている。しかし中世初期となると、修道女の書写の痕跡はさほど明瞭ではない。ビショッフはケルンから伝来したある写本を材料にして、中世初期における修道女の筆写、写本制作実践の可能性を予言していたが、それが証明されたのは一九八三年にパリの東郊に所在したシェル女子修道院に残された聖遺物匣から出た大量のオータンティク（聖遺物を収めた袋につけられた鞣皮紙の小片）に記された文字によってである。これによって、シェル女子修道院には書写室がそなえられていた事実が、明らかになったのである。

これは大陸の事情であるが、イングランドでは七、八世紀には、修道女の書写活動はかなり進んでいたと見られる。五世紀のイタリアで作られた聖ヒエロニュムスの写本に付されている、イングランド最古の蔵書票には、七〇〇年頃のウースター地方の女子修道院長の名前が書かれている。いわく「女子修道院長クスウィトの蔵書 Cuthsuuithae boec thaere abbatissan」。

大陸に渡りゲルマーニア（ドイツ）の伝道のために修道士ルルとともに活動し、七五四年にひとり斃《たお》れた聖ボニファティウスが、故郷のイングランドに必要な書物を送ってくれるように依頼した相手は、霊的な友誼《ゆうぎ》で結ばれた女性たちであった。

ドイツ・ヘッセン州フルダの州立図書館に、八世紀にリュクスーユ小文字書体で書写された教皇レオの書簡やイシドルスの小品を収録した写本が収蔵されている。この写本制作の注文主は、ラギントルディスという名前からしても女性である。この女性は研究者によればマインツ

図6—7 「聖ボニファティウスの宣教活動と殉教」(バンベルク州立図書館 Cod. Lit1, fol126V)

大司教ルル（ボニファティウスの同行者）の書簡に登場する「アトウルフスの娘ラギントルディス」であり、この写本の上部と下部につけられた大きく鋭い裂け目は、ボニファティウスが北フリースラントで殺人者に斧《おの》で切りつけられたときに、とっさに防御を試みたときの瑕《きず》であるといわれている。

もしこれが真実――ヨーロッパ中世初期史研究の英国での草分け的存在のウォレス＝ヘイドリルは、フルダでこの瑕のついた写本を目にしたとき、感動のあまり体が震えたと証言している――ならば、ボニファティウスの女性への依頼は一貫していたのである。

4　写本制作の仕組みとその物的基盤

写本の経済的価値

シャルルマーニュは三人称で書かれたその有名な「遺言」のなかで、「彼の図書室に集められた大量の蔵書を、それらを正当に評価された価格で所望する者に売却し、そのようにして得られた金銭は貧者に配分されるよう定めた」と、伝記作者エインハルドゥスは述べている。エインハルドゥスが見事な古典の蔵書を所有していたことは、その友人でパリとオルレアンのあいだにあるガティネ地方のフェリエール修道院（口絵4）の院長ルプスが、八二九年のある書簡のなかで証言している。ここでは具体的にキケロの『想案論 *De inventione rhetorica*』、『雄

弁家論 *De oratore*』、アウルス・ゲッリウスの二〇巻からなる随筆集『アッティカの夜 *Noctes Atticae*』などが挙げられている。あるいはこのなかに、シャルルマーニュの遺品も入っているのかもしれない。

図６—８　「コーデクス・アウレウス」（スウェーデン国立図書館　CLA XI. 1642）

大帝の遺言状には「正当に評価された価格で justae aestimationis pretio」という言葉があり、写本が金銭で売買される当時の状況がうかがわれるが、それが一般の商品として店先に並べられている状況を想定するのは誤りであろう。書物の入手を望む者が、たって所有者に懇望し、しかるべき対価、すなわち正当に評価された金額が渡されるという、あくまでも個別的に生ずる取引と考えなければならない。

しかし写本はそれを必要とする人間にとって、大きな価値をもった財物であることは確かである。先のフェリエールのルプスは路上で追《お》い剝《は》ぎにあい、貴重な写本を奪われるのを恐れたし、ヴァイキングは西欧の教会や修道院を襲ったさい、組織的に貴重な写本を戦利品として持ち去り、後で多額の対価を支払わせて買い取らせたのである。現在スウェーデンのストックホルムの国立図書館に収蔵されている「コーデクス・アウレウス」（CLA XI. 1642、図6－8）は、九世紀の後半に貴族アエルフレドと妻ウェルブルクが、ヴァイキングから対価を払って買い戻し、カンタベリーのクライスト・チャーチに寄贈したものであった。

こうした点を考えると写本は一般の商品ではないが、商品的価値は内在していたといえるであろう。

モノとしての写本

写本の制作には多額の費用がかかる。材料となる鞣皮紙となるのは羊、牛、山羊《やぎ》、豚、馬などさまざまな皮が使用されるが、一般的なのは羊である。

屠畜《とちく》した羊の皮を剝《は》ぎ、濃度の高い石灰汁の槽《ふね》につけ、体毛と脂肪分を落とし、枠に貼って乾燥させて作るのである。だいたい生後八ヶ月から一二ヶ月の羊を用いるが、ここから九〇〇ミリ×九〇〇ミリより少し小さめの皮紙が得られるとされている。

ウィアマス＝ジャロウ修道院で作られた「コーデクス・アミアティーヌス」の料紙には仔牛《こうし》の鞣皮紙が使われた。料紙を二枚折にして、二フォリオ裏表四ページ分は、料紙一枚のサイズが五〇五ミリ×七八〇ミリの大きさである。ここから推定して、一巻で五一五頭の仔牛を屠《ほふ》らなければならなかったと考えられている。この折に「アミアティーヌス」を含めて、三巻が作られたということであるから、総計で一五〇〇頭を超える数の仔牛の皮が使われたことになる。

九世紀のトゥールでは総数一七〇点の写本が制作された。大型豪華写本として「ヴィヴィアンの聖書」「バンベルク聖書」「ムーティエ・グランヴァルの聖書」などが知られているが、いずれも二〇〇葉の料紙を使用していて、これだけで六〇〇頭分以上の鞣皮紙が必要とされたのである。活発な造本活動をおこなった書写室をそなえた修道院は、広大な所領に料紙を提供してくれる羊や牛を、常時しかも大量に飼育していなければならなかった。

九世紀前半にヴュルツブルク司教フンベルトが、フルダ修道院にラバヌス・マウルスの註釈本の制作を依頼した折には、そのための大量の料紙を用立てなければならなかった。フルダ修道院に料紙のストックがなかったか、あるいは別の理由があったのか、そのあたりは定かではないが、フンベルトはしかるべき対価を払って大量の羇皮紙を調達し、それをフルダに提供したのであった。

顔料とインク

写本の制作にとって、料紙の調達とならんで厄介な問題はページを染色したり、文字を書いたりするための顔料やインクの調達であった。

ふつうに褐色の文字、せいぜい赤字で筆写するだけであれば、煤《すす》と樹脂を混ぜて作る黒褐色インクや、鉛丹《えんたん》を原料にした赤インクがあればよい。写本挿画のことを「ミニアテュールminiature」と称するが、これはラテン語で鉛丹を意味する「ミニウム」から来ていて、挿画などの下書きが赤字で描かれたことが言葉の由来である。

先に顔料やインクの調達が厄介な問題であったと述べたが、それはこれらが料紙以上に高価であること、そして――高価であることとの原因でもあるが――しばしば遠隔の地、ときにはヨーロッパ外の土地までその供給元を求める必要があったからである。八世紀に入って豪華写本の制作が盛んになるにつれて、多彩な顔料やインクの需要がますます高まった。

ただ文字を書くための赤インクではなく、ページを彩色する赤の顔料として用いられたのは、大西洋沿岸に広く分布していた巻貝から抽出される染料であった。この深紅色は陽光にさらされても、また雨にうたれてもなかなか褪《たいしょく》色しないので大いに好まれた。赤みがかった紫色から濃い紫色、薄紫色と色合いに変化をもたせる必要がある場合は、果汁を加えた。pHの度合いで色を調整したのである。

緑は緑青《ろくしょう》、ピンクは紫色に白鉛を混ぜた。黄色は亀の胆汁などを利用した。鮮やかな青色はラピス・ラズリが最上の顔料で、ヨーロッパではスペインでのみ産したが、量は少ない。新石器時代からシベリアのバイカル湖付近やヒンドゥークシュ山脈の北、バダキスタンは豊富な産地として有名である。またイラン高原からの産出も知られている。この貴重な顔料が、アラビア商人の手を介して西ヨーロッパまで交易された可能性は大いにある。代替品としての藍銅《らんどう》鉱《こう》はフランスのリヨンや、ハンガリーでも産する。

ページ全体を紫色に染色し、そこに金色インクで文字を書く豪華写本も登場する（口絵5）。これは極めつきの豪華本であり、カロリング朝期のこの種の写本は、コンスタンティノープルの皇帝写本の伝統を継承したものと考えられている。金色のインクの製法は非常に難しく、相当多くの量の黄金を精妙にすりつぶし、液状のインクにするには、高度な技術と知識、それに高価な材料が求められたのである。豪華写本を生み出す書写室は、並外れた財力を蓄えていなければならなかった。

カロリング小文字書体の誕生

後期古代の書字伝統からポスト・ローマ世界はアンシアル書体と半アンシアル書体、そして草書体を継承した。『古ラテン書冊総覧』に収録されている約一八〇〇点のうち、書物筆写のための書体はその大部分がアンシアル書体か、半アンシアル書体である。これらの書体が、写本筆写用の書体であるという古代に遡る古典的な規範はなお強くメロヴィング朝フランク領域、西ゴート・スペイン、ランゴバルド・イタリアで支配力をもっていたからである。他方で日常の行政文書や裁判文書、売買その他の法律行為などを内実とする文書、私的な書簡、下書きとして用いられた蠟板文書などは、地方特有の個性をそなえた草書体で記されていた。

いわば楷書体としての写本用書体と、それ以外の日常の用務に使われた草書体の二重の書体使用がポスト・ローマ、初期中世ヨーロッパにおける文字文化のありようであったと考えればよい。

こうした状況から八世紀半ば以降にカロリング小文字書体が出現し、またたくまにカロリング朝フランク国家だけでなく、北イタリア、イングランドまで写本文化を支配するようになった書体学上の歴史過程や文化的な背景は、数多くの論争があり、最終的な答えは出ていない。

カロリング小文字体の形成に向けての変化が兆したのは、どうやら草書体からであったと思われる。修道院の書写室では写字生は、写本筆写用の楷書体と、地方の文化的拠点として種々の実務的文書を作成するために用いられた草書体の、両方の訓練を受けるのが通例であった。他方で国王宮廷や教皇庁の尚書局ではもっぱら草書体が用いられた。

このような状況のなかで、アイルランド人の聖コルンバヌスが建てたリュクスーユ修道院で、いちはやく草書体が写本制作に用いられた。その典型的な例がパリのフランス国立図書館に収蔵されている「リュクスーユ読誦集」（図6－9）である。六六二年に王妃バルティルドにより再建された折に、リュクスーユ修道院から修道士を派遣されたコルビィ修道院は、院長マウドラムヌス時代にカロリング小文字書体の先駆とされる「マウドラムヌスの小文字書体」を生み出した。

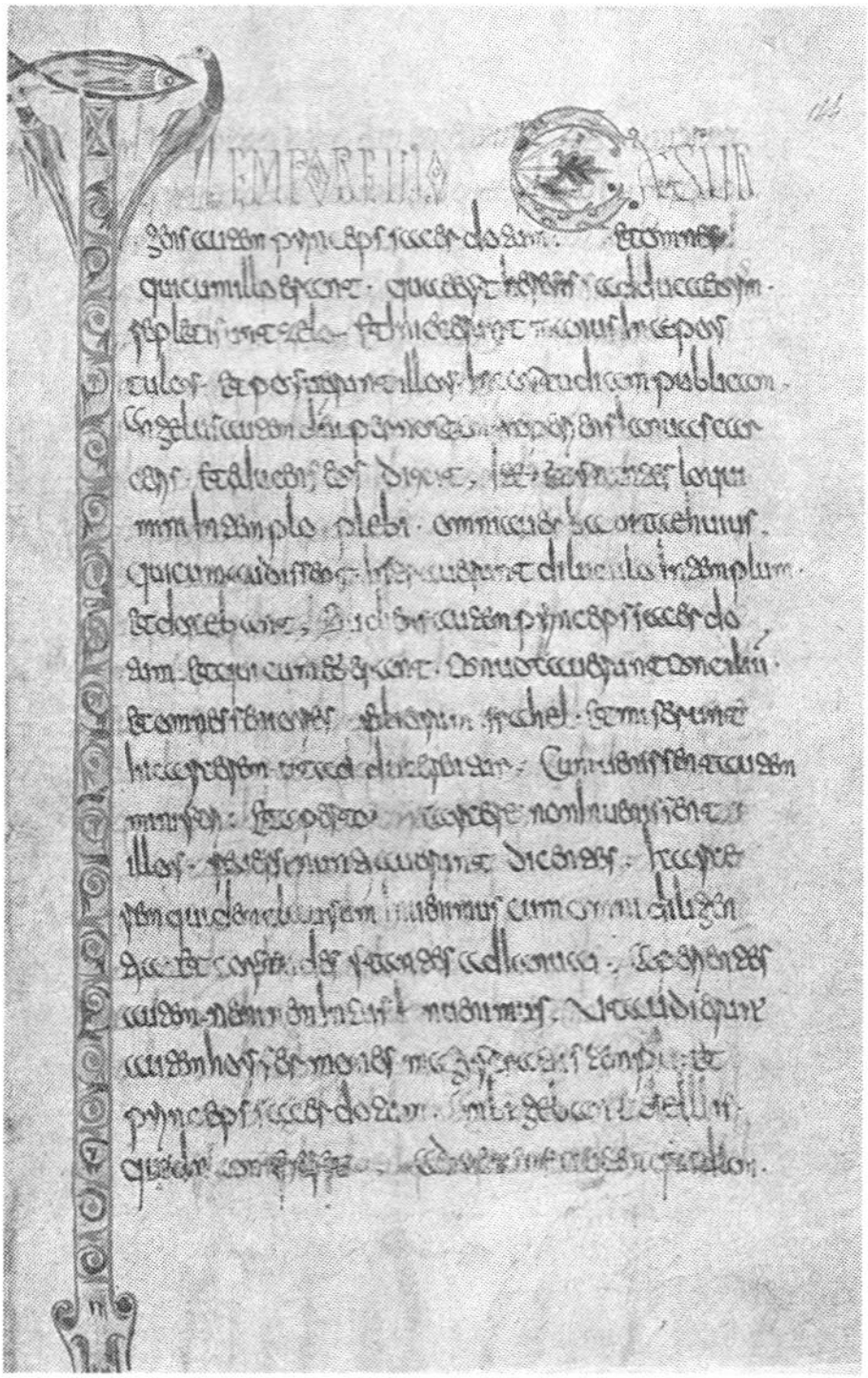

図6―9　「リュクスーユ読誦集」（フランス国立図書館　ラテン写本9429書　CLA V. 579）

すでに述べたように書体の変化は草書体から発し、それが楷書体に及んでいくというのが古書体学者たちの意見である。草書体が形を整えて楷書体化していくのが、書体変化の一般原理であるというわけである。またこのような公理的認識とは別に、J・ブラウンがアイルランド書体に関して、通説とは逆に島嶼小文字書体が、島嶼半アンシアル体を生み出したと主張しているのは草書体から楷書体への書体の展開を主張しているB・ビショフの認識に沿った見方で

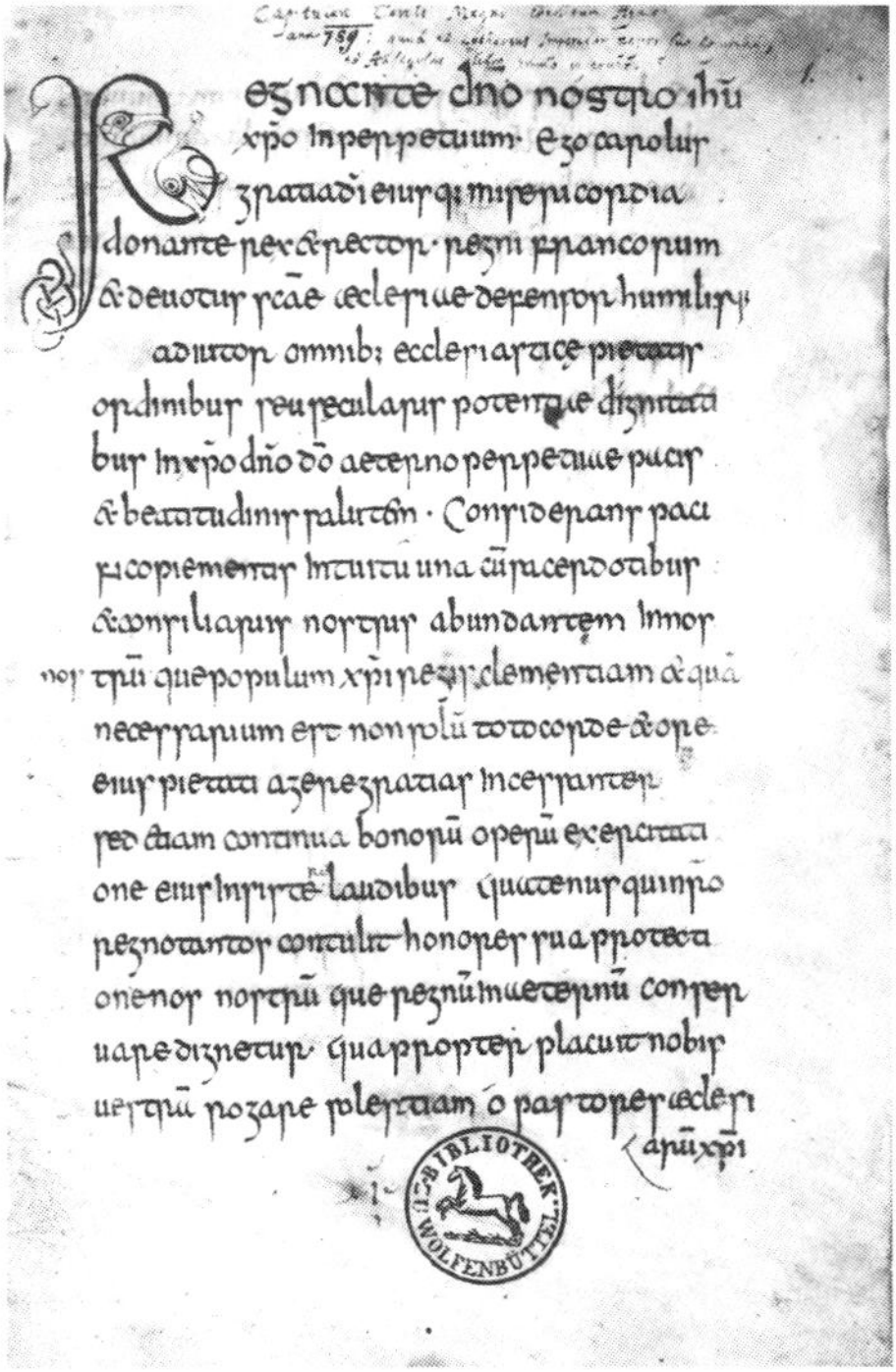

図6―10　カロリング小文字書体で書いた789年の勅令の「一般訓令」の一部

ある。料紙の利用の経済性を多少犠牲にして、美しい写本を作ることを意識した変化の表れであった。

それはともかくこの新しいカロリング小文字書体は、シャルルマーニュの宮廷の求心力の強さと、宮廷につどう学識者たちの影響もあり、フランク世界をたちまちのうちに席巻してしまった(図6－10)。美しく均整がとれ、読みやすく、しかも小文字書体であることからする経済性もあり、書体の王者となるには時間がかからなかった。

これによって古代から存続したアンシアル書体や半アンシアル書体は、生きた書体としては事実上歴史から姿を消してしまった。それまでのすべての書体はカロリング小文字書体という川に流れ込み、ゴシック書体をはじめとする後代の書体は、すべてカロリング小文字書体から流れ出ることになった。こうした状況はイタリア人文主義の旗手ペトラルカが古典写本を発掘し、古代の書体を参考にしてユマニスト書体が作られるまで続いたのである。

第七章　学知の研鑽と陶冶

この章は、前章で論じた古典作品の継承や修道院書写室を中心にした写本制作活動のあとを受けて、八世紀の後半から神学を軸とする著しい知的復興、学問研究の興隆、すなわち歴史上いわゆる「カロリング・ルネサンス」と呼ばれている現象を、修道院の視点から考えてみようというものである。知的ルネサンスを対象とするところから、宮廷における知的、文化的活動や知識人の交流、教区教会や司教座聖堂学校での教育についても触れなければならないが、主要な関心はあくまで修道院の知的、教育的機能の解明にあることは言うまでもない。

1　修道院世界での胎動

メス司教クロデガングの改革

シャルルマーニュの宮廷が、アルクイヌスやピサのペトルスのような大帝の周辺に集まった知識人の活躍により、学芸と古典文化の復興が開花する以前から、修道院や教会の知的、文化的復興の動きが兆していた。その契機となったのは、カロリング家の遠祖ピピン二世の庶子でトゥール・ポワティエ間の戦いでイスラームの軍隊の侵攻を阻止した宮宰カール・マルテルの時代、戦乱によって荒廃した教会組織を再建し、改革しようと試みたメス司教クロデガングのイニシアティヴであった。

クロデガングは七一二年頃に、ピピン一門の出身地に近いベルギー東部のエスベの第一級の貴族門閥に生まれた。彼はカール・マルテルの宮廷で成長し、国王尚書局の一員となり、七四二年頃に、三〇歳でメス司教に叙任された。時あたかも、以前マインツ大司教を務め、「ゲルマーニアの伝道者」と称された聖ボニファティウスの改革の努力が実を結びはじめた時期であった。クロデガングの宮廷からの離脱が七四一年のカール・マルテルの死と何らかの関係があるのかどうかは不明である。

いずれにせよカールの後継者となったピピン三世と彼との関係は良好であったようである。なぜならクロデガングがメスの近くにゴルツェ修道院を創建した折に、ピピンは援助を与えているからである。

クロデガングの教会改革上の最大の業績は、在俗教会の聖職者の規律の向上にあった。彼は修道士と、教会の司祭をはじめとする一般の聖職者とのあいだに明確な線引きをし、その職能をはっきり分けたのである。とくにゲルマーニアの地では、修道士は周辺の宣教などに従事する司牧の活動にも手を染めていたが、クロデガングはこうした実情に対して、修道士をもっぱら修道院内での霊的実践に集中するようにさせ、宣教や司牧活動は在俗の聖職者の務めであると規定し、宗教実践のうえでの両者の役割のちがいを明確にした。

そのうえで、ともすれば規律の乱れがちな在俗聖職者に、共同生活を課すことで、この面での向上を図ったのである。すなわち「聖堂参事会員 clerici canonici」（以下「参事会員」と略す）制の導入である。クロデガングは共同生活の規律書を、ベネディクトの戒律書を手本にして作った。参事会員は司教座聖堂のそば近くに、いくつかの共同住居を建て、そこで起居し、司牧活動にあたったのである。

重要なのは、修道士は修道院に入るにあたって修道誓願をし、みずからの財産をすべて修道士共同体に喜捨することを求められたが、参事会員の場合はそれと異なり、自分の財産をそのまま所有することが許された、という点である。

ローマ典礼の浸透

もともと司教座聖堂の聖職者が、司教や助祭長らとともに司教館で共同生活を送ることは規範となっており、メロヴィング朝時代の公会議決議には、これを守るようにとの決議が何度かなされている。しかしそれはしだいに守られなくなった。クロデガングの改革は、彼がローマで見聞した司教座聖堂の聖職者たちの生活の仕方が着想源であった。

図7—1　声を揃えて聖歌を歌う修道士たち（象牙折板）（ケンブリッジ大学フィッツウィリアム博物館）

七五四年に、彼は国王ピピン三世により、大公アウトカールとともに教皇ステファヌス二世をフランキア（セーヌ川からライン川にわたる地域）に迎える使節として派遣され、ローマの教会人の生活と組織をつぶさに見聞する機会があったのである。ローマ方式の典礼、典礼歌唱だけではなく、在俗の聖職者の日常生活などを知り、これをフランク国家の教会にも導入しようと決意した。その成果が聖堂参事会制であった。

これとならんで、彼はメスにローマ流の聖歌唱法（図7—1）を導入した。のちに聖歌音楽を楽譜に採録する方法が発達したが、そこで「メス記譜法」として知られているものは、メス教会のこうした伝統に由来しているのである。

ピピン三世のイタリア体験とその影響

カール・マルテルは七三四年に二〇歳を迎えた息子のピピン三世を、イタリアのパヴィーアにあったランゴバルド王国宮廷に派遣した。そしてピピンを、ランゴバルド王リウトプランドの息子として養子縁組させた。これは脅威となっていたイスラーム勢力に、共同で対処することを目的にした措置であった。

将来のフランク国家の国王として君臨することになるピピンにとって、パヴィーア宮廷滞在は大きな刺激となった。リウトプランドの宮廷サークルの姿は、彼に宮廷はどのような人材をもって組織すべきかについてのモデルを示し、ランゴバルド法典は、国家統治の規範となる諸法典への関心を呼び覚まし、知の源泉として書物文化の役割に思いをいたらしめた。

クロデガングの聖堂参事会制の導入による教会改革は、国王ピピン三世との、いわば二人三脚の事業であった。八世紀のリブアリア法典、アレマン部族法典、バイエルン部族法典の編纂《へんさん》や、サリカ法典の改訂版づくりなどの一連の事業は、ピピンがより整ったランゴバルド法典から受けた刺激が起点となっていたというのは、ウォレス＝ヘイドリルの見方である。

サン・ワンドリーユ修道院の蔵書

八世紀の半ば少し前から始まった、文化的復興に向けての兆しは、ルアン近くにあるサン・ワンドリーユ修道院において顕著に見られる。前にも触れた『歴代院長事績録』は、八三三年に最初の部分が書かれ、八四〇年代に完成されたと推定されている記録であるが、ここには歴代院長の事績の紹介の締め括《くく》りに、その院長が修道院その他の教会に遺贈した品々が列挙される。この記述において七五四年に歿した第九代の院長ワンドの時代から、書籍の遺贈が顕著になるのである。このことは当該院長が書籍を購入したか、制作を依頼したかを示している。

これと対照的に七三五年に院長になった第六代のテウトシンドゥスから第八代のラギンフリドゥスまでは、修道院所領の乱脈な管理と、霊的生活にそぐわない狩猟好きや帯剣などの行動様式の面で、執筆した修道士による筆誅《ひっちゅう》を存分に浴びている。たとえばテウトシンドゥスについては、「かの人物が院長の地位、いや院長というよりはむしろ暴君の地位につくやいなや、高貴なる財産が消え失《う》せ、彼はこの光輝ある修道院をこの上ない貧困のなかに突き落とした。彼は実に修道院財産のほぼ三分の一をみずからの近親者や国王の臣下に保有させるべく与えたが、それらは今日にいたるもなお奪われたままである……」という具合である。この時代はカール・マルテルが武力にものをいわせて統治した時代である。社会の世相が、院長の気質、体質まで決めてしまう例であろう。

それはともかく、第九代院長ワンドはその事績を記す修道士が「その名前をいちいち列挙するだけで疲れてしまうほどの大量の写本」を所有していた。すなわち「ローマの書体（アンシアル）で書かれた三福音書記者、ヨハネ、マタイ、ルカからの短い摘要、司教で修辞学者であったアルノビウスの著作、楽園から追放されたアダムについての説教」、その他聖アウグスティヌス戒律、聖ベネディクトの戒律、聖コルンバヌスの戒律、聖ヒエロニュムスの禁欲についての書簡、ヨルダーネスの『ゲティカ（ゴート人の歴史）』、聖人祝日暦など多岐にわたっている。

続く第一〇代の院長となったアウストルフスは、前院長ワンドがカール・マルテルの不興をかってマーストリヒトに追放されていたあいだ、院長代理を務めた。彼は「最上の繊細な料紙を用いて、優美なローマ書体で書かれた」四福音書（マタイ、マルコ、ルカ、ヨハネ）を収録した豪華写本を所有していた。七八七年に亡くなった第一一代院長ウィトライクスはトゥールで制作された交誦《こうしょう》聖歌集、聖使徒アンドレアの奇跡譚《たん》、パウロ書簡、聖マルティヌスの伝記を所有していた。第一二代ゲルウォルドゥスは、みずからが筆写した写本、すなわちアンシアル書体による四福音書、使徒パウロの書簡、秘蹟書、読誦集、教皇大グレゴリウスの説教四〇篇、計算術の書、聖アウグスティヌス『神の国』第一一書から一八書まで、ベーダの「時の理法について」等々をもっていた。

八二三年から一〇年間サン・ワンドリーユ修道院を舵《かじ》取りしたアンセギススの場合は、その豪華な造本が印象的である。いわく「彼は深紅色の料紙にアンシアル書体の金字で四福音書を書かせたが、マタイ、ヨハネ、ルカは完成を見たものの、突然の死により残りは未完成に終わった。彼はまた深紅色の料紙に読誦集を筆写させ、これに象牙《ぞうげ》板で表裏の扉を造らせた。同じく深紅色の料紙に交誦聖歌集を銀字で筆写させ、象牙板で表裏の扉を造らせた」。世は宮廷の写本文化が華やかに最盛期を迎えた、ルイ敬虔帝の時代である。似たような事情がサン・マルタン、コルビィ、フルーリなどのフランキアの写本制作活動で著名な修道院でも観察されるのである。

2 交錯する学知の場としての宮廷

ポスト・ローマ期の宮廷

さて「カロリング・ルネサンス」が云々《うんぬん》されるとき、第一に思い浮かぶ国王宮廷での学問的、知的活動が展開された宮廷とは、どのような組織であったかを簡単に見ておきたい。

国王とその家族や、統治の手足となる役人団を率いる幹部、統治に必要な行政機構――なかんずく国王尚書局――などを包摂した権力機構が、宮廷と称される家産制的（パトリモニアール な）組織である。幹部層が同じ建物で国王と起居をともにする場合もあれば、そうでない場合もあるが、いずれにしても国家統治の中枢機構として機能する組織といえる。

西ローマ帝国が健在であった時代には、皇帝の宮廷がその役割を担ったが、帝国が崩壊した後は、その領土内に建国したラヴェンナの東ゴート宮廷、トレドの西ゴート宮廷、ヴァンダル王国のカルタゴ宮廷、フランク王国のパリその他の宮廷など、細部の構造は異なるものの、権力の中枢組織という点では共通した性格をもっていた。

この時代の宮廷についての研究が遅れているのは、宮廷そのものについての記述が極めて少なく、物的施設としての宮殿の遺構がどこからも出てこないからである。それもそのはずで、カロリング朝のアーヘン宮廷の建設のような大規模な構造物が作られるまで、どの部族国家でもローマ時代の大規模な施設が、宮廷として再利用されていたからである。その代表的な例が、ラヴェンナのテオドリック大王の宮廷であった。

権力の中枢機構としての宮廷が、たとえばフランク国家では七世紀前半のダゴベルト一世の宮廷に見られるように、聖俗の人材養成のうえでも、また統治実践の面でも、一貫して重要な役割をはたしてきたことはよく知られており、また新たな角度から、近年説得的に主張されていることでもある。

シャルルマーニュの教育と文化への思い

シャルルマーニュは七八九年三月に、史上有名な「一般訓令」と題される勅令を発布し、新規のことがらも含め国家運営の広範な方針を伝えた。近代に作られた刊本では、全体が八二条に区分されているが、このなかの第七二条で、学校で子供に字が読めるように教育すべきこと、それぞれの修道院や司教座では詩篇、速記法（ティロー式速記文字、図7－3）、歌唱、算術、文法が教授され、正しく校訂されたカトリックの書物をそなえるべきこと、子供たちが書物の文字を読み違えたり、誤った綴り字で表記したりしないよう、等々を定めている。

だがこの七八九年という年次を、シャルルマーニュの「教育政策」の出発点ととらえるのは誤りである。彼のうちには教育への激しい渇望と無教養であることへの嫌悪が息づいていたといわれるが、それは程度の問題を別にすれば、おそらく当初から大帝のうちに根を張っていたと考えるべきであろう。

父ピピン三世の時代から、宮廷の教育的機能が顕著な働きを見せ、参事会制度の導入という形で、在俗聖職者の規律の引き締めを意図した政権にとって、国家臣民の教育は、統治の根幹に関わることがらである。大帝はすでに父ピピン三世が構想していた「国家づくり」の要諦《ようてい》としての教育への思いを、若いうちから継承していたと思われるのである。だが大帝は直ちに文教政策に取り組む余裕がなかった。七六八年の即位まもなく、弟のカールマンとの確執、これと密接に関わるランゴバルド王国への対応、三〇年を要した断続的なザクセン戦争、スペイン遠征、バイエルンの制圧、アヴァール族の征服と、軍事的遠征が続き、文教政策をはじめとする内政に力を注ぐ余裕はなかった。「一般訓令」の布告は、大帝に許された政治的視線の転換を物語る出来事であり、彼は齢《よわい》五〇を閲《けみ》して、ようやく積年の内政上の課題に取り組むことができるようになったとみなすべきであろう。

アーヘン宮廷の建設

「カロリング・ルネサンス」の重要な舞台になったのは、アーヘンの宮廷であった。アーヘンの地はライン川とマース川に挟まれた地方に位置し、緑なす緩やかな丘陵がうねる田園的景観が広がり、ところどころで低温の温泉水が湧《わ》きだし、ルール川の支流であるウルム川に注いでいた。ローマ時代には第三〇軍団の営舎があり、温泉施設もそなわっていた。

フランク時代に入り、この土地は国家領となり、国王ヴィラが置かれた。シャルルマーニュは七六八年から九年の冬をここで過ごし、また七七七年と七八六年に滞在したことがあり、七八八年から九年にかけて越冬している。

大帝は七八八年にこの地に壮麗な宮殿を建設しようと考えたが、本格的に建築作業が推進されたのは七九一年からのことであった。総指揮にあたったのはメスから呼ばれたウードという名前の人物であった。これはエインハルドゥスが執筆した『カール大帝伝』のある写本の余白に書き込みがあり、そこには「この壮麗な素晴らしい宮殿は皇帝カロルス大帝が建設された。名匠ウードがこれを完成させた。彼はいまメスの町で永遠の眠りについている」と記されている。この記述を疑う理由はない。

宮廷の完成は七九四年頃とされている。大帝はその後、政治的、軍事的にどうしても必要なとき以外は、アーヘン宮廷で過ごした。ここには一〇〇〇人もの人が一度に沐浴《もくよく》できる大きなプールが設えられ、水泳を好み、また得意でもあった大帝はこの温水プールで、ひとりまた家臣

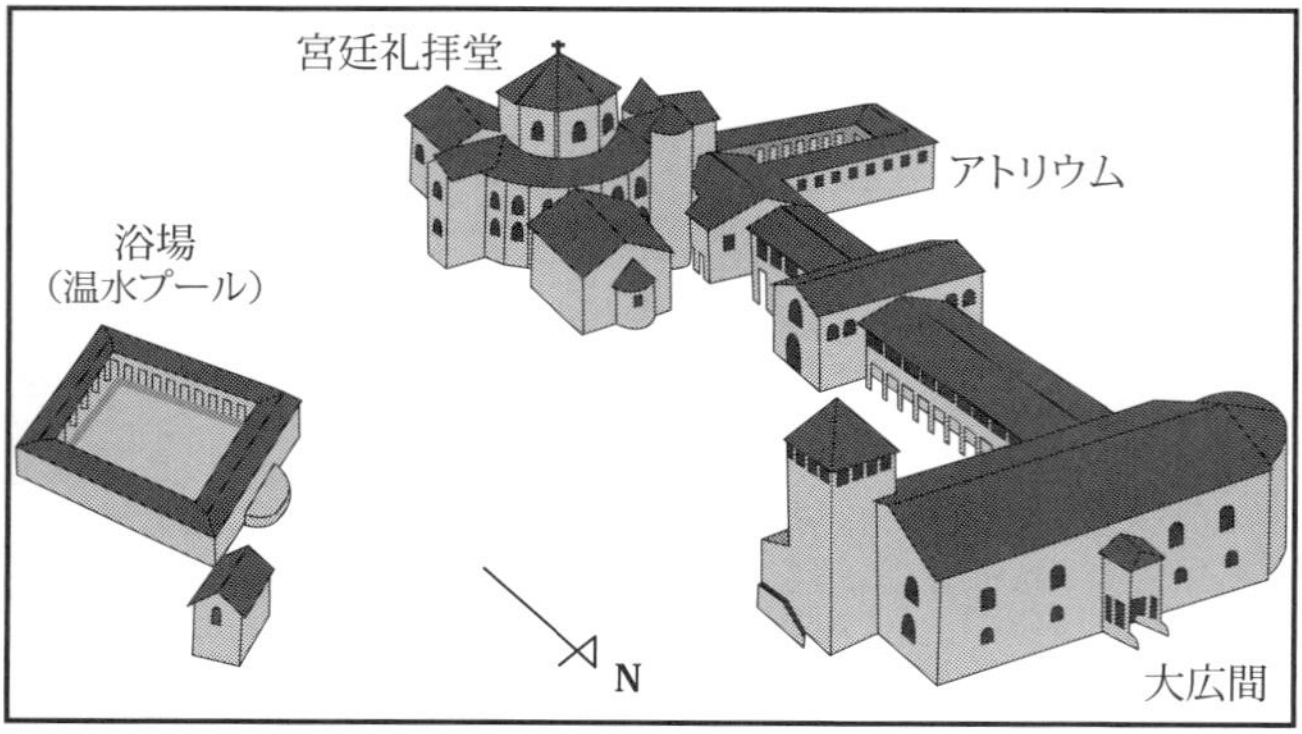

図7―2　アーヘン宮廷の復元図

の者たちと一緒に泳ぎ、大騒ぎをするのを楽しんだ。

宮殿は幅二〇メートル、奥行四六メートルの大広間、ここから約一三〇メートルの南に伸びる幅五メートルの回廊があり、今日でも目にすることができる有名な宮廷礼拝堂とアトリウムがその他端に設えられていた。アトリウムの北側に接するように大帝が家族とともに住む一角が配置されていた。宮廷に出仕している役人や顧問、それに宮廷で大帝の相手をする文人、高位の聖職者の住居（mansiones）は宮殿のそば近くに建てられた。

聖母マリアに献げられた宮廷礼拝堂は、内面が八角形、外壁が一六角形の白黒の大理石とモザイクを配した壮麗な作りである。二階の高壇にはシャルルマーニュの玉座があり、ソロモン王の玉座にならって七段の階段の高みに位置している。

アトリウムには、左肩に盾を背負い、右手に槍《やり》を手にした青銅製のテオドリック大王の騎馬像が置かれていた。これらの遺物や高価な建築資材は、教皇の許しを得て、ラヴェンナやローマから運ばせたものであった。

宮廷学校で

シャルルマーニュのアーヘン宮廷は、その卓越した知的、文化的、教育的機能の点でも有名であった。宮廷学校の存在は、すでに七世紀のメロヴィング朝時代から知られており、これなくしては国王尚書局の人材を養成することは覚束《おぼつか》なかった。またすでに触れたように、カール・マルテルの時代、とくにピピン三世の熱意もてつだって、七五〇年代からそれまで以上に幅の広い教育が実践されたが、大帝のアーヘン宮廷では、さらに一層の組織化と体系化が目指された。

すなわち教育はいくつかの課程（ordo）に区分され、それぞれの課程は明確な教育目標をもち、ひとりの教師（マギステル）が責任者として監督したのである。最も初級の課程が一般教養すなわち古典教育で、合わせて七自由学科と称される、三学（文法、弁証学、修辞学）と四科（幾何学、天文学、算術、音楽）であった。これは古代ローマ以来の古典的な教養の基礎である。

これに続くのは筆写課程である。ここでは書物を美しく筆写する技術だけでなく、綴り字の短縮法や、さまざまな書体についての知識を学び、ティロー式速記など速記術の訓練も施された。生徒の数は少ないながらも、医術の教育を教授する課程も設けられていた。最上級の課程が、聖書解釈の学問である神学の研究であった。

このようなシステムがカロリング朝教育の仕組みとなり、その後数世紀にわたりヨーロッパ

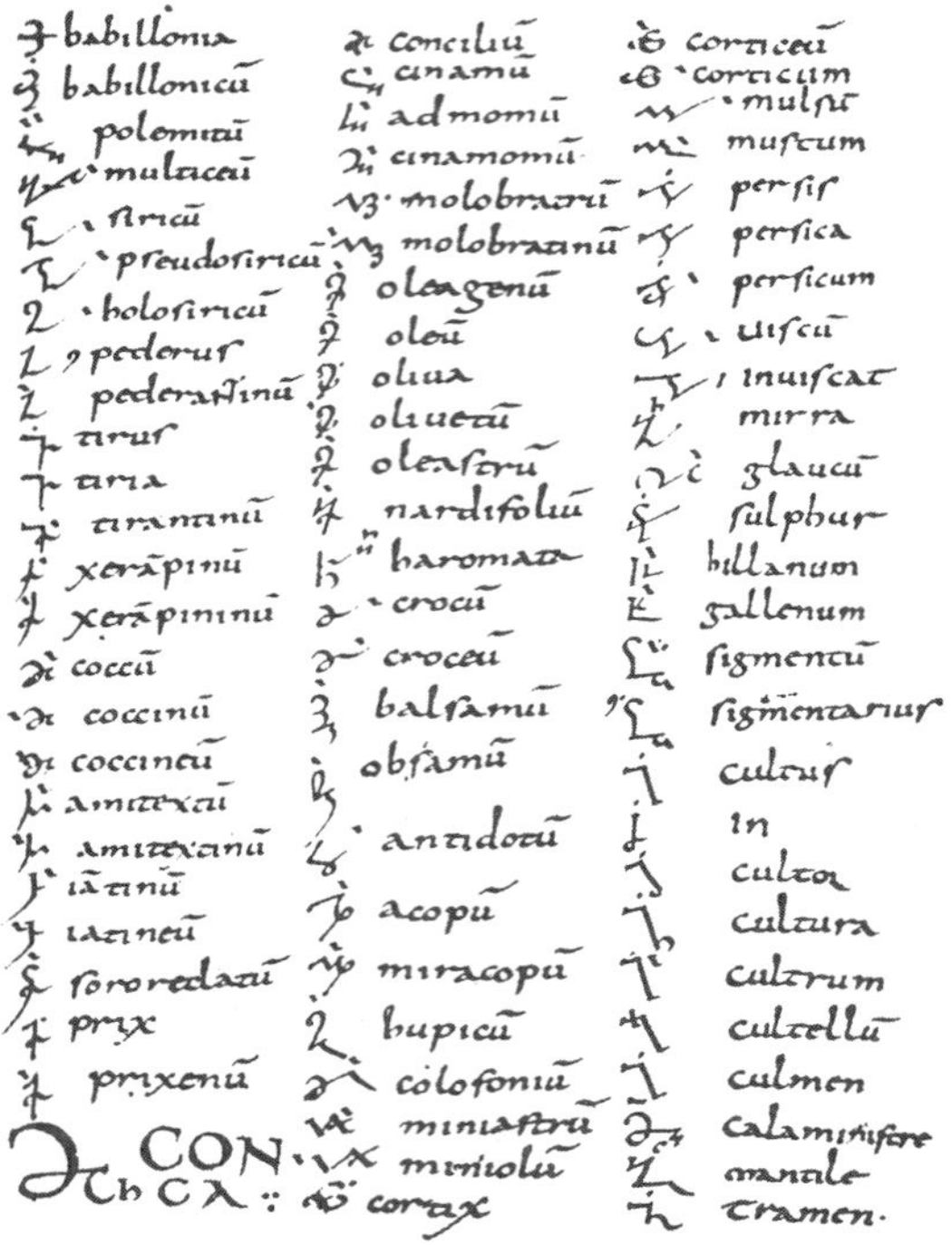

図7―3　ティロー式速記文字の一例　3列のそれぞれ左端の記号がローマ時代にティローが考案したとされる速記文字。その後に続くのがラテン語の単語。左から数えて最初の列で第1行はbabillonia、第2行はその形容詞形で対格を指示するbabillonicumである。このように速記文字は格変化に対応する各表記法が存在した

中世の教育の基本となった。知的教養と学問の目的は、「キリスト教的知恵」の練磨にあったのである。文法から始まって、最後には神学にいたる教育システムは、カロリング朝フランク国家の全土で手本となった。先に触れた七八九年の「一般訓令」第七二条で定めた内容の、いわば完全版ともいえる宮廷学校での教育の姿は、このようなものであった。

宮廷につどう異邦の知識人

歴史上「カロリング・ルネサンス」と呼ばれる知的復興現象を支えた人たちのなかには、フランキア出身ではない、多くの異邦の知識人の名前があった。この事実は顕著であり、彼らの知的復興への寄与はまぎれもないものであるが、誤解してはならないのは、彼らが復興の「起動力」ではなかったという点である。イニシアティヴはあくまでカロリング朝の諸王にあり、異邦の学者を惹きつけたのは、シャルルマーニュを含めた諸王の熱意であったという事実である。

宮廷につどった異邦の知識人の代表格は、ヨーク司教の助祭であったアルクイヌスである。七八一年にイタリアのパルマで、ローマへの途上にあった大帝と会見し、大帝の要請で彼は宮廷学校の指導者として、先に紹介した宮廷での教育システムを作り上げたのであるが、そのもととなったのはアルクイヌス自身が受けたヨークの司教座聖堂学校の仕組みであった。

アルクイヌスは何度か故国に帰ったが、そのつどフランキアに戻り、まさしく「シャルルマーニュの師傅」として、また親友として助言を与え続けた。そして七九六年に宮廷を離れ、トゥールのサン・マルタン修道院の院長となり、一世代後にこの修道院の書写室が、フランキアで最高水準の美麗な大型聖書を制作する下地を作った。彼は八〇四年故郷に帰還することなく異郷の地に歿した。

イタリア出身のピサのペトルスもまた、大帝が直々に招聘《しょうへい》した人物であり、アーヘンに到着したときに、すでに老齢に達していた。文法の大家として著名であり、古代ローマの文法家ドナトゥスの著作に影響を受けた文法書を著している。彼は文字を人間の身体との類比としてとらえ、三要素を指摘している。まず身体に比せられるのは「姿、形 figura」であり、魂に比せられるのは「名辞 nomen」、そして精神に類比されるのは「力感 potestas」であると説いている。

とくに独創性をそなえた文人とはいえないが、宮廷学校における教育の出発点であり、基礎となったのがラテン語文法であったことを想起するならば、その存在は、宮廷学校に重みを与える学者として貴重であった。晩年になり、彼はイタリアに帰国し、七九九年以前に歿している。

ペトルスと同郷で、親交を結んだのはパウルス・ディアコヌスである。彼はアルクイヌスと同じ時期に、シャルルマーニュによりじかにリクルートされ、アルプスを越えた。ランゴバルド貴族の名家に生まれたパウルスは、やがてモンテカッシーノ修道院に入り修道士となった。

しかしながら、彼はそれまでの世俗の友人との交際を断つことはしないで、かなり自由に修道院の外の世界に出かけ、貴人たちと交流していた。

パウルス・ディアコヌスは文献学者で詩人であり、その著作『ランゴバルド人の歴史』や『メス司教事績録』などは、彼の文献学者としての関心と能力を遺憾なく発揮した作品といえる。

スペインからも人材が到来した。のちにフルーリ修道院の院長やオルレアン司教となったテオドルフスである。アルクイヌスが宮廷を離れ、死歿した後は、ことにテオドルフスが神学に関する問題の主要な助言者となった。

修道院での蔵書カタログ制作のコンテクスト

カロリング朝が企てた知的・文化的復興の動きは、これまで指摘したように古典作品の探索や写本制作への情熱をかき立てた。それ以前に比べれば、ほとんど規格化されたといってよいほど画一化されたカロリング小文字書体の急速な普及や、連綴《れんてつ》文字や短縮文字の使用が限られた写本は読みやすく、識字文化の社会的範囲を大きく広げた。

宮廷図書館に収められた写本が、どのような仕方で利用され、社会に役立てられたかを示す例は、ベネディクト戒律の写本である。

シャルルマーニュは、おそらく七八九年以前のことと思われるが、イタリアのモンテカッシーノ修道院に使節を派遣して、この修道院に伝来していた聖ベネディクト自筆の「ベネディクト戒律」の写本を筆写させた。フランキアへのベネディクト戒律の比較的遅れての導入という事実や、わりあいに限られたその採用、あるいは原型を伝える写本の少なさなどもあって、忠実なテクストの筆写が求められていたのである。こうして入手したテクストはアーヘン宮廷の

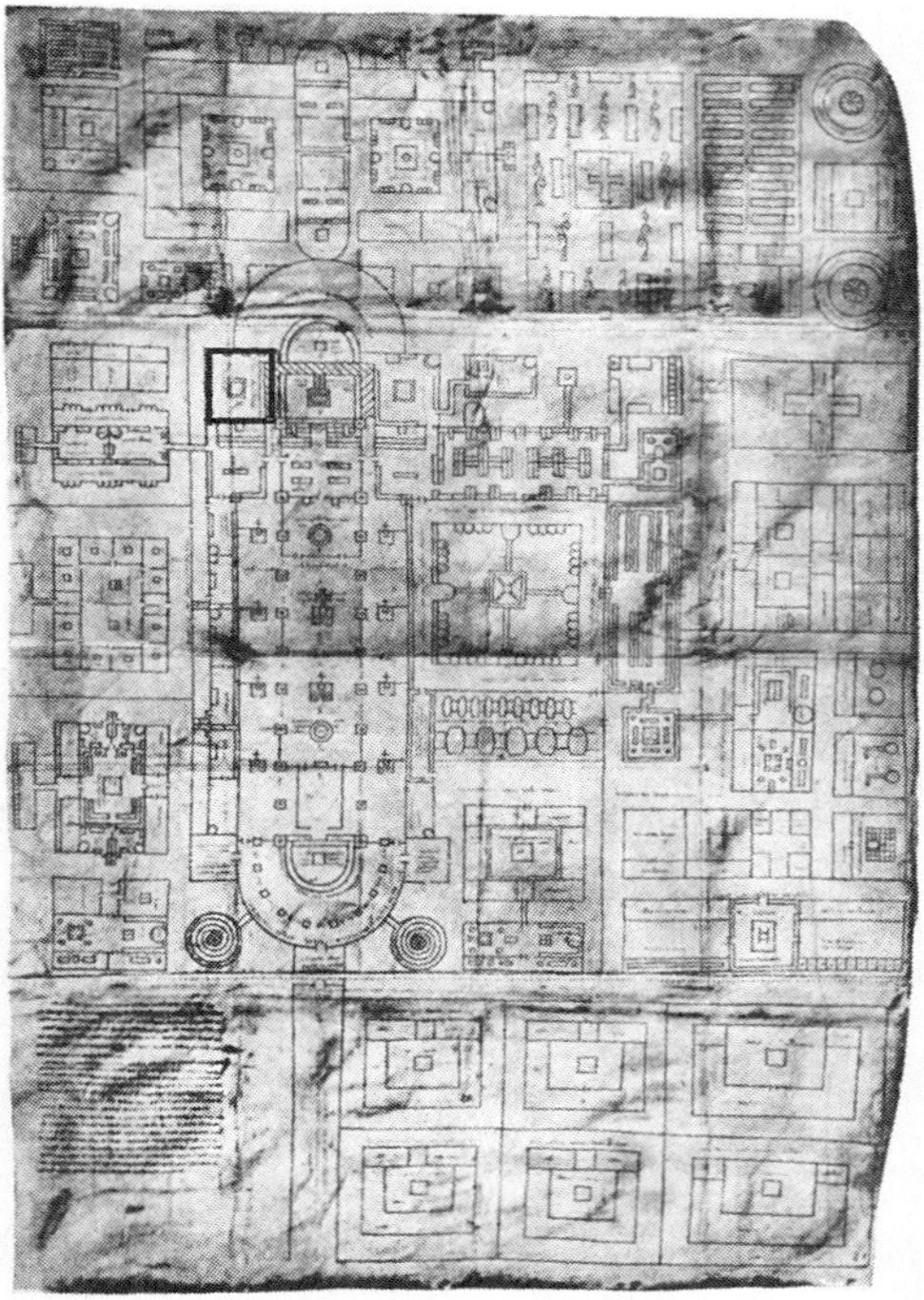

図7―4　9世紀に書かれたザンクト・ガレン修道院のプラン。黒線で囲われた部分が書写室（スクリプトリウム）

図書館に置かれ、修道院は写字修道士をアーヘンに出張させ、この正しいベネディクト戒律写本を筆写するよう、大帝は呼びかけたのである。同戒律の第四八条には、修道士の日課として読書に勤しむことがかなり詳しく定められており、そのことによって、修行のなかで読書を重視する気運が醸成された。

さらに八二〇年頃にコルビィ修道院のヒルデマルスは、ベネディクト戒律の註釈書を著し、修道院図書室の司書に他から借りた書物と、他に貸し出した書物などの記録をつけるようアドヴァイスをしている。この時代になり、文化的な伝統主義に潮目の変化が兆すようになる。以前の古典作品への強い傾斜から、書物文化においても、キリスト教を主軸にした新たな知的伝統の創出へと大きく転換しつつあり、収蔵すべき作品リストの選択にも変化が現れてきた。とくにフランク国家の東半分に位置したライヒェナウ、ザンクト・ガレン（図7－4）、ロルシュ、ムルバッハなどの修道院における蔵書カタログの制作は、こうした潮流を反映した現象であった。

3　カロリング・ルネサンス第二世代の知識人たち

第二世代とは

七八〇年頃から顕著となるシャルルマーニュの宮廷知識人のリクルートと組織化は、すでに述べたようにピサのペトルス、パウルス・ディアコヌスなどのイタリア人、アングロ・サクソン人アルクイヌス、スペインから到来したテオドルフスなどの知的復興の立役者たちを擁していた。大帝が八一四年に歿したのち、アーヘン宮廷の主人となったのは息子のルイ敬虔帝であった。

シャルルマーニュが宮廷に設けた図書館は、当時のヨーロッパで最大級の蔵書数を誇ったが、先に述べたように大帝の遺言により、蔵書は貧者に施しをする金銭に換えられたとされている。宮廷図書館の蔵書カタログが伝来していないので、蔵書の散逸の程度は知りえないが、同時代のさまざまな副次的証言から、一定数の蔵書はそのまま残され、ルイ敬虔帝の宮廷図書館として機能し続けたと考えられている。

敬虔帝の治世に活躍した知識人は、アルクイヌスのような神学、哲学、文学万般に通じた独創的な巨人は見当たらないものの、エインハルドゥス、ラバヌス・マウルス、ヒンクマルス、ワラフリト・ストラボ、セドゥリウス・スコトゥス、パスカスス・ラドベルトゥス、ゴテスカルクス、フェリエールのルプス、スマラグドゥス、アゴバルドゥス、オルレアンのヨナスなどの名前、その著作や作品を挙げれば、その水準の高さは第一世代の知識人が達成した業績にまさるとも劣らない内実をそなえていたことが知られよう。

フリドギススの「無」についての思索

フリドギススは、中世初期にしては稀な哲学的思索能力をそなえた人物であった。彼は師のアルクイヌスと同じアングロ・サクソン出身で、七九六年にシャルルマーニュの宮廷に到着した。そして八〇四年にアルクイヌスが他界すると、彼の後継者としてトゥールのサン・マルタン修道院長に任命され、またサン・ベルタンの院長も兼ねた。八一九年から八三二年までルイ敬虔帝のもとで尚書局長の要職も務めた。現在まで伝えられている、文書作成のひな形を集めた『帝国書式集 ***Formulae Imperiales***』が編纂されたのは、彼が尚書局の責任者であった時期である。またトゥールのサン・マルタンの書写室の名声が、その美麗な大型聖書の制作でフランク国家全体に鳴り響いたのは、このフリドギススが修道院を指導していた時代であった。

彼は多くの著作を著したはずであるが、伝来しているのは小論文『無と暗闇の実体について ***De substantiae nihili et tenebrarum***』のみである。フリドギススがここで論じているのは、宮廷の知識人のあいだで論じられていたものの、結局解答を見つけ出せないでいた問題であった。すなわち「無」とは実体であるか否か、という問いであった。著者フリドギススは普遍概念を引き合いに出しながら、名辞は名指された事物の実在を前提としているがゆえに、「無」もまた実体であると答える。そこから彼は無とは広大な実体であり、一種の原初的素材である。創造主はそこから天使や人間、大地、水その他のものを創り出したのだという結論を導き出すのである。

この小論で注目すべきはフリドギススがもっぱら論理操作のみで結論を導き出し、教父たちの著作の「権威」に依拠することをしていない点である。

「ゲルマーニア」伝道の拠点フルダ修道院

七四四年に、聖ボニファティウスがヘッセン地方に建設したフルダ修道院は、初代院長で聖ボニファティウスの弟子であったストゥルミが七七九年に歿したのちに院長になったバウグルフスの時代に、知的躍動の息吹を伝えはじめる。

後世にシャルルマーニュの伝記『カロルス伝 *Vita Caroli*』を残したエインハルドゥスは、フルダ修道院の修道士として教育を授けられた。大帝の伝記はエインハルドゥスがスエトニウスのローマ皇帝伝を読み、これを手本にして書き上げたと伝えられているが、それはフルダ修道院で修行中の読書によるものと考えられる。なぜならフルダはスエトニウスを所蔵していたからである。ちなみにタキトゥスの『ゲルマーニア』は、フルダ近くのヘルスフェルト修道院で筆写された一点の写本で現代まで伝来したのである。

フルダ修道院といえば、何といってもすぐに想起されるのはラバヌス・マウルスの名前である。七八四年にマインツ地方の貴族の家に生まれたラバヌスは、八歳あるいはさらに幼い折に、両親により幼児献納の形でフルダの修道士共同体に託され、ここで教育を受けた。その後、院長バウグルフスによりトゥールに送られ、しばらくはアルクイヌスの薫陶を受けた。八〇一年頃にフルダに戻り、八二二年に院長となり、八四七年にマインツ大司教になるまで文法家、教育者、モラリスト、註釈学者、詩人と多くの顔をもった百科全書的知識人として活躍し、トゥールの名声を凌ぐ世評をフルダにもたらし、このヘッセン地方の修道院をコルビィ、ザンクト・ガレン、ライヒェナウなどの学問の府として高名な修道院と肩をならべる地位にまで引き上げたのである。

彼の著作『聖職者論 *De Institutione clericarum*』は、中世を通して読み継がれたが、まさしく彼の百科全書的能力を遺憾なく発揮した作品であった。セビーリャのイシドルス、教皇大グレゴリウスの『モラリア』、聖アウグスティヌスの『キリスト教の教義について』、その他聖ヒエロニュムス、ベーダなどの著作を研究しつくした成果といえる。彼の名前を不朽にしたのはカリグラム（図形詩）の形式を借りた『聖十字架を讃えて *De laudibus sancti crucis*』である。キリストの死の影を宿した、それゆえ「恥辱」の象徴であるはずの十字架が、キリストの栄光にまで高められる弁証法的理路を巧みに謳ったこの詩文は、伝来するだけでも一六世紀までに八〇点の写本が知られ、この作品の中世における成功の大きさを示している。

愛書家フェリエールのルプス

一時的にせよフルダ修道院でラバヌスの教えを受けた者として、のちにライヒェナウ修道院長となったワラフリト・ストラボ、ラバヌスと同じく幼児献納の形でフルダに入り、神学を学びさまざまな問題について論じたが、やがて教会を二分する二重予定説、すなわち神の救済に与《あずか》る者とそうでない者とはあらかじめ定められているとする教説を展開したゴテスカルクス、フェリエールのルプスなどがいた。

このなかでルプスは、古典文献の探索に熱中した一五世紀のイタリアの人文主義者の先駆ともいえる愛書家である。幸いなことに彼の書簡集は現在まで伝わっており、名のみ知るばかりの未読の写本を求め、精力的に探索と入手に情熱を傾ける姿が、残された数々の手紙から浮かび上がってくる。

彼は八〇五年頃にバイエルン人の父アンセルムスと、母でフランク人のフロティルディスのあいだに生まれた。パリの南、ガティネ地方にあるフェリエール修道院に入り、八二八年にフルダ修道院に送られた。ここでラバヌス・マウルスの教育を受け、なかんずくゴテスカルクスの知遇を得た。またエインハルドゥスともフルダで知りあった。八三六年にフェリエールに戻り、八四一年にこの修道院の院長に就任している。

彼の神学上の著作は、さほど語るに値するものはない。幾篇かの聖人伝著作が知られるにすぎない。彼の関心と嗜好《しこう》は古代の著作と文学であった。その才能はテクスト批判と文献学的研究に発揮された。同じ古典作品のより完全な写本を求めて、多くの修道院図書館、宮廷をはじめとする世俗の貴顕が所有する図書館を巡り歩き、フェリエール修道院が所有していない書物を借り出して、これを筆写した。写本を校合し、訂正し、推論して補充し、綴り字や単語の分かち書きを確認した。これらは文献学者の作業である。だが、こうした仕事はルプス以前には数世紀にわたって、なおざりにされてきたのである。

彼はみずからの書簡の写しをつくり、一三〇点の手紙を分類し、年次を追って整理し、一冊の写本にした。それはこの種の書簡文学の手本とされ、書写され後代に伝えられた。

第八章　カロリング朝修道院改革の限界とディアスポラ

1　ルイ敬虔帝治世下の修道院改革

七七八年初秋のことである。シャルルマーニュは史上「ロンスボー（ロセスヴァレス）の悲劇」で名高いスペイン遠征の帰途に、ポワティエ地方にある国王ヴィラのシャスネイユに立ち寄った。そこでは王妃ヒルデガルドが、すでに双子の男児を出産していた。ひとりは二歳で早世したロタールであり、もうひとりはルイ、すなわちのちのルイ敬虔帝である。

その三年後の七八一年に、大帝はみずからの臣下を送り込み、新たに組織を再編したアクイタニア地方を、「アクイタニア王国」として、ルイを国王とする下位王国としてカロリング・フランク帝国のなかに位置づけた。この後、八一四年に大帝が歿し、帝国全体の支配者となるべくアーヘン宮廷に移るまで、ルイはほぼ三三年にわたって帝国南部の人となり、その気風のなかで成長することになる。

ルイ敬虔帝の気質

「敬虔帝」という渾名《あだな》は、ルイの神を敬う敬虔の念の篤さに由来していたが、それは彼の修道士を好む気質から来ていた。ルイの死後しばらくして「天文学者Astronomus」と呼び慣わされている伝記作者が証言するところでは、ルイは「神から支配者となるべく定められていなかったならば、修道士になっていたであろう」と常々語っていたという。こうした人となりは、彼の生来のものでもあったであろうが、ある歴史家によればアクイタニアという南西フランスの風土と、この土地に生まれた友人の影響でもあった。

ルイには傅育の友として、のちにランス大司教となるエボが配され、彼とともにアクイタニアの宮廷で育てられた。二人は親密な友人関係を築き、ともに芸術への嗜好を共有した。ルイはイタリアのブレッシァ近くに領地を所有していて、イタリアの文物に触れる機会も多く、七九三年にはラヴェンナにしばらく滞在したりしている。

彼のイタリア趣味の表れのひとつは、八一四年以後にアーヘン宮廷にギリシア風の好みをもちこんだイタリア人絵師の存在である。アーヘン宮廷で使用されていた挿画スタイルは、エボが司教座を治めていた時代のランスのオーヴィリエ修道院に見られた。この修道院には、震え波打つ衣装の襞《ひだ》の表現で有名な「ユトレヒト詩篇」を生み出した書写室があった。

ルイ敬虔帝はシャルルマーニュとは異なり、詩文への好みは希薄であったようだ。その嗜好は神学に強く傾斜していた。父帝がみずからをダヴィデと称し、アルクイヌスにはホラティウス、サン・リキエ修道院の俗人院長アンギルベルトゥスにはホメロス、オータン司教モドウィヌスはオウィディウス、オルレアン司教テオドルフスはピンダロス、ザルツブルク司教アルンはアクィラなど古代の文人の渾名を与えて、機知に富んだ詩文の遣《や》り取りを楽しんだのに引きかえ、ルイの時代のアーヘン宮廷につどったのはもっぱら神学者たちであった。

ルイの師傅アニアーヌのベネディクト

ルイがアクイタニア王としてこの地にあった時期に、大きな影響を与えたもうひとりの人物は、アニアーヌの聖ベネディクトである。彼は七五〇年頃に南フランスの地中海に面したマグロンヌの伯の息子に生まれた。「ベネディクト」を名乗る以前はウィティツァ（Witiza）という名前で、八世紀はじめの西ゴート王の名前と同じところからもうかがえるように、その血統は西ゴート人であった。

ベネディクトが最初に修道生活を経験したのは、ディジョンに近いサン・セーヌ修道院であった。その後、古い東方の修道戒律をいくつか取り入れてみたが、最も好適と思われたのがヌルシアの聖ベネディクト戒律であった。だがそれに飽き足らず、南部地方の修道院を巡り歩き、ときには戒律について助言などをし、その声望は高まった。こうしてベネディクトは王ルイの知遇を得ることになった。八一三年のシャロン公会議は二人の共同作業であった。その第二条には、ブルゴーニュ地方の修道院すべてで、ベネディクト戒律が規範となるにいたったと明言されている。

大帝の死後アーヘン宮廷の主人となったルイが、最初に手をつけたのは宮廷の風紀の粛正であった。ルイは宮廷に起居し、日々宮廷の社交生活を楽しんでいた姉妹たちに女子修道院に隠棲するよううながし、芳《かんば》しくない風評の女性たちを宮廷から追放した。宮廷を可能なかぎり修道院の風紀に近づけるよう努めたのである。それまで聖職者と俗人とがほどよく交際し、互いを高めあっていた「古き良き秩序」（ウォレス＝ヘイドリル）は、著しく聖職者的な気風に染められてしまった。

アーヘン宮廷に移ったルイは、直ちにアニアーヌのベネディクトをこの地に呼び寄せた。そして宮廷近くのインダ（現在のコルネリミュンスター）に修道院を建てさせ、フランク帝国全体の修道院改革に乗り出したのである。

アニアーヌのベネディクトによるベネディクト戒律の改編

すでに触れたように、シャルルマーニュはモンテカッシーノ修道院に使節を派遣して、「ベネディクト戒律」を筆写させ、正しい戒律の内容をフランク帝国全体に行き渡らせるために、ヌルシアの聖ベネディクトみずからが記した原本を写した、正しい写本を宮廷が保管し、これを筆写するよう修道院に督励した。大帝のこうした努力にもかかわらず、改革の動きは鈍かったのである。

ルイ敬虔帝はこうした状況に飽き足らず、八一六年夏にアーヘンで公会議を開催し、在俗聖職者や聖堂参事会員についての決議条項とならんで、二七条からなる決定をなさしめた。後者は、修道士はすべからく同じ使命を負っているのであり、同じ義務をはたさなければならず、聖ベネディクト戒律に定められている通りに聖務を執行すべしと、あらためて示された。あくる八一七年七月には、修道院長と修道士たちが議論し、戒律についての宣言を勅令条項の形で公表した。

イタリアから出席したモンテカッシーノ、ファルファ、サン・ヴィンチェンツォ・アル・ヴォルトゥルノをはじめとする修道院の院長たちは、以前と同じように聖ベネディクトが開いたモンテカッシーノの慣習に忠実であり続けることを表明した。それ以外のフランク帝国の修道院は、アニアーヌのベネディクトが起居するアーヘン近くのインダ修道院にそれぞれ二名の修道士を派遣して、聖ベネディクト戒律を根幹とする新しい戒律を習得するように命じられた。この決定がお題目で終わらず、きちんとした形で実施されるよう、皇帝みずからがその監督官を指名したのである。アニアーヌのベネディクトその人が、何度か監督官に指名されている。その意味で、インダ修道院はベネディクト戒律に従って「修道士が生活することを学ぶ学校」となった。

アニアーヌのベネディクトは、実質的に改革の最高責任者として、彼の「伝記」の作者アルドによれば、ベネディクト戒律についての自身の見方を詳しく解説した。この点を盛り込んだ勅令は、実質的に「戒律」の改編を含んでいて、オリジナルが想定していなかったものの、この時代に必要とされた規定を新たに設けたり、時代に合わなくなった規定を削除したりした。こうして出来あがった「新しい戒律」は、その戒律の一章一章を諳《そら》んじて覚えてしまうまで、徹底的に学ばれなければならなかった。

戒律の画一的遵守とさらなる厳格化

戒律の遵守の問題には、修道制における院長の地位の問題が深く関わっている。ベネディクト戒律のテクストそのものからは、必ずしも明瞭に浮かび上がってこないのだが、修道制において院長は絶対的な支配者であった。前にも述べたが、フェルテンは、修道院長の支配について、有名なマクス・ヴェーバーの「支配の諸類型」を引用しながら、その絶対性を強調している。そして中世初期にあっては、仮に当該修道院がベネディクト戒律を規範としているといっても、規律の運用は院長が必要に応じて専断的に決定し、そのために修道院ごとに運用が異なり、やがて長期にわたってこれが継承され伝統となり、従う規範がベネディクト戒律といっても、まるで別の戒律に従っているようにまちまちであったのである。

こうした事情を前にして、改編の手を加えたといっても、本質的にベネディクト戒律にはちがいないこの規範を、画一的に厳格に遵守するよう監視する機関がインダ修道院とアニアーヌのベネディクトであった。インダに訓練のため派遣されたライヒェナウ修道院の修道士が、院長に報告した記録が現在まで伝来している。

アニアーヌのベネディクトはそれにとどまらず、修行の内実をより加重した。まず修道士の聖務と祈禱時間をより長くした。すなわち死者祈念禱を毎日実施することと定めた。また午前四時に始まる朝課に先立って、生者のために詩篇を五つ朗唱し、以前物故した死者のために同じ数だけ、さらに最近物故した死者に同じだけ朗唱することが求められた。これがいわゆる三重の朗唱である。

朝課の後には詩篇集を歌唱しなければならなかった。さらに聖務日課のなかに、聖人祝日暦や戒律の読誦が組み込まれ、こうすることで一時課の特別な性格が強調されることになった。修道士たちは一団となって、日に三度院内にあるすべての祭壇をめぐり、それぞれに祈りを捧げることも求められた。聖ベネディクト戒律で、修道士が最も重きをおかなければならなかった聖務日課が、修道士が何をさしおいても優先して取り組まなければならない務めとなった。こうして聖務日課を根幹とする祈禱が、修道士の手労働をほぼ全面的に消滅させてしまったのである（ジャック・ポール）。

修道院の構造変化

アニアーヌのベネディクトが主導権をもって発布した一連の修道院関連の勅令は、それまでの修道士と院長との関係に大きな変化をもたらした。その流れのなかで、院長と修道士団との距離が以前よりも近くなった。すでに繰り返し指摘したように、修道院長による修道士の統率は「支配」という概念をもって語ることがふさわしい、有無を言わせぬ内容であった。それがポスト・ローマ期以来の伝統であったといってもよい。しばしば院長は修道院に起居せず、修道院外の別の場所、たとえば都市のなかに住まい、俗人と自由に交際することもあった。それは七世紀中頃から始まる俗人修道院長という現象が見られるようになった時期に、とくに顕著であった。その後院長は修道院敷地内に起居するよう定められた。院長はもはや「支配」する者ではなく、修道士たちの統率者という本来の地位に戻ったのである。

アニアーヌのベネディクトは、院長は戒律に定められているように修道士団の選挙で選ばれるべきであると考えていたが、八一八年／八一九年の勅令が謳うように、院長の自由選挙は少数の修道院の特権にとどまった。そうした特権を享受した修道院に関しても、修道院長が新たに選ばれるたびごとに、国王の認可を得なければならなかったのである。この問題は、ルイ敬虔帝時代の修道院改革の限界を画す弱点となるのだが、これについてはまた後で触れることにする。

もうひとつ大事な点は、アニアーヌのベネディクトが修道院と外界との交渉をできるだけ排除しようと努めたことである。ベネディクト戒律第五三章「来客を受け入れることについて」で縷々定められているように、外部の客人の受け入れは修道院の社会的な務めでもあったが、いまや修道院への宿泊ができるのは聖職者か、修道誓願を願う者に限られるようになった。また修道院の教育機能についても、幼児献納によって、将来修道士になるよう定められた子供以外は、教育を施すことをしなくなった。

こうして修道院と修道院の外の世界との関係は、完全に切断されてしまったとはいえないものの、極めて希薄とならざるをえなかった。

サン・マルタン修道院（トゥール）の選択

良きにつけ悪しきにつけ、修道院がこれまで培ってきた伝統とのあまりにラディカルな断絶は、いくつもの修道院にこのような改革を受け入れることを躊躇《ためら》わせた。すでに述べたように、聖務日課での祈禱行為の過重なありようが、伝統的に修道院が担ってきた文化的活動をおこなうこと、なかんずく写本制作のような知的な作業に勤しむことを不可能にするにいたっては、有力な修道院は、ある決断を迫られることになった。それはもはや修道院として存続することをやめて、より緩やかな生活規律を保ち、共同で生活するものの、成員一人ひとりが自己の個人財産を所有し、プレベンダ（参事会員禄《ろく》）を給される修道参事会に組織替えをすることであった。これには、八世紀中頃にメス司教クロデガングが組織した聖堂参事会制という歴史的先例がある。

八一八年にトゥールのサン・マルタン修道院が選択した進路がこれであった。以後、サン・マルタンは厳密な意味では修道院ではなく、修道参事会として存続することになる。ただし八三二年にルイ敬虔帝が強権をもって、再び修道院の枠に復帰させたことがあった。しかしシャロン・ファーマーによれば九〇三年に「参事会員禄」が云々されているところから、遅くともこの時期までには再び修道参事会に模様替えしたようである。

これに対して、トゥールに聖マルティヌスが開いたマールムティエ修道院は、修道院のままであり続けた。

同じ都市にあって大きく対応が分かれたのは、サン・マルタンの活発な写本制作や、教育活動への自負が大きな要因であったのではないかと推測される。八一八年に初めて修道参事会に衣替えをしたのは、修道士と院長のあいだで、アニアーヌのベネディクトの改革への対応をめぐって激しい対立があり、結局ベネディクトがトゥールに出かけ、状況を確認したうえで、修道士団が主張する修道参事会への転換もやむなしと判断した末のことであった。

院長選出改革の挫折

すでに述べたように、ベネディクト戒律は修道院長の選任を、修道士団が選出した修道士を管区司教が任命するという手続きとして定めている。しかしとくにカール・マルテルの時代から、修道士団による選出というプロセスを無視して、君主が勝手に院長職をみずからの都合で俗人、あるいは任意の教会人を選んで選任するということが、頻繁におこなわれるようになっていた。

この事態について、カール・マルテルが開始したとされる封建騎馬軍団の形成との関連が指摘される。つまり費用の嵩《かさ》む封建家臣による騎馬軍の形成を、修道院が擁する莫大な収入によってまかなうために、みずからの意向に従って修道院領、教会領の一部を還俗《げんぞく》し、準国庫として家臣団に配分することができるようにするための措置の一環であったと説明される。国家の経営にとっても重要な意味をもつこの措置を、真の意味で撤廃することは容易ではなかった。シャルルマーニュがアルクイヌスの功績に報いるために、トゥールのサン・マルタン修道院だけでなく、ガティネのフェリエール修道院その他の院長職を兼任させた。むろんこれは、院長として修道院の富をみずからの帰属財産とすることを目的としての措置である。

ルイ敬虔帝の修道院改革は、こうした院長の選任の方式を改めるのに成功しなかった。院長の任免は王権にとって、あまりに重要な求心力獲得の手段であったからである。それでも修道院収入を二分し、半分を修道士団に、残りの半分を院長の収入とする配分規定が勅令により定められはした。九世紀中頃には、これが共通の基準とみなされた。なかにはシャルルマーニュ時代から、修道院の施療院や救貧院に一定の給養を割り振っている、ロレーヌ地方のサン・ミール修道院のようなところもあった。

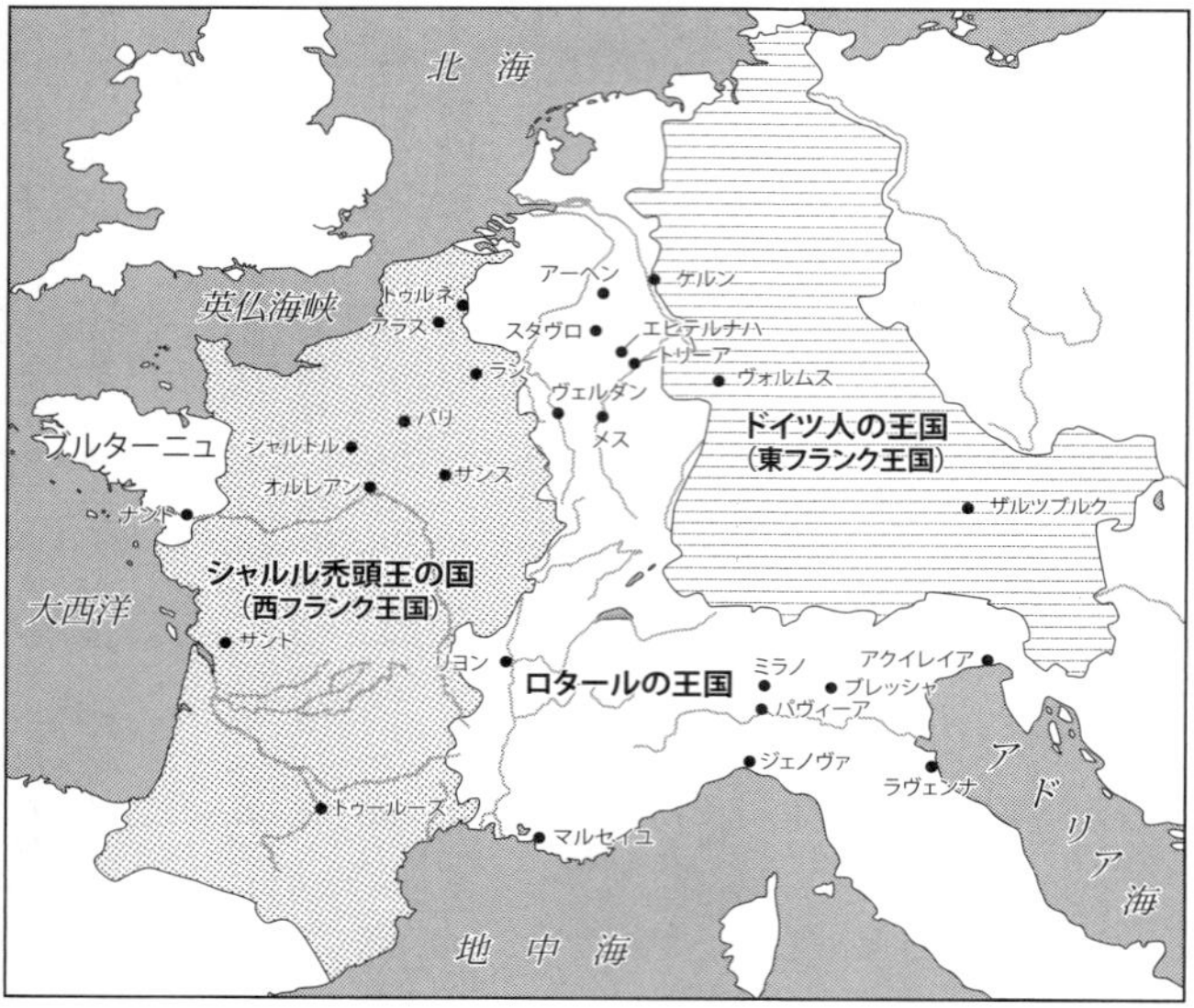

図8—1　ヴェルダン条約による王国分割（843年）

アニアーヌのベネディクトが八二一年に歿し、ルイ敬虔帝が八四〇年に他界すると、改革の推進力は失われてしまった。八四三年のヴェルダン条約で、フランク帝国が敬虔帝の息子たちのあいだで三分割され、相互の勢力争いが激化するにつれて、修道院所領の各王国内の政治的・経済的手段としての比重は増し、修道士団による院長選出という戒律に定める選出法の実施は、一層画に描いた餅《もち》となった。

ルイの長子ロタール一世は、家臣で伯のアダラルドゥスにエヒテルナハ、トリーアのザンクト・マクシミン、スタヴロ、アラスのサン・ヴァースト修道院の院長職を兼任させている。

修道参事会組織への変容

トゥールのサン・マルタン修道院の修道参事会への組織替えは、院長と修道士団との話し合いのなかで生まれた結果であったが、事情は修道院によって異なる。

エヒテルナハ修道院の場合は、俗人院長であった伯アダラルドゥスが修道参事会組織への変革をおこなったが、それは修道士を参事会員にして、彼らに参事会員禄を支給したほうが、遥かに安上がりであり、残る分はみずからの取り分にすることができたからである。メスのサン・アルヌール修道院も同じ理由で、九世紀中葉に修道参事会に変わった。ヴォージュ地方にあるモワイアンムティエ修道院やヴェルダンのサン・ヴァンヌ修道院も、九世紀末頃に参事会に模様替えした。

時期ははっきりと特定できないが、その他多数のフランク帝国の修道院が、修道参事会に転換した。こうした事態の進展により、修道制は大きな危機を迎え、また修道制であるにせよ、参事会制であるにせよ律修生活は極めて不安定な状態におかれたのである。

2　外敵による修道院の破壊・略奪と離散

九世紀と一〇世紀は、フランク帝国とその周辺に位置する地方は、いくつもの異なる出自の民族集団の侵入と攻撃にさらされた。私はこれを単なる歴史の偶然と見ることができないと考えている。いまだ十分に解明はされていないが、それはおそらく「世界システム」と形容されているグローバルなシステムの転換がその背後にある歴史現象と考えなければならない。そのことをここで詳しく論ずるのは、主題から大きく逸《そ》れることになるので、これ以上述べることをしないが、読者はこのことを記憶にとどめておいてほしい。

さて、ここで扱う「外敵」とはノルマン人すなわちヴァイキング、イスラーム、そしてマジャール人たちのことである。彼らの略奪や破壊の対象は修道院には限らないが、俗世との関係が希薄な孤立したあり方や、貴金属製のさまざまな聖具、あるいは取引の対象となる高価な豪華写本などを、数多く所有していたことから、容易に攻撃の対象となったのである。

ヴァイキングの最初の侵略

ヴァイキングがヨーロッパで最初に攻撃を仕掛けた修道院は、ノーサンブリア王国のリンディスファーンであった。かつてベーダが修道生活を送ったことで知られるこの修道院は、七九三年にヴァイキングの餌食《えじき》になった。その報に接したこの地方出身のアルクイヌスは、『リンディスファーンの破壊』と題する「運命の運ぶままに悲しみは喜びとまじりあい、なんぴとも喜びを思うままにはしえない」で始まる詩を残している。七九五年にはスコットランド西部の小島にあるアイオナ修道院、七九九年にはロワール川の河口の小島にあるノワールムティエ修

図8―2　パリを襲撃するヴァイキング

道院が攻撃を受けた。ノワールムティエでは生き残った修道士たちが創建者フィリベルトゥスの聖遺物を携え、七〇年以上にわたってフランキアを転々と移動し、最後はブルゴーニュ地方のマコンに近いトゥルニュスに定着し、二度とノワールムティエに帰還することはなかった。その後この小島はロワール川地方を侵略するためのヴァイキングの基地の役割をはたした。

フランス領域での侵略と破壊

ヴァイキングの侵略と破壊によって、修道院が大きな被害を受けたのはおもにフランスとイングランドであった。

初期の攻撃は、以後一世紀におよぶ侵略と破壊行動の始まりの狼煙《のろし》でしかなかった。フランスはルイ敬虔帝と息子たちの内訌《ないこう》が、

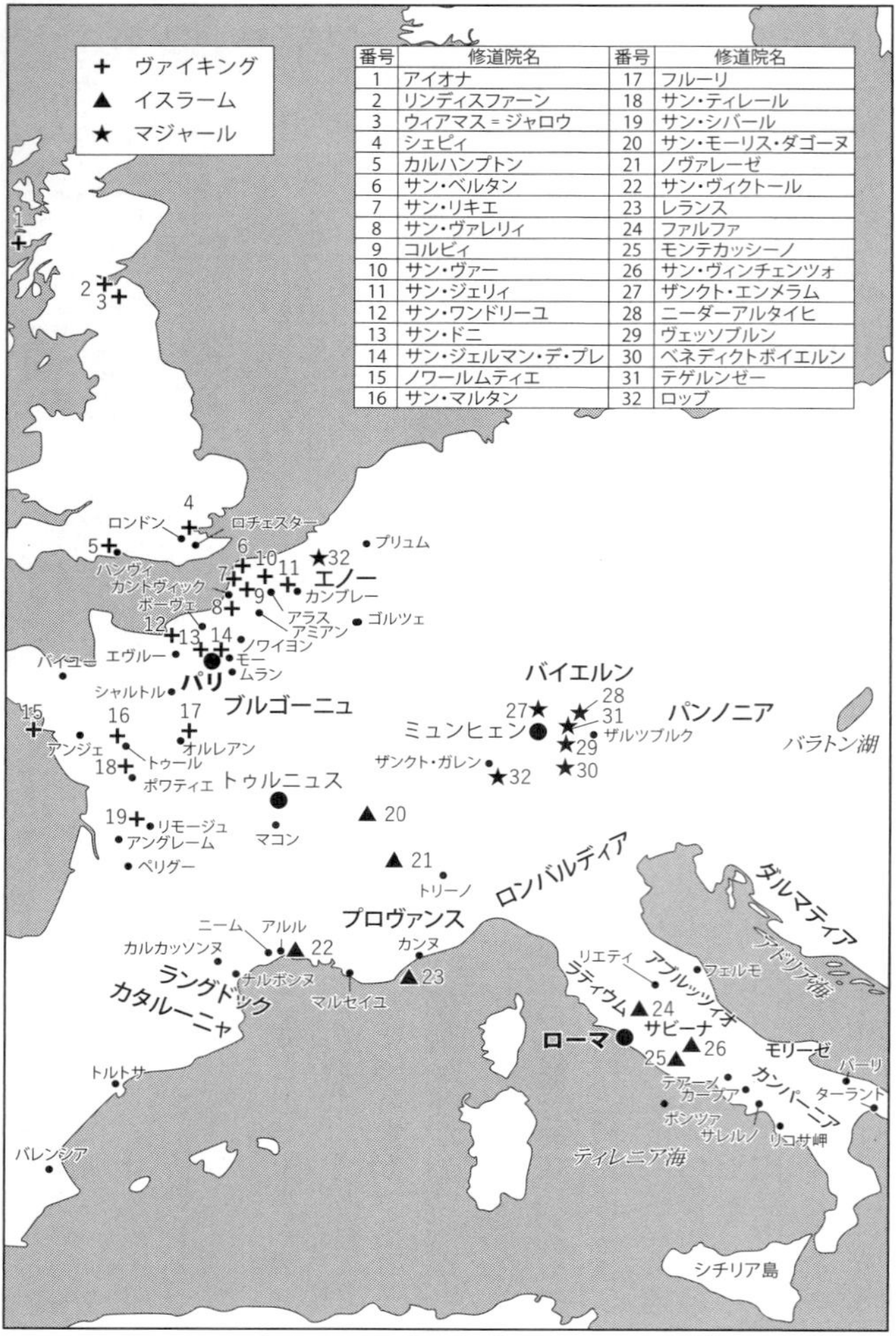

番号	修道院名	番号	修道院名
1	アイオナ	17	フルーリ
2	リンディスファーン	18	サン・ティレール
3	ウィアマス＝ジャロウ	19	サン・シバール
4	シェピィ	20	サン・モーリス・ダゴーヌ
5	カルハンプトン	21	ノヴァレーゼ
6	サン・ベルタン	22	サン・ヴィクトール
7	サン・リキエ	23	レランス
8	サン・ヴァレリィ	24	ファルファ
9	コルビィ	25	モンテカッシーノ
10	サン・ヴァー	26	サン・ヴィンチェンツォ
11	サン・ジェリィ	27	ザンクト・エンメラム
12	サン・ワンドリーユ	28	ニーダーアルタイヒ
13	サン・ドニ	29	ヴェッソブルン
14	サン・ジェルマン・デ・プレ	30	ベネディクトボイエルン
15	ノワールムティエ	31	テゲルンゼー
16	サン・マルタン	32	ロッブ

図8—3　9—10世紀に外敵の襲撃を受けた主要な修道院

統治の乱れと外敵に対する戦闘意欲の低下を招いていたが、敬虔帝の死後にはこうした状況はさらに深刻となった。この隙《すき》を突くように、デーン人ヴァイキングの侵略の矛先がフランスに向けられた。八三〇年から八四〇年までは、カントヴィックやソンム川、セーヌ川、ロワール川、ガロンヌ川などの大西洋に面した海港や、河川沿いの地域の都市や修道院が標的になったが、それ以後は河川を遡ってさらに内陸の地にまで侵略対象を広げた。彼らは破壊した土地から馬匹を調達し、騎兵となって神出鬼没の戦いを仕掛けた。

八五三年にトゥールのサン・マルタン修道院が最初の攻撃を受けた。八五六年からはパリ、シャルトル、エヴルー、バイユー、ボーヴェ、アンジェ、トゥール、ノワイヨン、アミアン、ムラン、モー、オルレアン、ペリグー、リモージュなどの都市が襲撃され、都市内や近郊にある修道院が、略奪と放火の対象になったのは言うまでもない。

修道院名を挙げるならば八六一年にサン・ワンドリーユ、サン・ヴァレリィ、サン・ベルタン、サン・ジェルマン・デ・プレ、八六五年にはアングレームのサン・シバール、ポワティエのサン・ティレール、オルレアン近郊のフルーリが犠牲となった。またカンブレーのサン・ジェリィとアラスのサン・ヴァーは八八〇年に、コルビィとサン・リキエは翌年の八八一年に略奪と破壊の被害を受けた。

これら多くの修道院は一度だけでなく、二度あるいは三度も繰り返し略奪の対象になっている。

イングランドへの侵攻

イングランドとアイルランドへのヴァイキングの攻撃は、フランス地域に対するのとは、少しばかり様相を異にしている。たしかにイングランド北東沿岸地方に位置するリンディスファーンやウィアマス＝ジャロウ、北西沿岸のアイオナへの襲撃はまさしく、これらの格式ある大修道院が標的となった。

しかし、その後八三〇年代のシェピィ（ケント）、カルハンプトン（ウェセクス）、八四〇年代はじめのロンドン、ロチェスター、ハンヴィなどでは、修道院よりはむしろ都市や集落が対象となった。ひとつにはイングランドには、フランク帝国のような富裕な修道院の数が限られていたという事情もあったであろう。アイオナ修道院は七九五年、八〇二年、八〇六年、八二五年の四度も襲撃を繰り返し受けている。八二五年には、院長のブラースマクが聖コルンバの遺物が収められた匣《はこ》の隠し場所を白状しなかったために殺害された。「リンディスファーンの福音書」や「ケルズの書」などの至宝が略奪を免れたのは、こうした尊い犠牲のおかげであった。襲撃者たちは攻撃対象に設定した修道院が所有する富の内容をかなり詳しく把握していたのである。

こうした行動様式から導かれる結論は、豊かな動産を所有していることが確実な修道院が対象となったということであり、この原則はフランス領域の修道院にもそのまま当てはまるのである。

いまひとつ考えられる理由は、早期の段階でデーン人がイングランド全土を支配下におき、みずからの領土にしようと意図したことである。最終的にはウェセクス王国のアルフレッド大王の努力によって、彼らの目論見《もくろみ》はデーンロー地域と呼ばれるイングランド中西部に限定された領土となったが、財貨略奪からの方針の転換は、おそらくイングランドの富の貧しさに起因していたと思われる。

アイルランド修道制の終焉

アイルランドに到来したのは、おもにノルウェー人ヴァイキングであった。アイルランドの人々は一方で都市の形成、アイルランド最初の貨幣の造幣、それまでの伝統的な航海技術を一新する航海法の導入などはヴァイキングに負っていた。航海についてのほとんどすべての用語はノルウェー語からの借用であるとされている。

ヴァイキングのアイルランドへの進出は、アイルランド修道制にとって致命的な打撃を与えた。むろん修道院が所有していた貴重で高価な聖具は奪われ、貴重な写本は散逸した。「緑の殉教」と称された布教・伝道の精神は失われ、書写室は活力を奪われてしまった。中世初期にあれだけの厚みと高い水準を誇ったアイルランド知識人のヨーロッパ文化への寄与は、以後長く停滞することになる。

フランスの修道院への打撃

ヴァイキングは単純に略奪、破壊、放火といった一方的な攻撃のみに終始したわけではなく、身代金の支払いを修道院あるいは君主に要求し、望みの身代金が支払われれば、攻撃を控えるといった手段を使って脅迫した。八四一年にサン・ワンドリーユ修道院は銀六ポンド（約三キロ）を支払って攻撃を免れ、サン・ドニ修道院は、二六人の人質を銀二六ポンド（約一三キロ）で買い戻している。

八五八年にはこの同じサン・ドニは、院長ルイを人質に取られ、金六八八リブラ（約六〇キロ）、銀三二五〇ポンド（約一六二五キロ）の支払いを要求された。院長ルイはシャルル禿頭王《とくとうおう》の国璽《こくじ》尚書を務め、母系を通じてシャルルマーニュの孫にあたる人物である。司教、伯、修道院長たちが協議して資金を醵出《きょしゅつ》して支払いに応じた。これはほんの一、二例である。このほかにも多くの修道院や君主が定期的な支払いにさえ応じたのである。

ヴァイキングの攻撃が、身代金の支払い要求だけでも、修道院の富をどれほど消尽させたかがうかがわれるのである。

もうひとつの、歴史的により重大な意味をもつ打撃は、火災による文書と写本の焼失である。トゥールのサン・マルタンは都合五回にわたりヴァイキングの襲撃を受けた。八五三年が最初で、このときは聖堂と院内の礼拝堂すべてが火に包まれた。聖マルティヌスの遺骸は近くのコルメリィ修道院に移され、宝物はオルレアンにあらかじめ避難させたので事なきを得たが、文書類は焼失してしまった。メロヴィング王朝以来の貴重で膨大な文書群は永久に失われたのである。

その後八五六年、八五七年、八六七年と一〇年のあいだに三度も襲来を受けたが、何度かは金銭を支払い、破壊を免れたようである。最後の襲来は九〇三年であった。このときも襲撃者たちはサン・マルタンの聖堂、諸堂に火を放ち、トゥールの街区をも襲い略奪を行っている。

カロリング小文字書体の先駆とされる「マウドラムヌスの小文字書体」を生み出し、中世ヨーロッパの写本文化の歴史において圧倒的な重要性をもつコルビィ修道院もまた、ヴァイキングの来寇《らいこう》の犠牲となった。八八一年の襲撃により、多くの文書や写本が焼失してしまった。数奇な流転を経て、この修道院の写本の多くは、現在ロシアのサンクト・ペテルブルグにある国立図書館が所有している。

イスラームの来寇

イスラームの勃興の起点は六二二年のムハンマドとその盟友たちのマディーナ（メディナ）への移住に始まるが、そのアッラーへの信仰は、西はモロッコのタンジールから東はアフガニスタンのヘラートまで、北はカスピ海沿岸のバクーから南はアラビア半島のアデンまで、またたくまに広まった。その後しばらくの休止期間を経て、今度は八世紀はじめに、東はパキスタン南東部のシンド地方から小アジア、ホラズム地方にまで、西はベルベル人のタリク・イブン・ジヤードの指揮下に七一一年、七〇〇〇の騎兵がイベリア半島の南端にあるジブラルタル（ジャバル・タリク＝タリクの丘）に上陸、内訌で疲弊していた西ゴート王国の軍勢を一蹴《いっしゅう》し、コルドバを奪取、一一月には首都トレドを占領した。七一四年には北部の山岳地帯であるアストゥリア地方を除いて、イベリア全土がシリアのダマスカスを拠点とするウマイヤ朝カリフの支配下に入った。

ラングドック地方の侵略

イベリア半島を制圧したムスリム（イスラーム教徒）が、ピレネー山脈を挟んで北に広がるフランキアに征服の展望をもつのは自然な成り行きであった。七一八年以後、かつての西ゴート領ラングドック地方が、ムスリムの侵略と占領の対象となった。アブデル・ラーマン・エル・ガーフェキが率いる騎兵軍が、長駆フランキアの奥深くに侵入し、トゥール・ポワティエ間の戦い（七三二年）でカール・マルテルの指揮するフランク軍に敗北し、撤退した後も、南フランスの状況に変化はなかった。ナルボンヌ、ニーム、カルカッソンヌは、これより早く七二五年に、さらにプロヴァンス地方のアルルが七三四年に火を放たれた。

ラングドック地方の多くの有力修道院は九世紀初頭の創建であったから、カロリング朝がこの地方を「セプテマニア辺境領」という軍事的防備領域として編成したこともあり、ムスリムのラッジア（来寇）の直接的な対象となることは比較的少なかったといってよい。それでも司教座都市に五世紀以降に建設された都市修道院の文書焼失は決して軽視しえない規模であった。

プロヴァンスとブルゴーニュのラッジア

ローヌ川の東に展開するプロヴァンスやブルゴーニュ地方へのムスリム侵攻は、八四〇年頃に先鋭化する。マルセイユが八三八年と八四八年に、また九二三年に侵略された。聖カッシアヌス以来の由緒あるサン・ヴィクトール修道院は襲撃され破壊されたために、マルセイユ司教でサン・ヴィクトールの院長であったドロゴは一時期アルルに避難した。このアルルも八四二年と八五〇年に襲撃を受けることになった。

八九〇年にスペインから到来したムスリムの一団が、カンヌ西方のサン・トロペ湾を見下ろす丘陵――現在「モール人の山」と呼ばれている――に集落形態の橋頭堡《きょうとうほ》を築いた。これによってムスリムはグラン・サン・ベルナール峠をはじめとする、アルプス越えの街道を自由に往来できるようになった。モン・セニス峠に近いノヴァレーゼ修道院は九〇六年を手始めに三度襲撃され、トリーノに避難した修道士が帰還して、再建したのは西暦一〇〇〇年頃のことであった。

グラン・サン・ベルナール峠道沿いの名刹《めいさつ》サン・モーリス・ダゴーヌ修道院は、九四〇年にムスリムに占拠され、行き交う旅人から通行税を名目に金品を巻きあげる拠点にされた。

さらに悲惨であったのは、カンヌの沖合にあるレランス島の古刹レランス修道院の運命である。この修道院は一〇〇三年に最初の襲撃を受けて、一一九七年に終了するまで、四回の侵略を受けた。最も悲惨な結果となったのは第二回目の一〇四七年の襲来であり、このときは多くの修道士が捕虜となり、カタルーニャのトルトサと、バレンシアのデニアに連行され、最後にシチリアに奴隷として売り飛ばされたのであった。

南イタリアへの進出

ムスリムの徒党がイタリア南部に姿を現したのは、八三四年と八三九年のあいだで、ベネヴェント大公とナポリ大公の争いにおいて、ナポリ大公が起用した傭兵《ようへい》としてであった。ついで八四〇年頃に、イタリア半島の西海岸のティレニア海に浮かぶ小島ポンツァとサレルノの南リコサ岬、それにターラントを同時期に基地にしたムスリムは、翌年にバーリを占領しアドリア海の支配にも乗り出した。

こうしたムスリムの勢力拡張を前にして、イタリア王ルドヴィコ二世（皇帝ロタール一世の息子）は、長い伝統をもつビザンティン帝国海軍の力を借りるべく皇帝バシレイオス一世に援助を求めた。皇帝はシチリアの要衝がいくつも陥落し、またビザンティン領のダルマティア地方が侵略を受けたこともあり、これに同意し、その結果バーリは八七一年に三〇年ぶりでムスリムの支配から解放され、ターラントも八八〇年に回復した。

こうした状況のなかで、ムスリムの侵略はその矛先をラティウム、カンパーニア、アブルッツィオに向けられることになった。これらの地方では毎年のようにムスリムの襲撃が繰り返され、都市壁で護《まも》られた空間の外では修道生活を安全におこなうのは不可能になった。

イタリア中部・南部修道院の劫掠

イタリア中部のモリーゼ州に属する山地にあるサン・ヴィンチェンツォ・アル・ヴォルトゥ

図8―4　サン・ヴィンチェンツォ・アル・ヴォルトゥルノ修道院の遺跡

ルノ修道院（図8―4）は、八六一年にバーリのアミール（総督）であったサワダンが率いたムスリムの一団の襲撃を受けた。その折には交渉によって、金貨三〇〇〇ソリドゥスと引きかえに劫掠を免れることができた。二〇年後の八八一年はこれまでとは事情がちがった。ムスリム集団の来襲の情報を事前にキャッチした修道院側は宝物を隠し、院長を先頭に修道院の使用人も含めて戦闘体制を整え準備したのである。激しい戦いのなかで、ひとりの使用人がムスリム側に寝返り、手引きをして修道士軍団を敗北に導いた。その結果、生き残った院長マイオとともに逃亡に成功した者を除く全員が虐殺された。

修道院はその後三〇年間にわたって放棄された。

サン・ヴィンチェンツォから南西に四〇キロほどの地点にあるモンテカッシーノ修道院は、八八三年に数週間の間隔をおいて二度襲撃を受けた。逃亡した者や虐殺を免れた修道士はカンパーニア州のテアーノ、ついでカープアに避難した。修道士たちが帰還したのは九四三年以後のことであった。

最後にサビーナ地方のファルファ修道院の場合を見ておこう。修道院長は修道士団と宝物を三つのグループに分け、それぞれローマ、リエティ、フェルモに向かわせ、ムスリムが襲来したときには、もぬけの殻状態であるように措置した。しかし年代記によれば「キリスト教徒の盗賊」が修道院を根城にして略奪を働き、あまつさえ火を放ったのである。やがてフェルモに難を逃れたグループが舞い戻ったものの修道院跡にではなく、さらに山深いサンタ・ヴィットリアに居を定め、そこで三五年から四八年を過ごすのである。ファルファ修道院が再建されるのは九三三年頃であった。

イタリアの中南部の修道院の運命は、まさしくディアスポラ（離散）の様相が色濃く出ている。

マジャール人と彼らの西ヨーロッパ侵略

七九六年にシャルルマーニュの軍隊が、パンノニア（ハンガリー平原）に蟠踞《ばんきょ》していたアヴァール人を駆逐したことにより、この地に広大な政治的真空地帯が生まれた。ドイツ北西部の勢力はドナウ川沿いにパンノニアに移動するとともに、北のスラブ（大モラヴィア）人、南のクロアティア人の勢力もこの地を占取すべく浸透しつつあった。八五〇年はザルツブルク大司教が、バラトン湖の北に教会を建設し、本格的に宣教に乗り出そうとしていた。

だが八九五年に突然新たな遊牧民族マジャール人がカルパチア山脈を越えて侵入し、一世紀前からの他の諸民族の胎動をすべてブロックしてしまった。この民族は、ヴォルガ川中流域で野生馬の飼育を生業にして遊牧生活をしていたフィノ＝ウゴール系の言語を話す集団を中核にし、その後トルコ系の部族オノグルを吸収し、そこからハンガリーという別称が由来している。

王アルパドが率いた騎馬軍は、その頃パンノニアに定住していた人々を駆逐し、「大モラヴィア王国」はたちまち雲散霧消してしまった。この新しい土地は、ヨーロッパ各地を侵略するのに地理的にうってつけの位置にあった。ことにドイツ地方は、すでにパンノニアに定着する以前から、マジャール人が侵略の矛先を向けていた土地であった。

『サン・ベルタン編年史』は、八六二年にルートヴィヒ・ドイツ人王の王国が「ハンガリー人というそれまで知られていない民族の来襲を受けた」と記している。八九八年にはイタリアに現れ情勢を探索したのち、翌年の八九九年から九〇〇年にかけて大攻勢をかけ、ロンバルディア地方が餌食となった。彼らは、八九九年からオットー大帝が率いるドイツ騎兵軍に、九五五年にレヒフェルトの戦いで敗れ西方への侵略を最終的に停止するまで、合わせて三三回の侵略をおこなった。すでにヴァイキングの襲撃で疲弊しきった大西洋沿岸地方を除く、西ヨーロッパ全域が侵略されたが、ことに被害が大きかったのはバイエルン地方と北イタリアであった。前者は一一回、後者は一三回の来襲を記録している。

ドイツの修道院

カロリング朝期に隆盛を見たバイエルン地方の有力修道院は、マジャール人の目から逃れることはできなかった。テゲルンゼー修道院は九一七年に、ベネディクトボイエルン修道院が九五五年に、ニーダーアルタイヒ修道院はこの中間の時期に襲撃を受けた。これら三修道院は、ともに書写室の活発な写本制作で知られていた。ベネディクトボイエルンはこれを機に修道参事会に再編された。

襲撃の後遺症は伝来写本の著しい断絶によってうかがえる。しかしこの点を別にすれば、ヴァイキングの攻撃にさらされたフランスの修道院や、ムスリムの侵略を受けたイタリアの修道院のような、修道生活の消滅や修道士の離散などにいたる例は少なかった。

マジャールの侵略が終焉を迎えた九五五年以後は、前記の三修道院だけでなく、ザンクト・エンメラム、ヴェッソブルン修道院を含めたバイエルン地方の修道士たちが、再び旺盛《おうせい》な写本制作と著作活動を開始するのである。とりわけテゲルンゼー修道院の活動は一一世紀中頃まで持続した。

マジャール人の侵攻にもかかわらず、ドイツ地方は概してカロリング朝時代の構造が堅固に守られたといえる。ロートリンゲンやライン川流域やアルプス地方は、侵略の経路から外れ古い大修道院の多くが被害を受けずに済んだ。バイエルン地方の修道院が恐怖におののいていた時期に、ザンクト・ガレン修道院の修道院学校は極めて高い評価を受け、多くの修道士教師を、遠近を問わず多数の修道院に送り込んだ。メスに近いゴルツェ修道院やアルデンヌ地方のプリュム修道院も正規の修道士院長——俗人修道院長ではなく——に統率され、平穏に修道生活を実践することができた。

マジャール人が西ヨーロッパで襲撃した修道院のなかで、最も西に位置していたベルギーのエノー地方にあるロッブ修道院は不運であったとしか言いようがない。この修道院はマジャール人の西ヨーロッパへの侵略の最終局面、すなわち九五四年から九五五年にかけて襲撃されることになったのである。交渉役を買って出た老齢のテウトマルスとテオドルフスの二人の修道士が犠牲となったが、それでも宝物の一部を隠匿するのに成功した。火を放たれて大きな打撃を受けたもののその後再建され、シャルルマーニュの血を引く院長フォルクイヌス（九六五―九九〇年）の時代には、その修道院学校の隆盛と著作活動はフランク世界に鳴り響いたのであった。

全体としてみれば、マジャール人の侵略は、ヴァイキングやムスリムのそれに比較して、修道院への打撃は限定的であったと総括できるであろう。

第九章　新たな霊性の探究と修道院の革新

1　クリュニー修道院と新たな組織原理

襲撃の嵐の後に

約一世紀間におよんだフランスやイングランドを襲うヴァイキングの侵略の年月の後、フランスでは九〇〇年頃に、新しい霊性を求める動きが、とくにヴァイキングの襲撃から免れた、あるいはその衝撃が比較的に軽微であった地方から生まれた。そのひとつが、オーヴェルニュ地方、オーリアックのサン・ジェロー修道院やマコン地方のクリュニー修道院であった。

歴史家のあいだでは、この時代のクリュニーをはじめとする修道制革新の息吹が生まれる前提要因として以下の三点が重視されている。

第一に異民族の侵略により破壊されたり、修道実践が放棄されたりした修道院の再建を目指す動きの存在。施設や建物の再建は、こうした条件下では、しばしば厳しい戒律生活を実践する共同体の形成につながる。

第二に修道制の革新の息吹を鼓吹し、これを実現するために立ち上がる修道院は決して少なくはなかったが、しばしばある特定の修道院が震源地となって、革新や改革の動きを他の修道院に広げてゆく。代表はクリュニー修道院である。特徴的なことは単に厳しい戒律生活を実践するだけでなく、同様の目標をもった修道院同士の連携を目指したという点である。これは修道制史上で「修道会」という組織が初めて形成される推進力となった。

第三は、隠修士の修行実践とその組織の発展から、修道制革新に向けてのインスピレーションを得たという点である。ヴェルダンのサン・ヴァンヌ修道院のリカルドゥスはかつて隠修士であった。

クリュニー修道院の成立

一〇世紀のはじめに、アキテーヌ大公であったギョーム敬虔公は、みずからの魂の救済のために修道院を建立する計画を立てていた。そして、その構想を実現してくれる人物を探していた。その結果、彼が白羽の矢を立てたのはベルノンという者で、この者が指導している修道士共同体が熱心に修行に専心しているという評判を、親類縁者たちから聞き知っていたからである。

図9—1　クリュニー・シトー系修道院の分布

図9—2　クリュニー創建文書（フランス国立図書館）

ベルノンはブルゴーニュ地方の貴族の家柄に生まれた。八七〇年頃にアニアーヌのベネディクトが建立したサン・サヴァン修道院から派遣された修道士たちによって改革されたオータンのサン・マルタン修道院で、ベネディクト戒律に従った厳しい修行を経験している。彼は自家の領地内にジニィ修道院を建設している。この修道院は、八九四年に教皇フォルモススから修道院長の自由選出特権を獲得した。

彼はカロリング朝期の修道院改革で培われた厳格な戒律を、自分が統率するジニィとボーム山中に新たに開いた僧庵《そうあん》の規律として課し、またボームの修道士団のためにも、ブルゴーニュ王国のルドルフ一世から所領を獲得するのに成功した。

こうしたベルノンに対して、ギョーム敬虔公と妻インゲルベルガは九一〇年九月一一日にクリュニーの所領を修道院建設用地として寄進した。寄進状の文言に従えば、寄進の相手方は使徒聖ペトロと聖パウロである。つまり実体上はローマ教皇庁であった。ここにクリュニー修道院の教皇庁との直接的なつながりの端緒が垣間見える。

この文書のオリジナルは現在パリのフランス国立図書館収蔵「ブルゴーニュ・コレクション」七六巻第五番の分類番号で、現存している（図9－2）。縦六一センチ、横約四三センチの規格で、料紙は羊皮紙で書写面は白色、毛側は薄黄色をしている。

教皇庁の直接の庇護下に入る

ギョーム敬虔公と妻インゲルベルガがクリュニー修道院創建のために作成した寄進文書は、以後クリュニー修道院の領地となる土地と、それに付属する従物および人間（不自由民）の一切の譲渡であり、注目しなければならないのは、譲渡先がすでに指摘したように、聖ペトロと聖パウロとされていることである。このことは、むろんクリュニーに建設される新修道院が聖ペトロと聖パウロを守護聖人にすることを前提にしているわけだが、この場合はそれにとどまらない意味をもっていた。

修道院建設にあたって、守護聖人として聖ペトロと聖パウロを戴《いただ》く動きが顕著に見られたのは、七世紀の聖コルンバヌスを軸とするアイルランド修道制が大陸に大きなインパクトを与えた時期であった。すでに触れたこの動きのなかで、聖使徒を守護聖人とする数多くの修道院が創建された。言うまでもなく、このことは、創建者のなかで共有されていた、聖使徒が眠るローマ教皇庁への崇敬の表れであった。だが、それは象徴的な意味しかもたず、それにとどまるものであったのも事実であった。これに対して、クリュニーの場合は、それまでのいわばシンボリックな域を越えて、直接的にローマ教会に下属し、その保護下に入ることを宣明しているのである。これは全く新しい事態であった。

この点は現存するオリジナル文書の二〇行目から始まる「Per quinquennium autem Romae ad limina apostolorum ad luminaria ipsorum concignada X soldos prefati monachi persoluant habeantque tuitionem ipsorum apostolorum adque Romani pontificis defensionem 上記の修道士たちは、五年ごとにローマの使徒の墓廟に灯明料として一〇ソリドゥスを納入すること、ならびに使徒とローマ教皇の保護を受けるものとする」という文言からも明らかである。

続けて「さらに、本日只今《ただいま》よりこの地に組織された修道士団が、われわれ、われわれの親族、国王権力の傲慢《ごうまん》にも、いかなる地上の権力の軛にも従属しないことを、この証書に書き加えるのが妥当であると考える」と明記し、寄進者当人も含めていかなる世俗の干渉からも免れている点を強調している。これをさらに敷衍《ふえん》して、想定される干渉者として「世俗の君侯、すべての伯、すべての司教、上記ローマの首座たる教皇」を具体的に挙げている。つまり教皇権力をも潜在的な脅威とみなしているのである。言いかえれば、聖使徒を名目上の寄進相手と設定することにより、実質的には修道士団が寄進された財産すべての処分・管理の権能を保持するこ

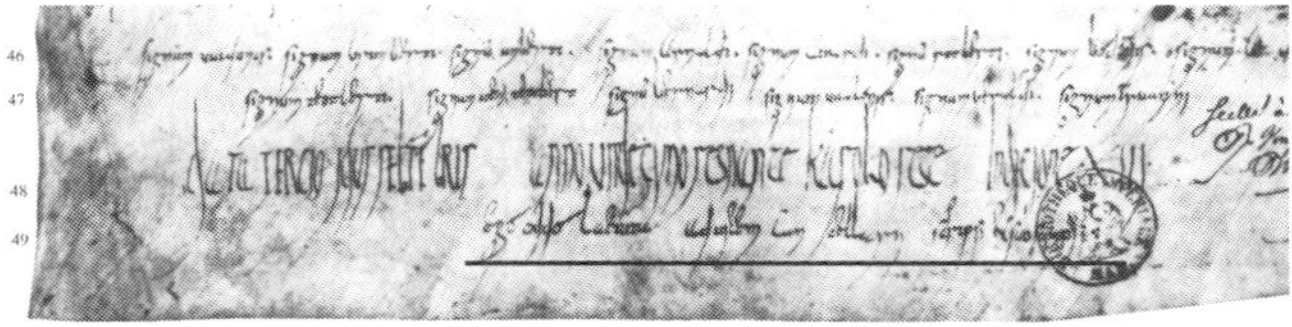

図９―３　クリュニー創建文書のうち、オドによる下署の部分（黒線）

とになるのである。これは驚くべきことのように思われる。

創建文書の意味

寄進者であるギヨーム敬虔公とインゲルベルガは、この創建文書の文言がそなえている射程をどこまで見通していたのであろうか。

ここで忘れてはならないのは、この種の文書はしばしば受贈者側が作成し、寄進者にこのような内容での寄進を懇請する場合が少なくないことである。最新の研究によれば九一〇年文書も、まさしくそのような性格のものであった。文書原本の最終行（第49行）には、「Ego Oddo, laeuita, ad uicem cancellarii scripsi et subscripsi 我、助祭修道士オドが書記役に代わり作成し下署す」とあり、創建文書はオドという助祭修道士が作成したことが明らかである。そしてこのオドとは誰あろう、創建者ベルノンが九二七年に歿した後を受けて、第二代の院長に就任したオドその人であった。

オドは八七八／八七九年にトゥールもしくはル・マン地方の名門貴族に生まれ、アキテーヌ宮廷で騎士としての教育を受けた。そして一九歳の折に、修道士となるべくトゥールのサン・マルタン修道院で剃《てい》髪《はつ》した。その後、パリに出て学問に励み、卓越した名声の持ち主であったオーセールのレミギウスの教えを受けた。トゥールのサン・マルタンに戻るとまもなく、九〇三年にこの修道参事会は五度目の、そして最後のヴァイキングの襲撃を受けた。彼はトゥールを去り、リモージュ司教座で司祭となったが、三〇歳のときにボーム山中のベルノンの僧庵で修道士となった。それが九〇八年か九〇九年のことであった。

オドがサン・マルタン修道参事会員であった頃は、ここでは法学の研究と教育が熱心におこなわれていた。パリでレミギウスの高弟であったオドは、法学の技術面だけでなく、法学知識の活用にも優れた能力を発揮したにちがいない。クリュニーの創建文書は、彼のそうした能力の産物であり、クリュニーが目指した修道院の方向性を具体化するための、「実践的戦略」の成果であったとされる。

オドの思想と貴族ネットワーク

オドは当時の社会で広く行き渡っていた社会についての見方、つまり三身分論とは異質な考えをもっていた。三身分論とは、社会が、祈る者、戦う者、働く者、この三者の機能作用によって構成されているという思想である。オドは、むしろ権力者とその庇護を受ける弱者（修道士）という二分的構造を提示している。これは彼が偽デュオニシウスの『ヒエラルキー論』を学び、この新プラトン的思想をみずからの生きる時代の社会を解釈する枠組みとすべく構築した思想であった。

そこでは権力、実力を有する者が、大きな価値を与えられる。そこでは政治神学によってイデオロギー的に支えられる「王」という存在は、全く考慮されない。「ポテンテース」と称される権力者が、弱者を保護し、「貧者」たる修道士を武器によって保護するのである。この権力者の上位に君臨するのが修道士である。修道士が人間存在のなかで最高位を占め、ポテンテースは「貧者」たる修道士に喜捨を施すとともに、いつかは修道士となるべく回心する者たちである。オドの社会観で能動的に活動するのはポテンテースと修道士の二者であり、ポテンテースにより庇護される「弱者」は修道士身分を除き、オドが考える社会のなかでいかなる地位も占めていないのである。これに対して修道士は、半ば天上界に属しており、天使になぞらえられる存在である。

名門貴族出身のオドなればこその権力志向と見ることができるが、クリュニー修道院の拡大発展において、第二代院長を務め、その出自の門閥ネットワークを利用して多大な寄進を獲得したとなれば、その思想と行動を簡単にしりぞけることはできない。

初代院長のベルノンが築いた関係は、彼がジュラ地方の貴族家門に生まれたところから、ジュラ地方のロドルフ王家一門、修道院建設用地を寄進したアキテーヌ公が属したギレム家、アキテーヌ公の妻インゲルベルガの出身門閥で、プロヴァンス王家のボゾ一族などに限られていた。

これに引きかえオドは、カペー家の始祖であるロベール一門、先のギレム家、ボゾ家、ボゾ家のイタリアの縁戚であるユーグ・ダルル、テオフィラクト一族――この一族は教皇庁に深く食い込んでいた――、トゥルーズ伯家、ポワティエ伯家、クリュニーの所在するマコン地方の中小貴族門閥、ブルゴーニュ大公リチャール一門、ルイ四世渡海王などのカロリング朝の最後の王たちと、寄進者たちの予備軍は大きく膨れ上がるのである。

司教権力からの自立問題

オドの精力的な活動による、クリュニー修道院の基礎固めが進展する一方で、修道院そのものが外部からの干渉を完全に断ち切るためには、もうひとつ大きな山を越えなければならなかった。それは管区司教の監督・矯正権(correction)に基づく干渉である。

この問題は修道院史を繙《ひもと》くとき、繰り返し現れ、いつも既視感《デジャヴュ》の感覚にとらわれてしまう。すでに七世紀の聖コルンバヌス修道改革において、修道院の管区司教からの自立が、「修道院特権状」の発給をめぐる王権を巻き込んだ熾烈な闘争となった経緯は第三章で述べた。

われわれが問題にしている、管区内の修道院への司教の監督・矯正権が直近で問題になったきっかけは、九九一年に開かれたサン・バール・ド・ヴェルジー公会議での議論であった。この会議でランス大司教アルヌルフスの廃位が議論された。理由はルイ四世渡海王の息子でロレーヌ大公のシャルルが、国王即位まもないユーグ・カペーに叛旗《はんき》を翻したさい、シャルルに味方したとされたことであった。オルレアン司教でランス大司教と同名のアルヌルフスは、反ランス大司教の先鋒《せんぽう》に立ち、彼を大逆罪で死刑に処すべきであると主張した。

だがこの会議に出席したフルーリ修道院長アボンは、この種の告発については教皇庁の判断を仰ぐべきであると反論した。オルレアン司教は、フランス王国内の問題に教皇庁が容喙することに異を唱え、管区内の修道院長のアボンとの関係は急速に悪化し、アボンの暗殺計画まで懸念される事態になった。そこで当代きっての学僧のひとりであったアボンは決断し、修道院の「自由」の根拠となる古今の文献を網羅した『弁明の書 *Liber apologeticus*』を著して、教皇に管区司教からの免属特権を賦与してくれるよう願い出た。その結果、彼は九九七年に、教皇グレゴリウス五世から教皇特権状を獲得し、オルレアン司教の監督・矯正権から脱することができた。

こうした流れのなかで、クリュニー修道院も翌年の九九八年に教皇から管区司教の監督・矯正権からの解放を認める特権を得た。それだけにとどまらず、クリュニーでは修道院司祭の選任と叙任、ならびに修道院長祝別式を自由におこなうことを申し立てる権利も認められた。

さらに一〇二七年には教皇ヨハンネス一九世から、新たに特権状を獲得し、クリュニー修道院長に直接修道誓願をした修道士だけでなく、のちに触れるクリュニーの系列修道院や、分院の修道士たちも司教の監督・矯正権の対象から外されることになった。

この時点でクリュニーは系列修道院や分院も含めて、聖俗両面で教皇庁に直属する修道院として、みずからの立場を固めたのである。

修道会の形成

ここで西洋修道院史において、クリュニーが生み出した画期的新機軸について触れておかなければならない。

クリュニーの改革思想とそのための実践は、聖俗の多くの人々の共感を呼び、自己の領国における修道制の弛緩を憂える国王や世俗の権力者のみならず、当の修道院の院長自身からも、クリュニーに改革のための援助を依頼する動きが頻《しき》りとなった。援助のための最良の方法は、改革のための援助を必要としている修道院の院長に、クリュニーの院長が就任して修道士を訓練・監督することであった。だがそのためには、ひとつの大きな障害があった。

古くからの修道院に関連する慣習的な法として、ひとりの修道院長が複数の修道院長を兼ねることを禁じているのである。すでに触れたがシャルルマーニュやルイ敬虔帝の時代には、アルクイヌスやエインハルドゥスのように、一人の人物が複数の修道院長を兼任することはしばしば見られた。しかしこれはあくまで形式的なことでしかなく、複数の修道院の収入をみずからのものとするだけであって、複数の修道院を院長として実際に指導するという実践とは無縁であった。

それは個々の修道院の自律性を損ない、またそれぞれの管区司教の監督・矯正権や聖別権にも抵触することがらであったからである。

九二九年にブルゴーニュ大公の妻アデライドが、スイスのロマンムティエ修道院を爾今同修道院がクリュニーと同じ院長を戴き、二つの修道士団はひとつの共同体を構成するという条件で、クリュニーに寄進することを受諾したことが大きな転換点となった。

院長に就任してまもない第二代院長オドの懐いていたヒエラルキー論については先に述べた。彼のなかにはすでにクリュニーを筆頭とする、系列化された修道院ネットワークの構想があったとしても不思議ではない。

九三二年には、ブルゴーニュ南部のフォレ地方にあるシャルリュ修道院が、同じようにクリュニーのオドを院長とし、クリュニーの修道士団と一体となった。長い努力のあと、一〇二七年のローマ公会議はクリュニーに系列化された修道院には、管区司教の監督・矯正権が禁止されることを決定した。これらの修道院に対しては、ローマ教皇庁がクリュニーを通して直々に監督すると定められたのである。

こうして史上初めての修道会が誕生したのである。しばしば「ベネディクト会」という名称のもと、これに先行する時代にも修道会が存在したかのように語られることがある。しかしそれはここでいうような厳密な意味での「修道会 congregatio, ordo」ではない。それはベネディクト戒律という同じ戒律を共有しているという程度の、漠たる意味あいでしかないのである。真の意味での修道会は、クリュニーをもって嚆矢とすることを強調しておきたい。

三つのカテゴリー

クリュニー修道院の系列下に入ったすべての修道院が、分院として位置づけられた。これら修道院で修行した修練士の全員が、修道誓願をクリュニーの院長に対しておこなう。クリュニーの院長は、系列下に入った修道院の修道士すべてに対して直接に権力を行使し、また系列下の修道院はクリュニー修道院を母《はは》修道院とする娘《むすめ》修道院として、クリュニーの拡張組織とみなされたのである。

クリュニーの院長は系列下の修道院すべてを訪れ、唯一の院長として監督と矯正をおこなった。この独特な統治のやり方が、修道会の首長に、旅から旅の生活を余儀なくさせることになった。

ところで、こうした系列下の修道院は、以下の三種類に分類される。

①クリュニーに早くに下属した修道院は分院（prioria）と呼ばれた。分院の長はクリュニー修道院長から指名され、分院自身がみずからの分院をもつ場合もある。そのなかで五つの大修道院が、特別の地位を占めた。イングランドのサセクス東部にあるルイス、フランス中部のラ・シャリテ・シュル・ロワール、パリのサン・マルタン・デ・シャン、フランス中南部のスヴィニィ、オーヴェルニュ地方のソクシアンジュの各修道院である。

②古くからの名前のまま系列下に入った修道院であるが、院長の地位は分院のそれに等しい

修道院。

③クリュニーに下属した修道院。これに対するクリュニーの院長の権限は区々まちまちである。クリュニーの院長がその修道院の院長を指名する場合もあれば、修道士団の選出を尊重して任命する場合もある。この第三のカテゴリーの修道院では、院長の選任をめぐってクリュニーの意向と対立することが少なくなかった。

それぞれのカテゴリーごとに、本院であるクリュニーとの関係は異なるが、いずれもがクリュニー派の修道院として、本院の院長の一体的な指導のもとに修行に勤しんだのである。その数は一二世紀初頭に、ヨーロッパ全土で一五〇〇を数えた。

死者供養のための祈禱

クリュニー派の独自性として挙げられるのが、死者を供養するための祈禱への熱心な取り組みである。ベネディクト戒律のどこを見ても、物故した死者のための祈りを聖務として掲げる規定はない。それにもかかわらずカロリング朝時代から、死者と生者の名前を記載した『生命の書 *Liber vitae*』と称される典礼記録が作られ、ここに名前が記された人々の魂の救済の願いを込めて、祈禱が実践される例が見えはじめる。

一説によれば、教皇大グレゴリウスが著したとされる『対話』のなかのある挿話で、清貧の誓いを破った修道士が他界した折、仲間の修道士は彼をしかるべきやり方で埋葬することをしないで、呪詛《じゅそ》の祈りとともに堆肥《たいひ》穴に投げ込んで済ませた。やがて件《くだん》の修道士がある夜グレゴリウスの夢枕に立ち、地獄の業火に焼かれて苦しい思いをしていると訴えた。こうしてグレゴリウスは、彼の仲間の修道士たちに、すべての死者のためにミサを挙げ、死者を供養する祈禱を三〇日にわたって続けるよう命じた。三〇日後に再び件の修道士がグレゴリウスの夢に現れ、祈禱により苦痛が和らげられたことを感謝した。この説話は大グレゴリウスが語ることによって、キリスト教世界に極めて強いインパクトを与えたのであった。

一〇世紀に入ると、カロリング朝の『生命の書』に代わって、物故者の名前を記載した「過去帳 necrologium」と称される記録が登場する。クリュニー派の霊性の新しさは、修道士が伝統的な手労働や書写活動ではなく、沈黙と祈りをはなはだしく重視するという点にあった。そうした祈禱重視の霊性は、物故者の魂の救済のための祈りとして発現する。

はじめ修道院に多大な喜捨・寄進をおこなった門閥の物故者や、同じ宗派の物故した高徳の修道士などの名前が、典礼用の祝日暦の当該日時の欄に書き込まれ、ミサや祈禱を挙げるようがとされたが、やがては物故者の命日を書き記した専用の記録である「過去帳」が作られ、周年記念祈禱がシステム化されるようになった。

だが死者記念祈禱は、ただ祈りを捧げればそれで済むわけではない。これには一連の典礼、儀礼が不可欠である。一二世紀中頃に、過去帳に記念祈禱の対象者として記載されたクリュニー派の修道士の物故者は四万八〇〇〇人を数えた。三〇日供養という年中行事にさいして、この数に対応するだけの死者供養の施与がプレベンダ（俸禄）の名目で、三〇日のあいだ毎日貧者に対しておこなわれた。これとは別に、それぞれの命日に周年記念祈禱がなされるから、同じ数のプレベンダが貧者に給される。これ以外にもさまざまな名目で喜捨をおこなわなければならず、クリュニー修道院にとって莫大な財政的負担となった。

尊者ピエールが院長を務めていた一一二〇年代に、修道士団はついにこれに音《ね》をあげてしまい、院長に事態の打開を求めた。毎日食卓に給されるパンは断食期間の分量ほどしかなく、葡萄酒は大量の水で割られる状況に我慢できなくなったからである。ピエールは貧者への施与の数を約三分の一強に減らしたり、さまざまな工夫を重ねたりしたが、根本的な解決にはならず、物故修道士の周年記念祈禱と施与は、一二世紀中には中止された。

2　シトー派と「荒野」の思想

カロリング朝期には、多くの有力修道院が所領をはじめとする収入源をふんだんにもち、修道士がみずから農耕などの労働に従事することはなくなっていた。手労働の主たる形態は、書写活動の形で実践されていたのである。一〇世紀に始まるクリュニー派は、意識的に修道生活における労働の観念を否定し、あげて祈りの生活への専心こそが、修道生活の最良の形式であるという思想を掲げていた。これには初期のクリュニーの指導者たち、とりわけオドのように名門貴族出身者で占められたという事情も関係していたであろう。また祈禱典礼に重きをおき、会派の分院から一種の上納金を取り立てるなどして、華美な儀式に流れる傾向も否めなかった。

これに対して、クリュニー修道院から約二世紀後に生まれたシトー派修道院では、農耕をはじめとする労働実践の大切さを説き、修道士が修道院の農業労働者とともに額に汗して働くことを基本とした。修道士たちは共住生活を原理とするものの、隠修士のような境地で人里離れた「荒野」での修道生活を重視した。

モレームのロベール

シトー派修道会の端緒をつくったのはシャンパーニュ地方の貴族出身のロベールである。彼は教皇の許可を得て、ブルゴーニュ西部のトネールのサン・ミシェル修道院長を辞し、何人かの隠修士とともにトネールの南にあるコランの森で修道生活を始めた。やがて一〇七五年に、北ブルゴーニュのラングル地方のモレームの森に修道院を建設した。これがモレーム修道院である。

だが二〇年ほどの生活の後、ロベールはモレームでの修行に飽き足らず、司教や教皇特使の許可を得ないで、思いを同じくする修道士たちを引き連れてこの修道院を離脱し、しばらく集団で遍歴した後で同じブルゴーニュ地方の人里離れたシトーに定着し、一〇九八年に修道院を組織した。しかしロベールの復帰を懇望するモレームの修道士たちの求めに折れ、またおそらくはシトーでの生活のあまりの過酷さもあって、教皇特使を介したウルバヌス二世の命令という形で一部の修道士とともにモレームに帰還した。

オーブリ指導下のシトー

しかしながら、オーブリやスティーヴン・ハーディングなど八、九人の修道士はシトーにとどまった。オーブリがシトーの院長に就任し、すぐさま教皇庁の保護を獲得した。シトー修道院での修道規範はオーブリのもとで定められた。シトーの修道士たちはベネディクト戒律そのものへの復帰を目指したのである。シトー派に伝来する『修道院創立小史（ささやかな始まり）*Exordium Parvum*』が、これを見事に示している。その第一五章「モレームより来るシトー修道士の掟《おきて》」は、ベネディクト戒律に反する一切を放棄すること、すなわち外套《がいとう》、毛皮の付いた上着、亜麻製の肌着、フード、下穿《したば》き、櫛《くし》、上掛け、敷布団、食事皿のバラエティ、ラードその他戒律の純粋なる遵守に反するすべてを放棄するよう命じている。アニアーヌのベネディクトが主導した八一七年のアーヘン勅令で、緩和・調整した規定を放棄し、原初のベネディクトの規律に戻ることが目的であった。

すでに見たように衣服についての厳しい指令、就寝と睡眠における苛烈なまでの過酷さ、食卓に供されるのは二皿で、肉類、ラードの摂取の禁止などはその一端である。聖務、典礼に関しても同じように簡素化された。死者のための祈禱は廃され、正式の聖務以外の詩篇朗唱もまた廃止された。いくつもの礼拝行列が放棄された。

こうした一切は修道士が手労働と、個々の祈りに多くの時間を割くことができるようにとの配慮を含んだ措置であった。

助修士の制度化

シトー派は制度化された収入源をもたず、修道院十分の一税の徴収もおこなわなかったから、修道士たちはみずからの労働で食糧を獲得するほかはなかった。だがすべての修道士にそうした適性があるわけではなく、禁欲的な食事はさらに困難を募らせた。助修士の制度は、こうしたシトー派修道士の物的条件の隘路《あいろ》から編み出された便法であった。「助修士」とは一般の修道士とは別の独自の集団である。

彼らは修道士とは別の施設で起居し、修道院教会の内陣や、修道士が起居する僧院そのものへ立ち入ることが禁じられた。修道生活そのものには加わることがなかった。彼らはラテン語の読み書きを知らず、したがって聖務での唱禱に加わることもなく、俗語で祈りを捧げるのがせいぜいであったといってよい。戒律生活の規範に従う義務もなく、また参事会にも出席できず、院長選挙にも加われなかった。

信心の心から修道院に入るものの、また院長への服従と禁欲の誓いを立てるものの、俗人として終始し、彼らがたくわえる顎髭《あごひげ》がその外的な特徴であった。この助修士が修道士に代わっ

図9—4　修道院を建てるシトー会助修士たち（15世紀、板絵）

て力仕事や農耕をおこない、建築などの作業に従事したのであった（図9―4）。

ヴィラからグランギアへ――シトー派の農業

修道院がみずからの食糧を調達する手段として農地を所有し、これをひとつの経営体として組織することは、遡れば中世初期どころか、ポスト・ローマ時代（五－六世紀）頃からおこなわれていた。七世紀に多くの有力な修道院が、特権状を獲得して司教の監督権を脱し、自律的に所領経営に臨めるようになると、周辺農民に保有地として貸し出して、収穫の一部を賦課として徴収するだけでなく、直領地を組織し、不自由人を労働力として使役し、市場目当ての農業生産に勤しんだ。そうした動きはカロリング朝に頂点に達した。そしてこうした所領組織を、古代ローマの農場組織の名前になぞらえて「ヴィラ」と呼んだ。

これらの所領組織は、九世紀中頃以降のカロリング王朝の内紛と武力衝突、わけてもヴァイキングやマジャール、イスラームのたび重なる侵略と破壊によって多くが荒廃した。一〇世紀後半から一二世紀は、こうした農村の疲弊荒廃からの回復・復興の時代である。

シトー派修道院の台頭は、経済史的に見るとこうしたフェーズに対応していた。マルク・ブロックは、いまや古典となった『フランス農村史の基本性格』で、この時代を「大開墾」の時代と名付けたが、それはこの時期の農村の技術革新（三圃《さんぽ》農法の組織的導入、犂《り》耕法《こうほう》の革新など）をも意味した表現である。こうした動きのなかで、シトー派修道院の所領は、先駆的な役割をはたした。

シトー派の修道院所領はもはや「ヴィラ」とは呼ばれず、「グランギア **grangia**」と称された。

グランギアとは「納屋」の意味である。シトー派修道院ではこの「納屋」が所領経営の中心なのである。図9－5に示したのは、パリの北約四〇キロにあるシャーリス修道院に属するヴォルランのグランギア建設の想像図である。

図9—5　ヴォルランのグランギア建設想像図

所領としてのヴォルランは、半分を修道士団が購入し、半分は国王ルイ七世がシャーリス修道院のために購入（一一三八年）することで、獲得したものであった。

牧畜の優越

一般にシトー派修道院では穀物栽培と葡萄酒生産と牧畜を、土壌の条件などに合わせて巧みに組み合わせて生産活動を組織したが、ヴォルランのグランギアでは、背後に大消費地パリを抱えていたこともあり、余剰穀物を市場で売却することを前提として穀物生産に比重がおかれていたようである。

しかし一般には牧畜生産が、修道院の特徴とあいまって卓越していた。すでに述べたように、シトー派修道士は厳格な摂食規律もあって、長時間の労働をこなすことができず、それに代わって助修士が農作業を担い、それでも不足している場合は農業労働者を有給で雇用した。

そうした条件下では、牧畜が穀物栽培以上に会派の修道院にとって好ましいものであった。ブロックは次のように述べている。「周囲には牧場が広がっていた。なぜなら、教団は家畜なかんずく羊の大群を所有していたからであり、（中略）また必然的に限られた労働力にとっても、農耕以上にふさわしいものであったからである」。ブロックの後継者ともいうべきジョルジュ・デュビィも、「シトー派は牧畜生産で生活をし、その修道士たちは譲渡された人気《ひとけ》のない空間を放牧に利用した」と、似たような認識を示している。

教皇庁との関係

シトー派は創立まもない頃に、教皇庁の保護下に入ったことはすでに指摘した。シトー修道院は、モレーム修道院によるたび重なる吸収・合併の動きに抵抗し続けた。そのようななかで、一一〇〇年にあらためて教皇パスカリス二世の教皇勅書により、同修道院は教皇座の保護のもとにおかれ、かつて同修道院に在籍していた修道士を受け入れてはならないという禁令を発して、修道士離散という事態にならないよう側面から支援した。

だが教皇のこうした支援は、シトー派を完全に特権的存在にするものではなかった。なぜならシトーがみずからの会派に属する娘修道院を創設しようと考えたとき、当該管区の司教に会派の慣行を認識してもらわなければ、許可が得られなかったからである。そのうえで司教は、修道院長への譴責《けんせき》の権利や、重大な責任が院長にあると考えた場合に、修道生活に支障が生じないように配慮して院長を更迭することができた。こうした措置はすべてベネディクト戒律の規定に即した対処法であった。ただ、司教のこうした権利は、シトー派が参事会総会の権限を整備するにしたがって制限されるようになり、一一五二年に教皇エウゲニウス三世によって同派の規約が承認されると、もはや司教の統制の埒外《らちがい》におかれることになった。

会派の組織化

一一一三年にラ・フェルト修道院（ブルゴーニュ）、翌年ポンティニィ修道院（ブルゴーニュ）、一一一五年にクレルボー修道院（シャンパーニュ）とモリモン修道院（ブルゴーニュ）、一一一九年にフォントネー修道院（ブルゴーニュ、図9−6）と相次いで、シトーの娘修道院として創建された。ベネディクト戒律は、個々の修道院の完全な自律性を謳っている。ときのシトー修道院長は、ロベール、オーブリについで第三代のスティーヴン・ハーディング（図9−7）であった。彼はドーセット地方、シェアボーンに生まれたイングランド人であった。ポンティニィ修道院の創設に先立って、修道士団の同意を得たうえで、系列修道院のあいだの関係を定め

図9—6　フォントネー修道院の回廊と中庭

る『愛の憲章 Carta Caritatis』を起草した。そしてこの憲章は、一一一九年に教皇カリストゥス二世により承認された。

この憲章は、先に触れたベネディクト戒律の原理である各修道院の完全な自律したあり方と、会派としての一体性というおよそ矛盾する至上命題を、なんとか調和させようとする苦心の作であった。

娘修道院の独立性への配慮として挙げられるのは、以下のような点である。独立性の担保の原則から、母修道院であるシトーは娘修道院に何らの賦課も求めることはしない。両者の結びつきは慈愛に基づくものである。それでも、娘修道院を創設したシトーの院長は、年に一度娘修道院を訪問する権利が認められたが、その折に娘修道院長の権限を損なってはならなかった。母修道院の院長は娘修道院の財産に関して、娘修道院長の正式な同意がなければいかなる決定もなしえなかった。戒律からの逸脱については、娘修道院長の同意を得て矯正することができた。

他面、会派の一体性を守る側面として指摘できるのは、娘修道院は字義通りシトー修道院の慣行を遵守しなければならない。母修道院長の毎年一度の訪問は慣行遵守を監督するためである。またいかなる娘修道院といえども会派の規約に反するような特権を求めてはならない。シトー修道院もまた、娘修道院の院長の訪問を許す義務があるとされた。

参事会総会の役割

シトーと娘修道院の関係を正常に維持するために、会派に属する修道院の院長は年に一度九

図９―７　修道院教会堂を献納するスティーヴン・ハーディング（右）

月にシトーに集まり、協議に出席しなければならなかった。この会議は「参事会総会」と称され、一一一六年にその存在が確認されている。総会では各院長の逸脱行為や権力の濫用があったとき、それが報告され、譴責《けんせき》され、贖罪が課された。ここでは新たに規則を定める必要があるとき、総員の同意のもとに新しい規則が設けられた。参事会総会こそが、会派の一体性を保つ機関であったといえる。シトー派では、母修道院の院長と娘修道院の院長のあいだの上下関係のほかに階層関係はなく、地域ごとのグループ分けも存在せず、娘修道院の各々の独立性に重きがおかれた。

聖ベルナールとクレルボー

娘修道院のひとつであるクレルボーの創建者は、聖ベルナールとしてその名前を歴史に刻んだ人物である。彼は一〇九〇年頃にディジョンの近くに生まれ、二二歳でシトーに修道士として入った。そしてここに三年いただけであったが、その教父文献への通暁と、聖グレゴリウス、アンブロシウス、アウグスティヌスらの思想を完全に消化してみずからのものとした知性によって、たちまちにその名声が鳴り響いたのであった。

三年におよぶシトーでの修行の後、彼は北ブルゴーニュのラングル高原の人里離れた場所をみずからの修道院創建の地に選んだ。この地で彼が実践した戒律生活はことのほか厳しい内容であった。食事はシトー修道院よりも一段と質素であり、魚や乳製品、鶏卵の摂食を禁じ、もっぱら葉物と空豆が、パン以外の副食であった。

激烈な気性の持ち主であったベルナールは、「普遍論争」で唯名論者のアベラールを批判し、カタリ派異端を攻撃し、第二回十字軍遠征では騎士たちを動員するために鼓舞するなどその活動は疲れを知らなかった。

シトー修道院の娘修道院でありながら、クレルボー修道院を手本にして創建される修道院も少なくなく、とくに北フランスからイングランドやイベリア半島西部、イタリア南部、北欧南部のシトー派娘修道院は、クレルボーの影響のもとに設立された。クレルボー修道院は一二世紀中頃七〇〇人の修道士を擁した。このなかからヨーロッパ各地にシトー派の修道院を創建した修道士を輩出したのである。三五〇以上を数えるシトー派修道院のうち、一六〇がクレルボーの影響のもとに誕生した。

ベルナールの思想と修道制

ベルナールの思想の根底にあるのは、教会改革への志向であった。彼は一貫して教会改革の熱意に燃える修道士や聖職者を支援し、しかるべき教会や修道院のポストにつけるよう努めた。こうした目的のために、彼は時流に頓着《とんちゃく》せず熱心に干渉し、口を挟んだ。司教選挙に干渉し、修道院長選出に容喙し、公会議決議に異論を唱え、参事会総会で発言し続けた。ひたすら教会改革を目指す彼の行動は、場合によっては教会法の手続きに違背し、多くの人々と軋轢を生むことになった。血気盛んなベルナールは、己の主張を確信してやまない激しい気性の人であった。

だが教会改革を何よりも重要であると確信することは、はたして修道士の道を歩む者にとって妥当な志向であるかとなると、異論のあるところであろう。その点でシトー派の修道実践を、教会に奉仕するものとしたとベルナールが非難されることもありうるであろう。またシトー派修道院の本来の使命が、教会改革にあるとする思想は決して自明であったわけではない。しかしながらベルナールの死後に、教会改革の志向を継承したシトー派出身の教皇特使たちが、改革において決定的な役割を演じたことを指摘しておかねばならない。

この時代の修道思想の核心は、聖ベルナールがシトー派修道院に歴史的役割として託した志向のうちに、完全な姿を取ったといえるのである。

3 隠修士から共住修道院へ

シトー派修道院の形成と前後するように一一世紀後半に台頭する、世俗とのラディカルな断絶を特徴とする隠修士の孤独な修行実践が、やがて人々の崇敬の対象となり、大きなうねりとなって共住修道院の形成にいたるような現象も、この時代の特徴といえるかもしれない。

そうしたケースとして、カルトゥジオ会派と、ロベール・ダルブリッセルを最後に取り上げ

図9—8　グランド・シャルトルーズ（現在）の遠景　左端に一列に並んでいるのが僧房

たい。

聖ブルーノとグランド・シャルトルーズ修道院

一〇八四年にランスの聖堂参事会員ブルーノは、貴族出身の新任司教のあまりの専横に愛想をつかして管区を離れ、ランスから遥かに離れたアルプスの山々を望むグルノーブル地方の僻地《へきち》に、隠修士が共同で生活する修道院を建てた。これがグランド・シャルトルーズ修道院である（図9－8、9－9）。この修道院はドイツ人映画作家フィリップ・グレーニングが二〇〇七年に発表し、二〇一四年に日本でも公開されて、大きな話題にな

図９―９　それぞれの僧房に向かう修道士の列

った記録映画『大いなる沈黙へ』の舞台となった修道院である。

　同時代人で修道士のギベール・ド・ノジャンが描写した、この修道院の様子を物語る一節を引用しよう。「この教会（＝修道院）は山の麓に近い、ややなだらかな山裾《やますそ》に建っている。一三人の修道士が起居し、共住戒律にふさわしい囲壁をめぐらしてはいるものの、ふつう修道士がする共同の禁域生活をしてはおらず、共住もしていない。実に禁域を囲むように修道士一人ひとりが自分の僧房をもち、そこで学習し、眠り、食事を取るのである。日曜日には各修道士は配給係から食糧、つまりパン、野菜を受け取り、この唯一の食品を調理してもらうのである。飲料その他に用いる水は水源から樋《とい》で導かれ、僧房区を廻流《かいりゅう》して、各僧房に導かれるのである」。

　修道戒律はとりわけ厳格であり、沈黙を守る規律はほとんど絶対的といってよく、それが解けるのは土曜日のみであった。その他の面でも禁欲の規律は厳しく、修道士への金銭の贈与をしてはならず、財物の修道院への寄進も謝絶された。戒律の基本はベネディクト戒律であるが、シトー派のように字義通りに遵守したわけではなかった。

農耕はあまりせず、穀物は羊毛との交換で入手した。一三世紀はじめにグランド・シャルトルーズ修道院は雌羊七五〇頭、子羊三〇〇頭、一八〇頭の雌山羊を飼育していたとされる。シトー派と同じように、極めて牧畜に特化した修道院経済であったといえる。

修道士たちが多くの時間を費やすのは学習であり、ギベール・ド・ノジャンにいわせれば「ここの修道士たちは完全な貧しさに耐える一方で、書物は図書室に溢《あふ》れかえっている。彼らは食べる食物をパンに限っているのと同じように、決して失われず、永遠に保持される貴重な滋養を手に入れるべく努め、汗を流すのである」。

限られた娘修道院

グランド・シャルトルーズを筆頭とするカルトゥジオ会派の拡大は緩やかに推移した。最初に娘修道院が建設されたのは、一一一五年のことであり、一三世紀はじめに三八から三九を数えるのみであった。それには会派の側の意向が大きく作用していた。グランド・シャルトルーズの隠修士的な伝統が長く尾を引いていて、排他的な性格が強く、修道士は孤立した境遇から外に出ることを厭い、説教のような人里での司牧活動に勤しむことがなかったからである。

修道士の共同生活も限定されていて、ささやかな耕地の耕作は助修士に委ねられ、みずからの手で労働することは少なく、繰り返しになるが、食糧もみずから調達することもなかった。カルトゥジオ会には、これまで述べた一二世紀の霊性に特徴的な、改革的志向や神秘主義的なトーンはあまり見られない。ジャック・ポールにいわせれば、これがカルトゥジオ会の独特な点で、シトー派と異なる所以《ゆえん》である。

隠修士ロベール・ダルブリッセル

ロベールは一〇四五年頃に、東ブルターニュ地方のレンヌ司教管区にあるアルブリッセルという寒村に生まれた。父も祖父も村の臨時司祭を務めた家柄であり、世襲の職として司祭職が約束されていた。成長してしかるべき年齢に達すると、ロベールは勉学のためにパリに出た。四年間におよぶ勉学の時期をパリで過ごした後、彼はレンヌ司教シルヴェストルの求めにより帰郷し、レンヌ司教座の司祭長として、ブルトン人聖職者の眉《まゆ》をひそめさせるような素行をはじめとする乱れた綱紀の粛正に取り組むよう依頼を受けた。その容赦のない処断に、管区の聖職者たちは敵意を募らせ、庇護者であった司教シルヴェストルが他界すると、ロベールは身の危険を感じてレンヌから逃亡を余儀なくされた。そこでアンジェに逃れ、ここで勉学を再開した。彼は秘かに厳しい苦行をみずからに課しはじめ、その二年後にブルターニュ地方とメーヌ地方を分かつクラオンの森に入り、隠修士として禁欲修行を開始した。

四世紀からエジプトやシリア砂漠で禁欲修行をおこなった隠修士の記憶にうながされた面も

あろうが、ロベールより一世代前に、イタリアのアペニン山中で孤立した隠棲修行を実践したロムアルドやペトルス・ダミアニらの隠修士への高い世評も影響して、この時代に西フランスの各地で隠修士たちの禁欲修行と、完徳への熱誠が人々の心をとらえていた。メーヌ地方ではギヨーム・フィルマ、ノルマンディではヴィタル・ド・サヴィニィ、ポワティエ地方ではベルナール・ド・ティロンなどが、著名な隠修士であった。

ロベールは近隣の人里で説教を開始し、その魅力に惹かれて贖罪や禁欲修行を望む者たちの一群が形成された。ロベールはこうした人々のためにラ・ロエに修道参事会の形式の修道院を創建した。こうして彼の名声はときの教皇ウルバヌス二世に届き、一〇九六年に福音説教の許可を与えられた。この年代に読者は注意していただきたい。これは奇《く》しくも第一回十字軍の年である。新たな霊性への希求が、フランスの朝野に澎湃《ほうはい》として湧き上がっていた。

異形の修道団とフォントヴロー修道院

一〇九八年、ロベールはラ・ロエの参事会修道院を放棄し、再び説教の巡歴に乗り出した。彼の民衆説教師としての志向は、下層の人々に向けられていた。そして彼の説教により信仰に目覚めたと考えた者たちは、集団となって彼に付き従った。男女とりまぜての信徒のなかには犯罪者や娼婦《しょうふ》も混じり、その異様な風体と、ロベールの禁欲の極端さに辟易《へきえき》して、警戒する者も少なくなかったのは確かである。巡歴する信心者たちが男女入り混じって、森のなかで野

図９―10　フォントヴロー修道院

図９―11　八面体の錐状の煙抜きをそなえたフォントヴロー修道院の調理棟

宿することを非難する声が止むことはなかった。

　ロベール自身が、これら熱心な信心者の群れを、どこかに定着させせねばならないと感じていて、熟慮の結果ヴィエンヌ川とロワール川が合流するソミュールに近いフォントヴローをその地と定め、一一〇〇年の一一月から翌年の復活祭までここで過ごした。

　彼はこの地に男女の修道者からなる修道共同体をつくった

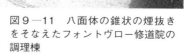

（図9－10、9－11）。寄進が川のように流れ込み、娘修道院の創設は引きもきらず続いた。伝記によれば、ロベールは死が近いと感じ、後事をひとりの女性に委ねたとされる。その女性はペトロニーユという、近くのシュミレ出身の人であった。彼女は一一一五年にフォントヴローの男女の修道者を統括する総院長に指名された。フォントヴローへの信心者の定着は、ひと頃の批判、非難を和らげたが、男女修道院の院長に女性を指名したことが、共同体内部からも不満を生み出し、長く軋轢の種として残った。

ロベールは一一一六年に歿したが、その折には二〇〇〇人の修道者を擁していた。フォントヴロー会派は一一〇六年にシルヴェステル四世の教皇勅書を得て認可されていた。分院はアンジェ地方やポワティエ地方を越えて展開した。一一三五年にはスペインのラス・ベガスに分院が建てられた。イングランドにはヘンリー一世の時代に最初の分院が現れ、ことにヘンリー二世の保護を受けて、一二世紀の終わりに最大の普及を経験した。ヘンリー二世と妻アリエノール・ダキテーヌの遺骸は、このフォントヴローに埋葬されている。

ロベール・ダルブリッセルは非常に柔軟な精神の持ち主であり、フォントヴローの創建当初に念頭においたのは、初期キリスト教会のあり方で、戒律も聖アウグスティヌスの戒律であった。やがて状況の変化に対応し、より古典的なベネディクト戒律に変えている。こうした経過はモレームとシトーの創建者ロベールにも見られたが、経験を重ねるうちに、はじめのラジカリズムは影をひそめ落ち着くべきところに落ち着く、物事のありようを示している。

おわりに

これまで九章にわたり、ヨーロッパにおける修道制の展開の歴史について、五世紀から一二世紀までを時代枠として考察してきた。この八〇〇年の修道院の歴史を、いくつかの観点から総括してみたい。

中世ヨーロッパの修道制の歴史を通観してみたとき、印象的なのは高揚と沈滞の時期を繰り返していることである。浮沈の波動あるいは律動の継続の果ての社会への浸透が、ヨーロッパにおける修道制の歴史と見ることができるかもしれない。

ローマ帝国によるキリスト教の公認が実現した四世紀以前から実践されていた禁欲修行は、西ヨーロッパでは六世紀頃から、沈滞期と称してもかまわないような状況を迎える。ヨーロッパで最も多用された修道戒律の創始者ヌルシアのベネディクトが活躍するのは六世紀であるから、沈滞期と評することには異論があるかもしれないが、全体としてみるならば、前世紀までの意気盛んな様相と比べたとき、修道制への熱誠に翳《かげ》りが見えたのは明らかである。

イタリア半島は東ローマ帝国の対ゴート戦争と、それに続くランゴバルド人の侵入により社会は疲弊し、治安も悪化した。フランク国家では、ほとんど毎年のように繰り返されたメロヴィング朝分王国間の略奪遠征が、武力を前にして無力な修道制の萎縮《いしゅく》をもたらさざるをえなかったのは確かである。

こうした状況を打開し、再び高揚期を実現したのは七世紀のはじめにアイルランドからもたらされた聖コルンバヌスの修道制であり、これはフランク国家のみならず、イタリアにも大きな影響をもたらした。ことにガリアでは、農村の再開発とでも形容できる規模での、田園・農村的環境への修道院の創建が相次いだ。七世紀だけでもガリアで三二〇の修道院が建設されている。

これに対して、八世紀には再び修道制の沈滞状況が見られる。その主たる原因は、カール・マルテル治下においてとくに顕著であった内紛とたび重なる地域間戦争であった。そして九世紀には、アニアーヌのベネディクトの改革運動を起爆剤として、修道制の改革がルイ敬虔帝の庇護と支援のもとに興隆期を迎える。

だがこうした局面は長続きすることなく、九世紀の後半からカロリング王朝の内訌、とくにヴァイキングをはじめとする外民族の侵入と破壊は、修道制への未曽有《みぞう》の打撃となった。忘れてならないのは、ヴァイキングがもたらした惨禍が、ヨーロッパの修道制に光彩陸離たる輝きをもたらしたアイルランド修道制の息の根を止めたことである。

こうした状況のなかで、一〇世紀初頭にクリュニー修道院が再興の篝火《かがりび》を掲げる。この修道院が、それまでの修道組織と根本的に異なる発想として提示したのは、修道院の系列化という新しい方向性であった。これを可能にしたのは、以前にも増してみずからの権力基盤を強化したローマ教皇権力が、修道院の系列化の守護者となったことである。修道会という、政治権力の領土的、空間的枠組みを越えて強固に結束したそのありようは、個別の王国権力の掣肘《せいちゅう》を牽制《けんせい》しつつ修道会が発展することを許し、他面でその守護者たる教皇権力のさらなる伸張を可能にしたのである。

クリュニー修道院が切り開いた道は、その後誕生した多くの修道院が踏み分けて進む道となった。シトー会派しかり、カルトゥジオ会派、トラピスト会派（厳律シトー会派）、ドミニコ会派、聖アウグスティノ会派、フランチェスコ会派しかりである。

一一世紀後半に活動した隠修士、とりわけロベール・ダルブリッセルの霊性は、さらに新しい時代の息吹の予兆であった。巡歴の説教者ロベールに付き従った信徒は、男女ひとしなみに社会の周縁人を含み、その多様な大衆の姿は、一三世紀以降の「都市の時代」の霊性を予示している。

一二世紀をもって、ひとまず本書の叙述を閉じることにするが、続篇が書かれるとすれば、それは一三世紀に始まる「都市の時代」の霊性を受けとめたフランチェスコ会派、ドミニコ会派、聖アウグスティノ会派から説き起こされることになるであろう。

あとがき

本書は五世紀を起点とし、一二世紀までのおもに西ヨーロッパ世界における修道制の歴史を辿った一冊である。副題に「中世修道院の祈りと書物」と「書物」を謳ったのは、「はじめに」で触れたように、西洋修道制の歴史を通して、かけがえのない要素としてこの期間に生み落とされたと私が見る、精神と文化の精髄を表現しているからである。

学問としての歴史は、見直しと検証の終わりのない営みである。歴史家の仕事は絶えざる書き直しの営為であるというのが、学徒としてこの道に踏み入った当初からの私の憲章であり、その思いは今も変わらない。その意味で私はあえて言うならば骨の髄から「レヴィジョニスト（修正主義者）」である。

そうした考えもあり、さまざまな問題について通例の解釈を覆すいわゆる新説についてかなり頻繁に言及し、叙述を必要以上に込み入ったものにしてしまったのではないかと危惧《きぐ》している。

それでもすべての研究者の名前を本文中にあげるのは、さすがに煩瑣《はんさ》に過ぎ、割愛せざるをえなかったものも少なくない。関心を抱かれた読者には、執筆にあたって利用した巻末の参考文献によって補っていただければと思う。外国語文献には日本語訳を添えてあるので、やや推理ゲームの趣なしとしないが、本文の叙述との関連で、対応箇所をある程度推量していただけるのではないかと思う。

いま一点、私が本書を書きながら心がけたのは、「修道制の社会史」という観点を組み込むことであった。修道院そのもの、および修道制の歴史をできるだけ社会的コンテクストのなかに置き直してみようと努めたのである。それが読者の目から見て成功していると評価していただけないとしても、何ほどか新しい視野を修道院の歴史に開くことができたのではないかと思っている。そう感じてもらえるならば、著者として大きな喜びである。

＊

本書をまとめるにあたって、文献の入手その他に関して日本学術振興会特別研究員村田光司氏に大変お世話になった。記して謝意を表したい。

また名古屋大学高等研究院の事務の方々には、日頃から私の研究にさまざまなご支援をいただいている。この場を借りて厚く御礼を申し上げる。

出版にあたっては、このたびも中央公論新社新書編集部の酒井孝博氏にお世話になった。いつもながらの氏の穏やかな言辞の、しかし適切なアドヴァイスに心からお礼を申し上げる。また校閲の担当者にも深甚なる謝意を表する次第である。

本書を、上毛の地に生まれ出羽の国の土となられたクリュニー修道院の歴史家、関口武彦氏の思い出に捧げる。

平成二八年九月

清秋深まりゆく軽井沢にて　著者

et Lotharingie. Actes du colloque Hugue Capet 987-1987. La France de l'an Mil (Auxerre 26 et 27 juin 1987 - Metz 11 et 12 septembre 1987), Paris, 1987, pp.47-54.

図版出典一覧

佐藤彰一「フランク王国」67 頁、福井憲彦編『フランス史１』〈世界歴史大系〉山川出版社、1995 年　　８－１
著者撮影　　口絵３，５－３
辻佐保子責任編集『世界美術大全集　７　西欧初期中世の美術』1997　　口絵５
Johannes Fried, *Karl der Große. Gewalt und Glaube. Eine Biographie*, 2013　　７－２
Kristina Krüger, *Ordres et Monastères*, 2012　　口絵２，２－２，３－４，８－４，９－４，９－６，９－８，９－９，９－10，９－11
799.*Kunst und Kultur der Karolingerzeit.* Bd.2, Katalog der Ausstellung, Paderborn, 1999, hrsg. von Christoph Stiegemann *et ali.* S.827　図６－１
799.*Kunst und Kultur der Karolingerzeit.* Bd.3, Katalog der Ausstellung, Paderborn, 1999, hrsg. von Christoph Stiegemann *et ali.* S.827　図７－１
Christian Sapin, Photograhies de Jean-François Amelot, *Les Cryptes en France*, 2014　　口絵１
Jacques Stiennon, *Paléographie du Moyen Age*, Armand Colin, Paris, 1973　　図７－３
WESTEND61／アフロ　　３－３
Yann Guichaoua／アフロ　　口絵４

図版作成・関根美有
口絵デザイン・中央公論新社デザイン室

若干の仮説), in *Flaran 10* (1988), *La Croissance agricole du Haut Moyen Age. Chronologie, modalités, géographie*, Auch, 1990, pp.169-177.

Shoichi SATO, "L'agrarium: la charge paysanne avant le régime domanial, VIe-VIIIe Siècles" (アグラリウム。荘園制成立以前の農民賦課), *Journal of Medieval History*, Vol.24, no.2, 1998, June, pp.103-125.

Shoichi SATO, "The Merovingian accounting documents of Tours: form and function" (トゥールのメロヴィング朝期会計文書。形態と機能), *Early Medieval Europe*, Vol.9-2, 2000, pp.143-161.

Sakae TANGE, "Relire un document monastique dans les contextes sociaux. Les statuts d'Adalhard de Corbie de l'an 822" (ある修道院文書を社会的コンテクストから再読する。822年のコルビィのアダルハルドゥスによる規約書), in *Entre texte et histoire. Études d'histoire médiévale offertes au Professeur Shoichi Sato*, Paris, 2015, pp.339-352.

Valentina TONEATTO, *Les banquiers du Seigneur. Évêques et moines face à la richesse (IVe- début IXe siècle)* (神の銀行家。富を前にしての司教と修道士、4世紀から9世紀初頭まで), Presses Universitaires de Rennes, 2012.

Cyrille VOGEL, *La discipline pénitentielle en Gaule des origins à la fin du VIIe siècle* (起源から7世紀末までのガリアにおける贖罪規律), Letouzey et Ané, 1952.

J. M. WALLACE-HADRILL, *The Frankish Church* (フランク教会史), "Oxford History of Christian Church", Clarendon Press, Oxford, 1983.

Chris WICKHAM, *Framing the Early Middle Ages. Europe and the Mediterranean, 400-800* (中世初期の枠組みを作る。ヨーロッパと地中海世界), Oxford University Press, Oxford, 2005.

Joachim WOLLASCH, "Les moines et la mémoires des morts" (修道士と死者の記憶), in D. IOGNA-PRAT et J. -Ch. PICARD (éd.), *Religion et culture autour de l'an Mil. Royaume capétien* *exploitation d'un terroir cistercien de la plaine de France, XIIe–XVe siècle*（ヴォーラン荘園。イル・ド・フランス平野のシトー派所領の構造と利用形態）, S.E.V.P.E.N., 1965.

Georg JENAL, *Italia ascetica atque monastica. Das Asketen- und Mönchtum in Italien von den Anfängen bis zur Zeit der Langobarden (ca.150/250–604)*（禁欲と修道制のイタリア。始原からランゴバルド時代までの禁欲修行者と修道制）, "Monographien zur Geschichte des Mittelalters", Bd.39, I und II, Anton Hiersemann, Stuttgart, 1995.

Jean MALLON, "Paléographie romaine", in (éd.) Charles SAMARAN, *L'Histoire et Ses Méthodes,*《*Encyclopédie de la Pléiade*》, Gallimard, 1961, pp.553–584.

R. MCKITTERICK, *The Carolingians and the Written Word*（カロリング諸王と書かれた言葉）, Cambridge University Press, 1989.

Rob MEENS, *Penance in Medieval Europe, 600–1200*（ヨーロッパ中世の贖罪）, Cambridge University Press, 2014.

Lucient MUSSET, *Les invasions*（ゲルマン民族大侵入）. *Le second assaut contre l'Europe chrétienne (VIIe–XIe siècles)*, PUF, 1965.

Jacques PAUL, *L'Église et la culture en Occident*（西洋における教会と文化）, t.1, *La sanctification de l'ordre temporel et spirituel*, t.2, *L'éveil évangélique et les mentalités religieuses*, PUF, 1986.

Friedrich PRINZ, *Frühes Mönchtum im Frankenreich. Kultur und Gesellschaft in Gallien, den Rheinlanden und Bayern am Beispiel der monastichen Entwicklung (4. bis 8. Jahrhundert)*（フランク国家における初期修道制。4世紀から8世紀までの修道制発展を例とするガリア、ライン地方、バイエルン地方の文化と社会）, München / Wien, 1965.

Shoichi SATO, "Les implantations monastiques dans la Gaule du Nord: un facteur de la croissantce agricole au VIIe siècle? Quelques elements d'hypothèse concernant les regions de Rouen et de Beauvais"（ガリア北部での修道院建設。7世紀の農業成長の要因か？　ルアンとボーヴェ地方を例にしての

Ritual in Medieval Tours（聖マルティヌスの共同体。中世トゥールの伝承と儀礼）, Cornell University Press, Ithaca and London, 1991.

Franz FELTEN "Herrschaft des Abtes"（修道院長支配）, (Hrsg. von) F. Prinz, *Herrschaft und Kirche. Beiträge Zur Entstehung und Wirkungsweise episkopaler und monastischer Organisationsformen*,《Monographien zur Geschichte des Mittelalters Bd.33》, Anton Hiersemann, 1988, S.147-296.

Yaniv FOX, *Power and Religion in Merovingian Gaul. Columbanian Monasticism and the Frankish Elites*（メロヴィング朝ガリアにおける権力と宗教。コルンバヌス修道制とフランク・エリート層）, Cambridge University Press, 2014.

Johannes FRIED, *Karl der Große. Gewalt und Glaube. Eine Biographie*（カール大帝。権力と信仰。ある伝記）, C. H. Beck, 2013.

David GANZ, *Corbie in the Carolingian Renaissance*（カロリング・ルネサンスにおけるコルビィ修道院）,《Beihefte der Francia Bd.20》, Thorbecke, 1990.

Ivan GOBRY, *Les moines en Occident. L'enracinement. De saint Martin à saint Benoît*（西洋の修道士。定着。聖マルティヌスから聖ベネディクトまで）, Fayard, Paris, 1985.

Peter HEATHER, *The Fall of the Roman Empire. A New History of Rome and the Barbarians*（ローマ帝国の崩壊。ローマと蛮族の新しい歴史）, Macmillan, 2005.

Dom Ildefons HERWEGEN, *Das Pactum des hl. Fruktuosus von Braga: ein Beitrag zur Geschichte des suevisch-westgothischen Mönchtums und seines Rechtes*（ブラガ司教フルクトゥオススの契約。スエビ・西ゴート修道制とその法の歴史についての寄与）, Enke Verlag, Stuttgart, 1907.

Jean HEUCLIN, *Hommes de dieu et fonctionnaires du roi en Gaule du Nord du Ve au IXe siècle (348-817)*（5世紀から9世紀までの北ガリアにおける修道士・司教・官僚）, Lille, 1998.

Charles HIGOUNET, *La grange de Vaulerent. Structure et*

りうべからざる聖性。フォントヴロー修道院創建者ロベール・ダルブリッセルの新発見伝記写本), Les Éditions du CERF, 1985.
Pierre DAVID, *Études historiques sur la Galice et le Portugal, du VIe au XIIe siècle* (ガリシアとポルトガル。6世紀から12世紀まで), Lisboa / Paris, 1947.
Mayke DE JONG, *In Samuel's Image. Child Oblation in the Early Medieval West* (サムエルの似姿で。西洋中世初期の幼児献納), "Brill's Studies in Intellectual History, Vol.12", E. J. Brill, 1996.
Mayke DE JONG, *The Penitential State. Authority and Atonement in the Age of Louis the Pious, 814–840* (贖罪国家。ルイ敬虔帝の時代の政治的権威と贖罪), Cambridge, Cambridge University Press, 2009.
Jean-Pierre DEVROEY, *Économie rurale et société dans l'Europe Franque (VIe–IXe siècles)* (フランク時代ヨーロッパの農業経済と社会、6世紀から9世紀), t.1, Paris, 2003.
Georges DUBY, *L'économie rurale et la vie des campagnes dans l'Occident médiéval* (西洋中世における農業経済と農村生活), t.2, Aubier, 1962.
Bruno DUMÉZIL, *Servir l'État barbare dans la Gaule franque, IVe– IXe siècle* (フランク時代ガリアで蛮族国家に勤務すること。4世紀から9世紀まで), Tallandier, 2013.
Marilyn DUNN, *The Emergence of Monasticism from the Desert Fathers to the Early Middle Ages* (修道制の出現。砂漠の師父から初期中世まで), Blackwell Publishers, Oxford / Massachusetts, 2000.
Stefan ESDERS, "*Wergild* and social practice in the early middle ages: a 9th Century Reichenau fragment and its context" (中世初期の人命金と社会的実践。ライヒェナウ修道院断片文書とそのコンテクスト), in *Entre texte et histoire. Études d'histoire médiévale offertes au Professeur Shoichi Sato*, Paris, 2015, pp.117–127.
Sharon FARMER, *Communities of Saint Martin. Legend and*

and Portuguese Monastic History 600–1300, Variorum Reprints, 1894, pp.1–43.

François BOUGARD, "Le crédit dans l'Occident du haut moyen âge: document et pratique"（西洋中世初期の信用貸借。史料と実践）, in (éd.) J. -P. Devroey / L. Feller / R. Le Jan, *Les élites et la richesse au Haut Moyen Âge*, coll. Haut Moyen Âge, t.10, Brepols, 2010, pp.439–478.

J. BROWN, "The oldest Irish manuscripts and their late antique background"（最古のアイルランド写本とそれらの古代末期的背景）, in. (hrsg. von) P. NÍ Chatháin / M. Richter, *Irland und Europa. Die Kirche im Frühmittelalter*, 1987, pp.311–327.

Peter BROWN, *Through the Eye of a Needle. Wealth, the Fall of Rome, and the Making of Christianity in the West, 350–550 AD*（針の目を通って。西洋における富・ローマ帝国崩壊・キリスト教の形成）, Princeton University Press, Princeton / Oxford, 2012.

Peter BROWN, *The Ransom of the Soul. Afterlife and Wealth in Early Western Christianity*（魂の身代金。西洋初期キリスト教における死後の生と富）, Cambridge / Massachusetts, Harvard U. Press, 2015.

F. BRUNHÖLZL, (trad. H. Rochais), *Histoire de la littérature latine du Moyen Âge*（中世ラテン文学史）, t.1, *De Cassiodore à la fin de la Renaissance Carolingienne*, vol.1–1, *L'époque mérovingienne*, vol.1–2, *L'époque carolingienne*, Brepols, 1990.

Claude CAROZZI, *Le voyage de l'âme dans l'Au-Delà. D'après la littérature Latine (Ve–XIIIe siècle)*（ラテン文学における魂の彼岸への旅，5世紀から13世紀まで）, École Française de Rome, 1994.

Chronique des abbés de Fontenelle (Saint-Wandrille)（サン・ワンドリーユ修道院長事績録）, texte établi, traduit et commenté par frère Pascal Pradié, "Les Classiques de l'Histoire de France au Moyen Age", Les Belles Lettres, Paris, 1999.

Jacques DALARUN, *L'impossible sainteté. La vie retrouvée de Robert d'Arbrissel (v.1045–1116) fondateur de Fontevraud*（あ

ド・ブリテン諸島の歴史　3　ヴァイキングからノルマン人へ』慶應義塾大学出版会、2015年
ペーター・ディンツェルバッハー、ジェイムズ・レスター・ホッグ著、朝倉文市監訳『修道院文化史事典　普及版』八坂書房、2014年
ルドー・J・R・ミリス著、竹内信一訳『天使のような修道士たち――修道院と中世社会に対するその意味』新評論、2001年
レオン・プレスイール著、杉崎泰一郎監修、遠藤ゆかり訳『シトー会』創元社、2012年
ピエール・リシェ著、岩村清太訳『中世における教育・文化』東洋館出版社、1988年
ピエール・リシェ著、岩村清太訳『中世の生活文化誌――カロリング期の生活世界』東洋館出版社、1992年
戸田聡編訳『砂漠に引きこもった人々――キリスト教聖人伝選集』教文館、2016年

［外国語文献］

Hartmut ATSMA, "Les monastères urbains du Nord de la Gaule"（北ガリアにおける都市修道院）, in (éd.) Pierre Riché, *La Christianisation des pays entre Loire et Rhin (IVe–VIIe siècle)*, Les Éditions du CERF, 1993, pp.163–187.
Alexander BERGENGRUEN, *Adel und Gesellschaft im Merowingerreich. Siedlungs und standesgeschichtliche Studie zu den Anfängen des fränikischen Adels in Nordfrankreich und Belgien*（メロヴィング朝国家の貴族と社会。北フランスとベルギーにおけるフランク貴族の出現についての定住史と身分史の研究）, Wiesbaden, 1958.
B. BISCHOFF, "Manuscripts in the early middle ages"（中世初期の写本）, in Bernhard Bischoff (transl. Michael M. Gorman), *Manuscripts and Libraries in the Age of Charlemagne*, Cambridge, 1994, pp.1–19.
Charles Julian BISHKO, "The pactual tradition in Hispanic monasticism"（スペイン修道制の契約的性格）, in id. *Spanish*

参考文献

［日本語文献］

大黒俊二『嘘と貪欲――西欧中世の商業・商人観』名古屋大学出版会、2006年

北村忠夫「七・八世紀転換期における、初期カロリンガー権力の東進――帝国貴族層（Reichsaristokratie）成立史序説」久保正幡編『中世の自由と国家』下巻、創文社、1969年、1―261頁

今野国雄『修道院』近藤出版社、1971年

今野国雄『西欧中世の社会と教会』岩波書店、1973年

佐藤彰一『修道院と農民――会計文書から見た中世形成期ロワール地方』名古屋大学出版会、1997年

佐藤彰一「七世紀ルアン司教区における修道院建設・定住・流通――聖人伝を主たる素材として」、同『中世初期フランス地域史の研究』岩波書店、2004年、229―282頁

佐藤彰一『禁欲のヨーロッパ――修道院の起源』中央公論新社、2014年

杉崎泰一郎『12世紀の修道院と社会』原書房、1999年

杉崎泰一郎『修道院の歴史――聖アントニオスからイエズス会まで』創元社、2015年

関口武彦『クリュニー修道制の研究』南窓社、2005年

関口武彦『教皇改革の研究』南窓社、2013年

丹下栄『中世初期の所領経済と市場』創文社、2002年

戸田聡『キリスト教修道制の成立』創文社、2008年

野口洋二『中世ヨーロッパの教会と民衆の世界――ブルカルドゥスの贖罪規定をつうじて』早稲田大学出版部、2009年

森本芳樹『西欧中世形成期の農村と都市』岩波書店、2005年

ベルンハルト・ビショッフ著、佐藤彰一・瀬戸直彦訳『西洋写本学』岩波書店、2015年

マルク・ブロック著、河野健二他訳『フランス農村史の基本性格』創文社、1959年

ウェンディ・デイヴィス編、鶴島博和監訳『オックスフォー

ランゴバルド法典 167
ランス 103, 107, 108, 120, 190, 228, 229, 249
ランディ島 7
リエ 3
リエティ 214
リエバナ修道院 13
リギュジェ 2
利子取得 122, 123
リブアリア法典 167
リモージュ 45, 205, 226
リュクスーユ(修道院) 44, 45, 58-61, 66, 70, 75, 76, 78, 105, 159, 160
リュクスーユ小文字書体 152
「リュクスーユ読誦集」 160
リュクソウィウム → リュクスーユ 58
料紙 13, 129, 146, 156, 157, 162, 169, 170, 223
リヨン 3, 5, 103, 144, 145, 158
リンディスファーン(修道院) 51, 202, 206
「リンディスファーンの福音書」 206
ルアン 6, 10, 68-70, 106, 109, 111, 112, 168
ルイス 232
ルイユ・アン・ブリ 68
『ルカによる福音書』 122
ルクラヌム 18, 20, 140
ルゴ 15
ルシタニア 13
ルスペ 20
ルッカ 144
ルドン修道院 124
ルベ(修道院) 66, 68, 70, 76, 109
ル・マン 47, 48, 115, 225
ルール川 173
『霊的談話集』 83, 92
『歴史十書』 12, 54, 62, 64, 123
『歴代院長事績録』 110, 168
「歴代教皇事績録」 148
『列王記上・註解』 43
レッジョ 141
『レビ記についての説教』 83
レヒフェルトの戦い 216
レランス(修道院・島) 2, 3, 5, 6, 49, 212
レンスター 89, 132
レンヌ 252
蠟板 132, 133, 159
ロチェスター 206
ロッブ修道院 217
ロデス 69
ロートリンゲン 217
ローヌ川 4, 5, 49, 144, 211
ローマ公会議 231
ローマ帝国 ii, 1, 5, 7, 19-22, 108, 113, 114, 117, 256
ロマネスク建築 47
ローマ法 101
ロマンムティエ修道院 231
ロルシュ 181
ロレーヌ 69, 199, 228
ロワール川 2, 3, 47, 48, 61, 101, 107, 129, 202, 203, 205, 254
ロンドン 206
ロンバルディア 216

『マタイによる福音書』 93, 122, 123, 146
マニ教 ii, 11
マームズベリー修道院 149, 150
マルセイユ 3, 83, 92, 98, 211
マルヌ川 66, 78
マールムティエ(修道院) 2, 3, 129, 198
マン島 6
緑の殉教 11, 62, 207
南ガリア 3, 49, 106
ミラノ勅令 17, 83
「ムーティエ・グランヴァルの聖書」 156
『無と暗闇の実体について』 183
ムラン 205
ムルバッハ(修道院) 181
メス 61, 69, 164, 166, 167, 173, 197, 201, 217
メス記譜法 167
『メス司教事績録』 179
メディチ本 146
メーヌ 252, 253
メリダ 13
メール 112
メロヴィング(王家・朝) iv, v, 45, 55, 64, 65, 67, 69, 73, 76, 78, 79, 95, 100, 108, 109, 114, 123, 159, 165, 175, 209, 256
メンフィス 11
モー 66, 67, 205
モナクス(修道士) 12
『モラリア』 185
モリーゼ 213
モリモン修道院 243
モレーム(修道院) 236, 237, 242, 255
モレームの森 236
モワイアンムティエ修道院 201
モン・サン・ミシェル 10
モン・セニス峠 211
モンテ・アミアータ修道院 144
モンテカッシーノ(修道院) iii, 26, 27, 40, 41, 43, 47, 140, 141, 179, 192, 193, 214
モンテ・タレオ 25

【ヤ　行】

『雄弁家論』 153
「ユトレヒト詩篇」 190
ユマニスト書体 162
幼児献納 25, 27, 37, 38, 73, 184, 185, 197
幼児洗礼 6
ヨーク 100, 177
ヨンヌ川 4

【ラ　行】

ライヒェナウ(修道院) 124, 181, 185, 195
ライン川 61, 100, 107, 166, 173, 217
ラヴェンナ 170, 171, 175, 190
ラ・カーヴァ修道院 43
ラシャリテ・シュル・ロワール(修道院) 232
ラス・ベガス 255
ラッジア 211
ラティウム 213
ラテラノ宮 40, 41
ラテラノ公会議 v, 53
ラテラノ図書館 142, 144
ラテン語 90,91,99,127,130,132–135,137,145,148,149,157,178,238
ラテン古書体学 13, 132, 145
ラドリウム(修道院) 68, 70
ラ・トリニテ女子修道院 70
ラ・フェルト修道院 243
ラリングストン 6
ラングドック 210
ラングル 5, 144, 236, 246
ランゴバルド(王国・人) 40, 41, 55, 62, 68, 138, 141, 147, 159, 167, 172, 178, 256
『ランゴバルド人の歴史』 179

ブラガ 12, 16, 49
ブラガ公会議 15
フランキア
166, 170, 177, 178, 180, 203, 210
フランク人 iv, 63, 66, 67, 114, 186
フランクフルト 121
フランス iii, 2, 41, 44, 45, 69, 113, 115, 120, 128, 142, 144, 158, 190, 191, 203, 205, 206, 210, 217, 219, 229, 232, 247, 253
フランチェスコ会派 258
ブリ(地方) 66, 68, 70, 78, 109
プリスキリアニズム異端 11
ブリストル海峡 7
フリースラント 99, 153
『フリーセン部族法典』 99
ブリティン島 5-8, 13, 14, 150
ブリトン人 15
プリュム(修道院) 107, 217
ブールヴィル 113
ブルグンド 55, 60-62, 76, 109, 111
ブルゴーニュ
54, 61, 62, 78, 105, 192, 203, 211, 222, 228, 231, 236, 243, 246
フルダ修道院
100, 152, 153, 156, 157, 184-186
ブルターニュ
7, 10, 14, 54, 89, 124, 252
ブルトン(ブルターニュ)人 10, 252
フルーリ(修道院) → サン・ブノワ・シュル・ロワール
47-49, 170, 179, 205, 229
ブレゲンツ修道院 61
ブレッシア 190
プレベンダ(参事会員禄) 197
プレベンダ(俸禄) 235
プロヴァンス 210, 211, 227
フン族 58
文法(学・書) 22, 137, 146, 148, 172, 175, 177, 178, 184
ベアトゥスの黙示録写本 13
ベーズ写本 145
ヘッセン 100, 152, 184, 185
ベテュンヌ川 113
ペトルス(ピサの) 163, 178, 182
ベネヴェント 40, 212
(聖) ベネディクト戒律
iv, 15-17, 23-25, 28, 32, 38, 41-45, 47, 49-51, 74, 91, 179-181, 191-195, 197, 198, 222, 231, 233, 237, 243, 244, 251, 255
ベネディクトボイエルン(修道院)
216
ペラギウス派 6, 88, 89
ペリグー 205
ヘルクラネウム 137
ヘルスフェルト修道院 184
ベルベル人 12, 210
弁証学 22, 137, 175
ペンタル 7, 10
『弁明の書』 229
ボーヴェ 70, 112, 118, 205
放浪者 35
牧畜 241, 242, 251
ボッビオ(修道院) 44, 45, 62, 65, 69, 70, 93, 98, 142, 146-148
ボーム 222, 226
ポルトガル 16
ポワティエ
2, 3, 91, 189, 205, 228, 253, 255
ポンツァ 212
ポンティニィ修道院 243

【マ 行】

マイン川 100
マインツ 61, 152, 164, 184
「マウドラムヌスの小文字書体」
160, 209
マグロンヌ 191
マコン 203, 219, 228
マーシア 149
マジャール(人) 202, 215-218, 240
マース川 173
マーストリヒト 69, 169

ナルボンヌ　210
ナント　61, 65
西ゴート(王国・人)　13, 15, 16, 50, 101, 138, 159, 170, 191, 210
西ゴート書体　135
西サクソン人　50
西ローマ帝国　iv, 19, 86, 138, 145, 170
ニーダーアルタイヒ修道院　216
ニトリア　1
ニーム　210
ヌルシア　23, 24, 191, 192, 256
ネウストリア　55, 61, 65, 67, 71, 79, 109
ネウストリア＝ブルグンド分王国　111
ノヴァレーゼ修道院　211
ノウェンポプラナ　→　ガスコーニュ　69
農民保有地　117, 118, 120
ノーサンブリア王国　51, 142, 149, 202
ノリクム　18
ノルウェー人　207
ノルチャ　→　ヌルシア　24
ノルマン人　202
ノルマンディ　7, 10, 70, 71, 106, 113, 253
ノワイヨン　69, 205
ノワールムティエ(修道院)　202, 203

【ハ　行】

バイエルン　67, 172, 186, 216, 217
バイエルン部族法典　167
バイユー　205
パヴィーア　40, 62, 167
パコミウス戒律　49
バー修道院　9
バシリカ(型修道院)　45, 79, 91
バシレイオス戒律　43, 49
バーゼル　61
バラトン湖　215
パリ　45, 71, 79, 108, 109, 118, 119, 151, 153, 160, 171, 186, 205, 223, 226, 232, 241, 252
バーリ　212, 214
パリンプセスト(再利用鞣皮紙)　146, 147
『バルティルド伝』　79
パルマ　177
バレアレス諸島　11
バレンシア　13, 212
半アンシアル書体　134, 135, 140, 149, 158, 159, 162
ハンヴィ　206
バンガー(修道院)　9, 89-91, 93
ハンガリー　12, 40, 102, 158, 215, 216
パンノニア　12, 40, 215, 216
バンベルク　141
「バンベルク聖書」　156
『ヒエロニュムス聖人祝日暦』　76
東ゴート(王国)　21, 170
ビザンティン　114, 212
筆写(活動)　iii, 32, 98, 99, 129, 130, 132, 136, 139, 142, 143, 148, 151, 157, 159, 169, 170, 175, 180, 181, 184, 186, 192, 193
ピレネー山脈　210
ファルファ(修道院)　193, 214, 215
ファールムティエ(修道院)　66, 70, 109
フィレンツェ　144
フェカン　70, 71
フェニキア人　14
フェリエール(修道院)　153, 155, 182, 186, 199
フォンテーヌ(・レ・リュクスーユ)　58, 59, 105
フォントヴロー(会派)　254, 255
フォントネー(修道院)　112, 243
福音書　iii, 132, 143-146, 150, 169
副院長　26, 42, 59
ブザンソン　76

草書体　50, 133, 135, 148, 159-161
ソクシアンジュ(修道院)　232
ソーヌ川　55, 144
ソミュール　254
ソリニャク修道院　45
ソワソン　45, 61, 65, 79, 103, 108, 109
ソンム川　113, 205

【タ　行】

第1回十字軍　253
大開墾　240
大土地所有者　7, 112, 113
大特権グループ　78
第2回十字軍　247
大モラヴィア王国　215
第4回普遍公会議　→　カルケドン公会議　39, 74
『対話』　24, 26, 29, 41, 44, 233
托鉢修道会　v
タランテーズ　3
ターラント　212
ダルマティア　212
断食　33, 84, 85, 94, 97, 102, 235
地中海　3, 12, 49, 93, 191
直領地　117, 118, 120-122, 240
テアーノ　214
ディエップ　113
『帝国書式集』　183
ディジョン　191, 246
ティレニア海　8, 212
ティロー式速記文字　172, 175
デヴォン　6
「テオドシウス法典」　74, 101, 145, 148
テゲルンゼー修道院　216, 217
『哲学の慰め』　20
テッサロニカ　86
デニア　212
テーベ　5, 128
デメティア　7, 10
デュクトゥス　133, 135
テューリンゲン　68, 100
テルアンヌ　111
テルトリィの戦い　111
手労働　32, 33, 195, 234, 235, 238
デーン人　205, 207
天文学　22, 137, 175
デーンロー　207
ドイツ　103, 124, 142, 144, 151, 152, 215-217, 249
島嶼小文字書体　135, 161
島嶼半アンシアル書体　135, 160
謄本記録集　124
ドゥミオ修道院　12, 49
トゥール　2, 12, 45, 54, 62, 64, 79, 100, 101, 107, 113-115, 120, 123, 125, 129, 156, 169, 178, 183-185, 198, 199, 201, 205, 208, 209, 225, 226
トゥール公会議　100, 101
トゥルニュス　203
トゥール・ポワティエ間の戦い　164, 210
図書館　22, 137, 139, 142, 179, 181, 182, 186
ドーセット　243
特権状　→　修道院特権状　76, 78, 125, 229, 240
ドナウ川　18, 215
トネール　236
ドミニコ会派　258
トラピスト会派(厳律シトー会派)　258
トリーア　144, 200
トリーノ　129, 148, 211
ドル　10
トルコ　1, 40, 215
トルトサ　212
トレド　29, 119, 170, 210
トレド公会議　15
トロワ　3, 5, 6

【ナ　行】

ナポリ　18, 140, 150, 212

修道院特権状 76, 228
『修道院の秩序』 20
修道会 220, 231, 232, 236, 258
『修道戒律』 94
修道参事会
197, 198, 201, 216, 226, 253
修道士誓願文書 16
修道誓願
16, 22, 57, 129, 165, 197, 229, 232
鞣皮紙
128, 135, 146, 149, 151, 155, 157
十分の一税 74, 238
修練士 36, 42, 232
ジュネーヴ 3
ジュミエージュ(修道院) 45, 69–71
ジュミエージュの森 70
シュミレ 255
ジュラ 5, 123, 227
巡礼者 10, 11, 54
小アジア 1, 144, 210
荘園 115–117
尚書局 159, 164, 170, 175, 183
小特権グループ 78
贖罪
i, ii, iv, v, 10, 11, 44, 53, 60, 81–86,
88, 89, 91, 94, 95, 97–103, 246, 253
贖罪規定書 97–101
贖罪国家 102
助祭 8, 24, 74, 77, 165, 177, 225
女子修道院 27, 70, 91, 151, 192
書写工房 145,
書写室 iii, 20, 22, 32, 33,
129, 130, 140, 145, 151, 156, 158
159, 163, 178, 183, 190, 207, 216
助修士 238, 242, 251
所領明細帳 iv, 115, 116, 119, 120
シリア 210, 252
白い殉教 11
人文主義 135, 140, 162, 186
人命金秩序 63
スイス 18, 19, 231
スヴィニィ(修道院) 232
スエビー(王国・族) 12, 15
スキュラケウム 21
スコットランド 202
スタヴロ(修道院) 200
スタティオナリウス 138
ストア派 88
スビアコ 25, 26
スプリングマウント 132
スペイン 6, 12, 13, 158,
159, 172, 179, 182, 189, 211, 255
スペルト小麦 120–122
スラブ(大モラヴィア)人 215
スラントウィト 7, 10
スランドーフ修道院 7
『聖アイグルフス伝』 47
聖アウグスティノ会派 258
聖ゲルマヌス修道院(サン・ジェルマン・ドセール) 4
『正字法について』 131
『聖十字架を讃えて』 185
聖書 iii, 21, 22,
31, 43, 90, 122, 127, 128, 130,
132, 141, 156, 176, 178, 183
『聖職者論』 185
聖人伝 19, 26, 72, 105, 123, 186
聖堂参事会(員)
165–167, 172, 193, 197, 249
『聖ベネディクト戒律註解』 37
聖マウリキウス修道院 → サン・モーリス・ダゴーヌ修道院 5
聖務日課 195, 197
『生命の書』 233, 234
世界システム 202
セナトール貴族 20
「セニオーレス・バシリカエ」 79
セーヌ川 69, 70, 166, 205
セビーリャ 20, 49, 185
セプテマニア辺境領 210
セルヴィタヌム 13
セント・ジョージ海峡 7
『想案論』 153
創建文書 16, 225, 226

サン・サヴァン修道院　222
サン・ジェリィ（修道院）　205
サン・ジェルマン（修道院。オーセール）　4, 45
サン・ジェルマン（修道院。オーセールまたはパリ）　79
サン・ジェルマン・デ・プレ（修道院）　107, 116, 119, 205
サン・ジェルメール・ド・フリ修道院　70
サン・ジェロー修道院　219
参事会総会　243, 246, 247
サン・シバール（修道院）　205
算術　22, 137, 169, 171, 175
サンス　79
サン・セヴェリーノ修道院　18, 20, 140, 141, 150
サン・セーヌ修道院　191
サンタ・ヴィットリア　214
サン・ティレール（修道院）　205
サン・テニャン（修道院）　45, 47, 79
サント・クロワ女子修道院　91
サン・ドニ（修道院）　45, 79, 103, 107, 118, 208
サン・トロペ湾　211
サン・バール・ド・ヴェルジー公会議　228
サン・ピエール（修道院）　79
サン・ブノワ・シュル・ロワール（修道院）　49
サン・ベルタン（修道院）　107, 183, 205
『サン・ベルタン編年史』　216
サン・マルタン（修道院。オータン）　222
サン・マルタン（修道院。トゥール）　45, 79, 101, 107, 113, 114, 120, 125, 170, 178, 183, 198, 199, 201, 205, 208, 209, 225, 226
サン・マルタン・デ・シャン（修道院）　232
サン・ミシェル修道院　236
サン・ミール修道院　199
サン・メダール（修道院）　45, 79, 103
サン・モーリス・ダゴーヌ修道院　5, 211
「サン・モーリス・ダゴーヌ殉教伝」　145
サン・モール会　41
サン・リキエ（修道院）　191, 205
サン・レミ修道院　120-122
サン・ワンドリーユ（フォントネル）修道院　45, 69-71, 106, 110, 111, 113, 168, 169, 205, 208
シェアボーン　243
シエナ　144
シェピィ　206
シェル女子修道院　151
時課　30, 31, 91
司教座教会　2, 75, 144, 145
『四教父の戒律』　20, 23
七自由学科　22, 137, 175
七十人訳聖書　127
シチリア（島）　18, 212
シトー（修道院）　236, 237, 242, 244-247, 255
シトー派（修道院）　236-238, 240-243, 246-248, 251, 252, 258
ジニィ（修道院）　222
『師父の戒律』　20, 21, 23
詩篇　iii, 30, 31, 90, 92, 132, 171, 195, 237
写字修道女　iii
シャスネイユ　189
シャーリス修道院　241
シャルトル　205
シャルリュ修道院　231
シャロン公会議　192
シャンパーニュ　236, 243
ジュアール（修道院）　68, 70, 109
修辞学　22, 82, 137, 169, 175
修道院改革　v, 192, 196, 199, 222
修道院司教　76, 78
『修道院創立小史』　237

グラン・サン・ベルナール峠　211
グランド・シャルトルーズ修道院　249, 251
グランモーガン　7
グリソル　112
クリュニー(修道院・派)　v, 124, 219, 220, 222-224, 226-236, 257, 258
グルノーブル　249
クレルボー(修道院)　243, 246, 247
クレルモン　5, 144
クレン・イニス修道院　90
クロアティア人　215
クロナード修道院　9
クロミエ川　66
クロンファート　9
クロンマクノイズ修道院　9
『ゲティカ(ゴート人の歴史)』(『ゴート史』)　148, 169
「ケルズの書」　206
ケルト(島嶼)　1, 5, 12, 13
ゲルマーニア　62, 151, 164
『ゲルマーニア』　184
ゲルマン(人・民族)　iv, 3, 15, 18, 58, 66
ケルン　144, 151
原罪　i, 82, 83
ケント　6, 149, 206
ゴシック書体　162
告解　v, 91, 94, 95
「コーデクス・アウレウス」　155
「コーデクス・アミアティーヌス」　143, 150, 156
「コーデクス・グランディオール」　142, 143, 150
古典荘園(制)　116-118, 120
『ゴート史』　148
ゴート戦争　22, 256
ゴート族　88
コナハト　9
小文字書体　13, 93, 135, 161
『古ラテン書冊総覧(CLA)』　93, 139, 158
コランの森　236
コルシカ島　18
ゴルツェ修道院　164, 217
コルドバ　210
コルビィ(修道院)　45, 119, 160, 170, 181, 185, 205, 209
コルメリィ修道院　208
コルンバヌス戒律　45, 47, 50, 70, 91
コルンバヌス修道制　21, 45, 60, 63, 71, 95
『コルンバヌス贖罪規定書』　97
『コルンバヌス伝』　55, 62, 65, 89
コーンウォール　6, 7, 10, 54
混合戒律　45, 47, 49, 79, 95
コンスタンツ湖(ボーデン湖)　61
コンダ修道院　123

【サ　行】

ザクセン戦争　172
サセクス　232
サビーナ　214
サラゴサ　12
『サリカ法典』　63-65, 167
サリー・フランク人　109
ザルツブルク　191, 215
サルデーニャ島　18, 20
サレルノ　212
サン・アルヌール修道院　201
サン・アンドレア修道院　41, 42
サン・ヴァー(修道院)　200, 205
サン・ヴァレリィ(修道院)　205
サン・ヴァンヌ修道院　201, 220
サン・ヴィクトール修道院　3, 83, 211
サン・ヴィンチェンツォ・アル・ヴォルトゥルノ(修道院)　193, 213, 214
ザンクト・エンメラム(修道院)　217
ザンクト・ガレン(修道院)　181, 185, 217
ザンクト・マクシミン(修道院)　200

音楽　22, 137, 166, 175

【カ　行】

楷書体　133-135, 159, 161
戒律書　20, 23, 165
カオール　69
「過去帳」　234
ガスコーニュ　69
カステルム山　21
カストロス　14
カタリ派　247
カタルーニャ　13, 15, 212
カーチュラリィ　→　謄本記録集　124
カッパドキア　1
ガティネ　153, 186, 199
カープア　150, 214
ガマシュ　112
『神の国』　169
カラブリア　18, 130, 141
ガリア　iii, iv, 1-6, 8, 54, 55, 58, 60, 62, 63, 73, 75, 78, 79, 89, 91-93, 98, 105, 108, 113, 129, 144, 257
カリグラム（図形詩）　185
ガリシア　11, 12, 14-16, 50
カルカッソンヌ　210
カルケドン（決議・公会議）　39, 40, 74, 75, 147
『カール大帝伝』（『カロルス伝』）　173, 184
カルタゴ　88, 146, 171
カルトゥジオ会（派）　248, 251, 252, 258
カルパチア山脈　215
カルハンプトン　206
カロリング（家・朝）　v, 33, 44, 65, 69, 74, 99-101, 103, 111, 118, 125, 135, 150, 158, 159, 164, 171, 176, 177, 179, 189, 210, 216, 217, 222, 228, 233-235, 240, 257
カロリング小文字書体　135, 159, 160, 162, 179, 209
カロリング・ルネサンス　135, 136, 163, 170, 173, 177
ガロンヌ川　205
管区司教　34, 39, 40, 75-78, 198, 228-231
カンタブリア　13
カンタベリー　42, 100, 149, 155
カントヴィック　205
カンヌ　3, 211, 212
カンパーニア　213, 214
カンブレー　205
幾何学　22, 137, 175
喜捨　83, 86-89, 95, 97, 129, 165, 227, 234, 235
寄進　iv, 17, 37, 38, 50, 72, 73, 110, 112, 113, 223-225, 227, 228, 231, 234, 251, 255
寄進状　96, 112, 116, 223
北アフリカ　6, 12, 13, 15, 20, 22, 87, 88, 114, 130
北ガリア　45, 49, 106
『偽フレデガリウス年代記』　62
キャピタル書体　134, 135
ギャロウェー　6
教会改革　164, 167, 247, 248
教皇庁　29, 40, 100, 141, 142, 144, 159, 223, 224, 228, 229, 231, 237, 242
教皇勅書　242, 255
『共住戒律』　94
共住型修道制　12
共住（型）修道院　9, 17, 18, 129, 248
『共住修道制規約および八つの罪源の矯正について』　44
ギリシア語　127, 130, 137, 145, 146
ギリシア哲学　88
『キリスト教の教え』　22
『キリスト教の教義について』　185
グノーシス　11
クライスト・チャーチ　155
クラオンの森　252
グランギア（納屋）　240, 241

159, 162, 167, 177-179, 182, 186, 190, 193, 212, 213, 215-, 217, 228, 247, 253, 256, 257,
異端 iii, v, 6, 11, 88, 89, 148, 247
「一般訓令」 171, 172, 177
イベリア半島 1, 11-16, 49, 50, 210, 247
イルトゥド修道院 7, 10
イル・ド・フランス 108
イル・バルブ修道院 5
イングランド 42, 44, 50, 100, 142, 149-151, 159, 203, 206, 207, 219, 232, 243, 247, 255
隠修士(アナコレート) 2, 11, 18, 21, 24, 25, 220, 236, 248, 249, 251-253, 258
隠修女 18
インダ(修道院) 192, 193, 195,
インムニタス(不輸不入特権) 115
ヴァイキング 155, 202, 203 205-209, 216-219, 226, 240, 257
ヴァチカン図書館 140
ヴァンダル王国 170
ヴァンダル族 20
ウィアマス゠ジャロウ(修道院) 51, 142, 149, 156, 206
『ウィアマス゠ジャロウ修道院長伝』 51
ウィウァリウム(修道院) 18, 21, 22, 32, 129, 130, 141, 142, 149, 150
「ヴィヴィアンの聖書」 156
ヴィエンヌ川 254
ウィトビィ 51
ウィルトシャー 149
ヴェクサン 112
ヴェスヴィオ火山 137
ウェセクス 149, 206, 207
ヴェッソブルン修道院 217
ウェールズ 5-7, 10, 11
ヴェルダン 69, 201, 220
ヴェルダン条約 200
ヴェローナ 144
ヴォージュ 57, 201
ヴォーモン 112
ヴォルガ川 215
ヴォルラン 241
ウースター 151
ウマイヤ朝 210
ヴュルツブルク 156
ウルキアクム 67
ウルク川 66
ウンブリア 24
「エウギッピウスによる聖アウグスティヌス作品抜粋集」 140
エヴルー 112, 113, 205
エジプト 1, 2, 5, 11, 17, 92, 96, 128, 252
『エジプトの修道者列伝』 6
エスベ 164
エトルリア 144
エノー 217
「エピグランマタ」 148
エヒテルナハ(修道院) 200, 201
「エヒテルナハ修道院福音書」 150
エフェソス公会議 89
エルベ川 40
オーヴィリエ修道院 190
オーヴェルニュ 219, 232
王権 iv, 76, 81, 101, 108, 113, 199, 228
『大いなる沈黙へ』 250
「オクスフォード贖罪規定写本II」 99
オーストリア 18, 19
オスモワ 112
オーセール 3, 4, 6, 8, 45, 79, 226
オータン 144, 191, 222
オータンティク 151
オノグル 215
オランダ 99
オーリアック 219
オリエント 6
オルレアン 45, 47, 79, 101, 107, 108, 153, 179, 182, 191, 205, 209, 229

事項索引

【ア　行】

アイオナ(修道院)　59, 149, 202, 206
『愛の憲章』　244
アイリッシュ海　54, 132
アイルランド　3, 5-11, 13, 14, 40, 44, 45, 53-55, 60, 61, 69, 70, 75, 76, 89, 91-94, 98-101, 132, 135, 148, 149, 159, 161, 206, 207, 257
アイルランド修道制　ii, iv, 21, 65, 70, 207, 223, 257
アイルランド・フランク修道制　78, 79
アヴァール(人・族)　40, 102, 172, 215
アウグスティヌス戒律　49, 169
アウストラシア　55, 60, 61, 67, 76, 111
赤い殉教　11
アキテーヌ　→　アクイタニア　120, 220, 225, 227
アギロルフィンガー　67
アクイタニア(アキテーヌ)　120, 189-191, 220, 225, 227
アサン修道院　13
アストゥリア　11, 15, 210
新しい信心(デヴォチオ・モデルナ)　v
「アッシャー・コーデクス」　132
『アッティカの夜』　154
アッフィーレ　25
アティニィ　102
アドリア海　212
アトリプ　128
アナグレタス　→　アンヌグレ　57
アニエネ川　25
アブヴィル　113
アブルッツィオ　213,
アペニン　253
アーヘン(宮廷)　171, 173, 175, 178, 180-182, 189-193
アーヘン勅令　237
アミアン　205
アラゴン　12
アラス　200, 205
アリウス派　12, 20, 147, 148
アルザス　67
アルスター　9, 132
アルタリパ修道院　45
アルデンヌ　217
アルビ　45
アルプス　55, 178, 211, 217, 249
アルブリッセル　252
アルル　3, 4, 210, 211
「アレキサンダー大王事績」　148
アレキサンドリア　1, 127
アレマン部族法典　167
アングレーム　205,
アングロ・サクソン(王家・人)　7, 66, 79, 99-101, 141, 149-151, 182, 183,
『アングロ・サクソン教会史』　50
アンシアル書体　93, 134, 135, 143, 145, 149, 158, 159, 162, 169
アンジェ　115, 205, 252, 255
『アントニオス伝』　6
アンヌグレ(アナグレタス)　45, 57-59, 105
『偉人伝』(イルデフォンス)　29
「偉人伝」(聖ヒエロニュムス＝ゲンナディウス)　140, 148
イスラーム　127, 164, 167, 202, 209, 210, 240
イタリア　iii, 1, 8, 17, 18, 21, 23, 24, 35, 40, 42-44, 62, 65, 67, 69, 93, 102, 124, 129, 130, 138, 141, 142, 144, 147, 148, 151,

レオデボルド 47
レオポルト 144
レミギウス 226
ローウィ, A.E 93, 145
ロスヴィータ 151
ロタール(シャルルマーニュの子) 189
ロタール1世 102, 200, 212
ロベール(シトー派創設者) 236, 243, 255
ロベール・ダルブリッセル 248, 252-255, 258
ロマヌス 123
ロムアルド 253
ロムルス・アウグストルス 19
ワニングス 70
ワラフリト・ストラボ 182, 185
ワンド 168, 169
ワンドレギシルス 69, 70

ベルゲングルーエン，A　67, 109
(聖)ベルナール　246-248
ベルナール・ド・ティロン　253
ベルナルド　102
ベルノン　220, 222, 225-227
ヘンリー1世　255
ヘンリー2世　255
ボエティウス　20
(聖)ボニファティウス　100, 151, 153, 164, 184
(聖)ホノラトゥス　2, 3
ホノリウス1世　50
ホノリウス帝　6
ホメロス　191
ホラティウス　191
ポール，ジャック　195, 252

【マ　行】

マイオ　214
マウドラムヌス　160
(聖)マウリキウス　4, 5
(聖)マタイ　169
マビヨン　41
(聖母)マリア　49, 174
マルクス　12
(聖)マルコ　146, 169
マルティアリス　148
(聖)マルティヌス(ガリアの)　2-6, 26, 54, 125, 129, 169, 198, 208
(聖)マルティヌス(ブラガ司教)　12, 49
マロン，ジャン　134
ミーンズ，ロブ　84, 98
ムハンマド　209
ムンモルス　47
モドウィヌス　191
森本芳樹　116

【ヤ　行】

ヤルヌート，ヨルゲ　67
ユヴェナーリス　150
ユーグ・カペー　228
ユーグ・ダルル　228
ユスティニアヌス大帝　21, 35, 138
ユリウス・ウァレリウス　148
ヨナス　55, 58, 61-63, 65, 68, 89, 90, 182
(聖)ヨハネ　169
(聖)ヨハンネス(洗礼者)　26, 28, 47
ヨハンネス19世　229
ヨルダーネス　148, 169

【ラ・ワ　行】

ラウル　125
ラギントルディス　152, 153
ラギンフリドゥス　168
ラド　68
ラドウルフス　68
ラバヌス・マウルス　74, 156, 182, 184-186
リウドガリウス　99
リウトプランド　167
リカルドゥス　220
ルイ(サン・ドニ院長)　208
ルイ敬虔帝　v, 86, 102, 103, 170, 182, 183, 189-193, 196, 198-200, 203, 205, 230, 257
ルイ4世渡海王　228
ルイ7世　241
(聖)ルカ　169
ルカーヌス　150
ルスティクス　69
ルドヴィコ2世　212
ルートヴィヒ・ドイツ王　103, 216
ルドルフ1世　222
ルピキヌス　123
ルプス(トロワ司教)　6
ルプス(フェリエール修道院)　153, 155, 182, 186
ルル　151, 153
レアンデル　49
レオ　152
レオヴィギルド　13

178, 179, 182
(聖)パウロ 169, 223
パコミウス 20, 23, 49, 128
バシリオス 20, 23
バシレイオス 11, 38
バシレイオス1世 212
パスカリス2世 242
パスカスス・ラドベルトゥス 182
パッラディウス 8, 9, 98, 132
ハーディング，スティーヴン
237, 243
ハドリアヌス 149
(聖)パトリック 3, 8, 9, 98
ハリンガー 42
バルティルド 45, 70, 79, 160
ピエール 235
(聖)ヒエロニュムス
iii, 15, 50, 127, 150–152, 169, 185
(聖)ヒエロニュムス＝ゲンナディウス 148
ビシュコ，チャールズ 16
ビショッフ，ベルンハルト
13, 132, 135, 140, 150, 151, 161
ピピン1世 120
ピピン2世 111, 112, 164
ピピン3世
125, 164, 166, 167, 172, 175
ヒラリウス 4
ビリヌス 50
ヒルデガルド 189
ヒルデマルス 181
ヒンクマルス 182
ピンダロス 191
ファーマー，シャロン 198
(聖)フィニアン(ヴィニアン)
91, 98
(聖)フィニアン(クロナードの)
9, 10
フィリベルトゥス 69, 203
フェッラリ，G 42
フェルテン，F 35, 194
フォックス，ヤニヴ 63
フォルクイヌス 218
フォルモスス 222
ブラウン，J 133, 135, 161
ブラウン，ピーター
3, 87, 88, 92, 93, 95
ブラースマク 206
プラトン ii
フリドギスス 183
プリニウス 144, 150
プリンツ，フリードリヒ 44
(聖)フルクトゥオスス 16
ブルクハーン 7
ブルグンドファラ 66, 67
ブルグンドファロ 67, 109
フルゲンティウス 20
ブルーノ 249
ブルンヒルデ 60, 61
フレデガリウス 62
(聖)ブレンダン 9
ブロック，マルク 240, 242
フロティルディス 186
プロバ 20
フロントー 147
フンベルト 156, 157
ベアトゥス 13
ベーダ 50, 51, 100, 169, 185, 202
ペトラルカ 162
ペトルス(『対話』中の) 24, 28
ペトルス(ピサの) 163, 178, 182
ペトルス・ダミアニ 253
(聖)ペトロ 57, 223
ペトロニーユ 255
(聖)ベネディクト(ベネディクトゥス) iv, 23–28, 30, 32, 35, 39–41, 45, 47–51, 165, 169, 180, 192, 193, 237, 256
ベネディクト(アニアーヌの)
191–196, 198, 200, 222, 237, 256
ベネディクト，ルース 82
ベネディクト・ビスコプ
50, 51, 142, 149
ペラギウス 6, 88, 89

ゴブリ，イヴァン 59
(聖)コルンバ 59, 90, 149, 206,
(聖)コルンバヌス iv, 10, 40, 44, 45, 53-55, 57-63, 65-71, 75, 76, 78, 81, 89-94, 98, 100, 105, 106,109, 132 146, 149, 159, 169, 223, 228, 257
(聖)コンガル 9, 90, 91
コンスタンティヌス大帝 1, 17

【サ　行】

サッルスティウス 150
(聖)サムソン 7, 10
サワダン 214
(聖)シアラン 9
(聖)シェヌーテ 128
シギベルト1世 55
ジグラー，イル 64
シネル 90
シャルル 228
シャルル禿頭王 208
シャルルマーニュ(大帝) v, 100-102, 108, 121, 125, 131, 142, 153-155, 162, 163, 171-175, 177-179, 181-184, 189, 191-193, 199, 208, 215, 218, 230
シュンマクス 20
シルヴェステル4世 255
シルヴェストル 252
スエトニウス 150, 184
スコラスティカ 27, 48
ステファヌス2世 166
ストゥルミ 184
スマラグドゥス 37, 182
(聖)セヴェリヌス 18, 19
セドゥリウス・スコトゥス 182
セネカ ii, 150
ソゾメノス 85

【タ　行】

ダヴィデ 191
高橋幸八郎 116
タキトゥス 184
ダゴベルト1世 45, 68, 69, 78, 79, 114, 171
ダド → アウドイヌス 68, 69
タリク・イブン・ジヤード 210
ダン，マリリン 35, 51, 59
丹下栄 116, 119
ツォトー 40
ディアナ 57
ディオクレティアヌス 138
テウデベルト2世 60, 61
テウデリク1世 107
テウデリク2世 60-62
テウトシンドゥス 168
テウトマルス 218
テオデミール 15
テオドシウス1世 86
テオドリック大王 171, 174
テオドルフス(オルレアン司教) 101, 179, 182, 191
テオドルフス(ロッブ修道院) 218
テオドロス 100, 149
デシデリウス 69
デュビィ，ジョルジュ 242
テルトゥリアヌス 82-84, 86
ドナトゥス(古代ローマ文法家) 150, 178
ドナトゥス(修道士) 12, 13, 141
トネアット，ヴァレンティナ 123
トラサムンド 20
ドロゴ 211

【ナ　行】

ナンクトゥス 13
ナンティルド 79
ネロ 25
野口洋二 84

【ハ　行】

バイヌス 111
ハインリヒ2世 141
バウグルフス 184
パウルス・ディアコヌス

ウード 173
ウルバヌス2世 237, 253
(聖)エイレナイオス 144
エインハルドゥス 153, 173, 182, 184, 186, 230
エーヴィヒ, オイゲン 78
エウギッピウス 18-20, 140
エウゲニウス3世 243
エウケリウス 145
エグベルト 100
エスダース, シュテファン 124
エズラ 143
エボ 190
エボン 103
(聖)エリギウス 45, 69
エリパンドゥス 119
エルキノアルドゥス 79, 111
オウィディウス 191
大塚久雄 116
オットー大帝 216
オド 225-228, 231, 235
オーブリ 237, 243
オリゲネス 83, 84, 86
オルシーニ, フルヴィオ 140

【カ　行】

ガウディオスス 138
カエソニウス 137
カグネリクス 66, 67, 70, 109
カグノアルドゥス(カグネリクスの子) 66
カグノアルドゥス(カグネリクスの兄弟) 66
(聖)カッシアヌス, ヨハンネス 3, 6, 15, 20, 23, 44, 49, 50, 83, 92, 93, 98, 150, 211
カッシオドルス 18, 20-22, 32, 129-131, 141-143
カリストゥス2世 244
カール大帝 → シャルルマーニュ v
カール・マルテル 164, 164, 167-169, 175, 198, 199, 210, 257
カールマン 172
カロッツィ, クロード 96
カンリフ, バリー 13
ギアリ, パトリック 65
キケロ 147, 150, 153
ギベール・ド・ノジャン 250, 251
(聖)キュプリアヌス 50, 146
ギヨーム敬虔公 220, 222, 223, 225
ギヨーム・フィルマ 253
(聖)ギルダス 10, 11
キルデベルト1世 107, 108
キルデベルト2世 55, 60, 76
キルデベルト3世 112
キルペリク1世 55, 61, 109
クスウィト 151
クメアン 99, 100
クラウディアヌス 150
クラーク, フランシス 29
グラーン=ヘック, ハイケ 65
グリフォ 111
グレゴリウス(トゥール司教) 12, 54, 62, 64, 123
グレゴリウス1世(大グレゴリウス、聖グレゴリウス) 10, 18, 23, 24, 28, 29, 41-44, 131, 142, 149, 169, 185, 233, 234, 246
グレゴリウス5世 229
グレーニング, フィリップ 249
クローヴィス iv, 107, 108
クローヴィス2世 45, 70, 79
クロタール1世 107-109
クロタール2世 61, 65, 68-70, 109
クロデガング 163-165, 167, 197
クロドミール 107
ケオルフリス 142, 144, 150
ゲッリウス, アウルス 154
ゲルウォルドゥス 169
ゲルマヌス 4, 6
ケレスティヌス1世 8, 132
ゲレマルス 70
ゴテスカルクス 182, 186

人名索引

【ア　行】

アイガ　68
アイグルフス　47
アイドゥス　75, 76
(聖)アウグスティヌス　ii, iii, 11, 15, 20, 22, 85-87, 89, 95, 128, 150, 169, 185, 246
アウグスティヌス(カンタベリー司教)　42, 149
アウストルフス　169
アウタリウス　67, 68, 70, 109
アウドイヌス　68-70
アウトカール　166
アエルフレド　155
アガペトゥス1世　21
アギルス　66, 68
アギルルフス　62
アクィラ　191
アゴバルドゥス　103, 182
アダム　169
アダラルドゥス　200, 201
アダルハルドゥス　119
アッティラ　58
アツマ，ハルトムート　105
アデライド　231
アド　68, 69
アトウルフス　153
アドレヴァルドゥス　47
アブデル・ラーマン・エル・ガーフェキ　210
アベラール　247
アポロン　26, 28
アボン　229
アマンドゥス　69
アラトール　150
アリエノール・ダキテーヌ　255
アルクイヌス　101, 120-131, 163, 177-179, 182-184, 191, 199, 202, 230
アルド　194
アルドヘルム　150
アルヌルフ　69
アルヌルフス(オルレアン司教)　229
アルヌルフス(ランス大司教)　228
アルノビウス　169
アルパド　215
アルフレッド大王　207
アルボイン　40
アルン　191
アンギルベルトゥス　191
アンセギスス　110, 169
アンセルムス　186
(聖)アントニオス　1, 17
アンドレア　169
アンブロシウス　127, 150, 246
イシドルス　20, 49, 152, 185
イルデフォンス　29
(聖)イルトゥド　7, 10
インゲルベルガ　222, 223, 225, 227
ウァレンティニアヌス　41
ウィクトリウス　6
ヴィタル・ド・サヴィニィ　253
ウィッカム，クリス　114
ウィティツァ　→　ベネディクト(アニアーヌの)　191
ウィトライクス　169
ヴィニアン　→　フィニアン　98
ウィリアリクス　138
ウィリブロード　99, 100
ウィルフリド　51
ヴェーバー，マクス　35, 194
ウェルギリウス　138, 146, 150
ウェルブルク　155
ヴォギュエ，アダルベール・ド　43
ウォレス＝ヘイドリル　153, 167, 192

佐藤彰一（さとう・しょういち）

1945年山形県生まれ．1968年，中央大学法学部卒，1976年，早稲田大学大学院博士課程満期退学．名古屋大学教授等を経て，同大学名誉教授．日本学士院会員．『修道院と農民——会計文書から見た中世形成期ロワール地方』により日本学士院賞受賞．専攻・西洋中世史．博士（文学）．

著書『禁欲のヨーロッパ』（中公新書，2014），『世界の歴史（10）西ヨーロッパ世界の形成』（中央公論社，1997／中公文庫，2008），『カール大帝——ヨーロッパの父』（世界史リブレット　人，山川出版社，2013），『中世世界とは何か　ヨーロッパの中世1』（岩波書店，2008），『歴史書を読む——「歴史十書」のテクスト科学』（山川出版社，2004），『中世初期フランス地域史の研究』（岩波書店，2004），『ポスト・ローマ期フランク史の研究』（岩波書店，2000），『修道院と農民——会計文書から見た中世形成期ロワール地方』（名古屋大学出版会，1997），『地域からの世界史（13）西ヨーロッパ（上）』（朝日新聞社，1992）

訳書『西洋写本学』（ベルンハルト・ビショッフ著，瀬戸直彦と共訳，岩波書店，2015）

ほか

贖罪《しょくざい》のヨーロッパ
中公新書 *2409*

2016年11月25日発行

著　者　佐藤彰一
発行者　大橋善光

本文印刷　三晃印刷
カバー印刷　大熊整美堂
製　　本　小泉製本

発行所　中央公論新社
〒100-8152
東京都千代田区大手町 1-7-1
電話　販売 03-5299-1730
　　　編集 03-5299-1830
URL http://www.chuko.co.jp/

Published by CHUOKORON-SHINSHA, INC.
Printed in Japan　ISBN978-4-12-102409-1 C1222